拒絕失衡的「情緒勞動」

女人停止操心一切，男人開始承擔

by
Gemma Hartley
潔瑪・哈特莉——著
洪慧芳——譯

目次
contents

家中無所不在的情緒勞動

我們這裡操心一點，那裡提醒一下，都不是什麼大不了的事，也沒什麼好抱怨的。
我們就這樣一小步一小步地邁向愈來愈嚴重的失衡狀態。

PART 2

社會與職場裡的情緒勞動

PART 3 往更平衡的男女之路邁進

謹獻給盧卡斯、艾弗麗、湯瑪斯

無形勞務永遠沒完沒了

「我們又回到一個問題上：社會表象究竟是由什麼構成的？它對那些被迫維持社會祥和的人有什麼要求？」
——亞莉．羅素．霍奇查爾德（Arlie Russell Hochschild）

母親節那天，我要了一份禮物：到府清掃服務。具體來說，是清掃衛浴和地板，如果加洗窗戶的費用也合理的話，那就一併清洗。對我來說，這個禮物與其說是在打掃居家，不如說我終於可以擺脫家務責任一次。我不必打電話向多家清掃公司詢價，不必研究及審查每家公司的服務品質，不必付款及預約清掃時間。我真正想要的禮物，是擺脫腦中那個老是糾纏著我的情緒勞動。至於家裡打掃後乾淨如新，那不過是額外的收穫罷了。

先生等著我改變主意，要求一份比到府清掃服務更「簡單」的禮物，例如換成他可以上亞馬遜一鍵下單的東西。但我堅持不改，他失望之餘，在母親節前一天終於拿起電話預約，但詢價後覺得太貴了，誓言自己動手做。當然，他還是給了我選擇機會。他先告訴我到府清潔服務的高昂費用（因為我負責控管家用預算），接著不敢置信地問我還想不想叫他預約那個服務。

其實我真正想要的，是希望他上臉書請朋友推薦幾家清潔公司，自己打四、五通電話去詢價，體驗一下這件事要是換成我來做，勢必得由我來承擔的情緒勞動。我想找清潔公司來徹底打掃已經有一陣子了，尤其自從我的自由接案工作開始大幅成長，導致我分身乏術後，我更想那樣做。之所以遲遲沒做，部分原因在於不自己做家事會讓我感到內疚，更大的原因在於，我不想花心思去處理「請人來打掃」的前置作業。我很清楚事前準備有多累人，所以才會要求先生做，把它當成禮物送給我。

結果母親節那天，我收到的禮物是一條項鍊，我先生則是躲去清掃衛浴，留下我照顧三個孩子，因為那時家裡其他地方一片混亂。

先生覺得，他正在做我最想看的事——給我一個乾淨如新的浴室，而且不必由我自己動手清洗。所以當我經過浴室，把他扔在地板的鞋子、襯衫、襪子收好，卻絲毫沒注意到他精心打掃的衛浴時，他覺得很失望。我走進儲藏室，被一個擱在地板的塑膠儲物箱絆倒，那個箱子是幾天前先生從高架上拿下來的，因為裡面有包裝母親節禮物所需的禮品袋和包裝紙。他取出需要的東西，包好送給他母親和我的禮物後，就把箱子擱在地板上，變成礙眼的路障，（至少對我來說）也是看了就生氣的導火線。每次我需要把換洗衣服扔進洗衣籃，或是去儲藏室挑衣服來穿時，那個箱子就擋在路中間。幾天下來，那個箱子被推擠、踢踹、挪移到一旁，但就是沒有收回原位。若要把箱子歸位，我必須從廚房拖一張椅子到儲藏室，才能把它放回高架上。

「其實妳只要叫我把它放回去就好了。」他看到我為箱子心煩時這麼說。

那個箱子顯然就擋在路中間，很礙事，需要放回原位。他直接把箱子舉起來、放回去，不是很簡單嗎？但他偏偏就是繞過箱子，故意忽視它兩天，現在反而怪我應該主動要求他把東西歸位。

我說：「這正是癥結所在。」眼裡泛淚，「我不希望這種事情還要我開口要求。」

這就是問題所在。一個顯而易見的簡單任務，對他來說只是舉手之勞，為什麼他偏偏不肯主動完成？**為什麼非得我開口要求不可？**

這個問題促使我含淚據理力爭。我想讓先生瞭解，為什麼當一個家管，身負發現問題、分配家務，還得若無其事地要求大家配合是那麼累人的事；為什麼我會覺得自己承擔了所有的居家打理責任，使其他人免於承受心理負擔。有事情需要處理時，只有我注意到，而且我的選項很有限，我要嘛得自己完成，不然就得委託別人來做。家裡要是牛奶沒了，我得記在購物清單上，或是要求先生去超市購買，即使最後一口是他喝光的。家裡的衛浴、廚房或臥室需要打掃時，也只有我注意到。再加上我十分注意所有細節，往往導致一項任務暴增成二十項。我把襪子拿去洗衣間時，沿途注意到有個玩具需要收起來，於是我開始動手整理遊戲間，接著我又看到一個擱在一旁的碗需要放入水槽，於是我又順手洗了碗盤，這種無止盡的迴圈令人煩不勝煩。

家務不是唯一令人厭煩的事。我也是負責安排時間表的人，隨時幫大家預約行程，知道行事曆上有哪些待辦事項。我也知道一切問題的答案，舉凡我先生把鑰匙扔在哪裡、婚禮何時舉行及著裝規定、家裡還有沒有柳橙汁、那件綠毛衣收在哪裡、某某人的生日是幾號、晚餐吃什麼等等，我都知道。我的腦中存放著五花八門的清單，不是因為我愛記這些事情，而是因為我知道其他人都不會記。沒有人會去看學校的家長聯絡簿，沒有人會去規劃朋友聚餐要帶什麼餐點前往。除非妳主動要求，否則沒有人會主動幫忙，因為一直以來都是如此。

然而當妳主動要求，並以正確的方式要求時，那又是一種額外的情緒勞動。在許多情況下，當妳委託別人做事時，妳還需要三催四請，別人聽多了還會嫌妳嘮叨。有時，這件事根本不值得妳一遍又一遍地以懇切的語氣催請對方（而且還要擔心對方嫌妳囉唆），所以我會乾脆自己做。有好幾個早晨，我幫女兒把鞋子拿到她的跟前，幫她穿上。並非因為她不會自己穿鞋，而是因為我不想同一件事得連續講十幾次，講到我發飆大吼快遲到了，她還沒把鞋子穿上。我希望先生打掃院子，但又想維持婚姻和諧時，必須注意自己講話的語氣，以免語氣中流露出些許的怨恨，因為我要是不主動提醒的話，他永遠不會注意到院子需要打掃了。為了迎合周遭的人，我不得不壓抑情緒，只為了讓日子過得更平順，毫無紛爭。要不然的話，我會自己做完所有事情。孩子當然不必做這種選擇，先生也不必，那是我的任務，一向如此。

而且無論我做了多少事，似乎總有更多事情在等著我，且那些事情比最終完成的任務還費時，但我周遭的人大多沒注意到。這種感覺對很多女性來說再熟悉不過了。我讀蒂芙妮·杜芙的《放手》時，看到她講述生完孩子後對先生的怨恨，立刻感同身受，跟著氣憤起來。杜芙寫道：「我們在外面都有全職工作，但是回到家，我做得更努力。而且氣人的是，他似乎沒意識到我為了維持這個家順利運作所做的一半事情。換句話說，他不僅做得比較少，也沒意識到我做得比較多[1]。」然而在他的腦海中，他可能認為自己做的已經夠多

1 Tiffany Dufu, *Drop the Ball* (New York: FlatIron Books, 2015), 44.

了。男性大多是這樣想的，因為他們自覺已經比前幾代的男性做得更多了。一九六五年到二〇一五年間，父親花在家務上的時間增加了一倍多，花在照顧孩子上的時間增加了近兩倍，但這些大躍進並未帶給我們完全的平等。家中的性別差異依然明顯存在。女人在家務及照顧孩子上所花的時間，仍是男人的兩倍[2]。即使在比較公平的兩性關係中，男女雙方平均分配家務及照顧孩子的體力活，**感覺起來**還是女性做得比較多……她們確實做得比較多，因為我們並未把這些任務中的情緒勞動也量化計入。通常我們很容易忽略自己「多做」的部分，因為「多做」的部分大多是無形的。許多情緒勞動的核心，是為了確保每件事情能順利完成而承擔的精神負荷。對每一件產生有形結果的任務來說，其背後都隱含著無形的心理付出，而這些大多是由女性負責關注、追蹤與執行。

＊＊＊

那個母親節迫使我潸然淚下的原因，不單是那個一直擱在地上的礙眼儲物箱，也不是因為先生無法送我真正想要的禮物。而是經年累月下來我逐漸變成家中唯一的照護者，照顧每件事及每個人，而所付出的勞心勞力完全隱於無形。

當我意識到自己無法向先生解釋為何如此沮喪時，我終於達到情緒爆發的臨界點，因為我再也找不到那些情緒的源頭了。曾幾何時，落差變得那麼大？情緒勞動一直以來不是我的強項嗎？我難道不是主動選擇照顧我們的家、我們的孩子、我們的生活、我們的朋友和家人嗎？我不是本來就比他更擅長這件事嗎？要求重新調整我們之間的平衡，難道是我要求太多了嗎？

我不單只是為了自身利益而自省。如果我不把情緒勞動視為分內工作，周遭的人會變成什麼樣子？我在意的是結果：那些事情會擱在哪裡？誰會去撿起來做？如果我放著家務不管，誰會遭殃？如果我不在意我的語氣和舉止對先生的影響，我們會吵到什麼程度？我這輩子已經習慣超前思考，預測周遭每個人的需求，並深切地關心他們。情緒勞動是我從小就接受的一項技能訓練。相反的，我先生從來沒受過相同訓練，他懂得關懷，但不是體貼入微的關懷者。

然而，當我認為自己不僅是那份工作的更好人選，更是最佳人選時，那也表示我把一切事情都攬在自己身上。我比較擅長安撫孩子的脾氣，所以這件事情由我來做。我比較擅長維

2 Kim Parker and Gretchen Livingston, "Seven Facts About American Dads," Pew Research Center, June 13, 2018, http://www.pewresearch.org/fact-tank/2017/06/15/fathers-day-facts/.

持屋內清潔，所以我負責絕大多數的打理及任務分派。我是唯一在乎細節的人，所以由我來掌控一切是很自然的事。但誠如雪柔．桑德伯格在《挺身而進》中所寫的，成為唯一關心這些事情的人，可能導致破壞性又有害的失衡。「每個伴侶都需要負責具體的活動，不然男方很容易覺得他是在幫忙，而不是在做分內的事[3]。」對我先生來說，那些歸納在「情緒勞動」那把大傘下的任務，已經變成他在幫我的忙。他所做的情緒勞動，跟精心打理生活或抱持更深的責任感毫無關係。當他不需要我開口就自動完成一項任務，並承擔過程中的精神負擔時，那是在對我展現「美意」，是一種需要稱讚和感激的行為，但同樣的任務由我來做時，卻無法指望同樣的回報。對我來說，情緒勞動變成一個競技場，我的價值與每項任務都交纏在一起。

＊＊＊

我感到憤怒，精疲力竭。我不想戰戰兢兢地走在一條微妙的分隔線上，一邊要顧及他的感受，一邊又要清楚傳達我的想法。打理伴侶的情緒，包括預知對方的需求，避免任何不悅，保持心平氣和，是女性從小就被教導要承擔的責任。這個假設的前提是，女性要求男性盡力解決情感糾紛時，男性若是反駁、惱火，甚至憤怒，那些都是「自然」反應，也是可接受的。在賓州西徹斯特大學指導「情緒勞動」這個主題並發表相關文獻的性別社會學家麗莎．西伯能博士（Lisa Huebner）指出：「一般而言，社會中的性別情緒，是持續強化『女性在生理上先天就比男性更能夠感覺、表達、管理情緒』這種錯誤觀念。這並不是說，有些人因性格之故，在情緒管理上不如人。但我認為，我們仍然沒有確切的證據顯示，這種能力是由性別決定的。在此同時，社會也想盡辦法確保女孩和女人為情緒負責，卻放任男性不管[4]。」

即便是討論情緒勞動的不平衡，討論本身也涉及了情緒勞動。我先生雖然個性好，立意良善，他還是會以一種非常父權的口吻來回應批評。逼他去瞭解情緒勞動究竟有多累人，就好像是對他做人身攻擊似的。到最後，我不得不權衡下面兩件事的利弊：「讓先生瞭解我對情緒勞動的失望有什麼好處」vs.「以不會導致我們爭吵的方式來傳達那些想法，究竟要付出多少情緒勞動」。兩相權衡後，我通常會覺得「放棄不談」比較省事，並提醒自己，另一半願意接受我分派給他的任務已經很幸運了。相較於許多女性（包括女性家人和

---

3 Sheryl Sandberg, *Lean In* (New York: Random House, 2013), 109.

4 二〇一七年八月十八日接受筆者訪問。

朋友），我知道自己的處境已經算好了。我先生做很多事情，他每天晚上都習慣洗碗，也經常做晚飯。我忙著工作時，他負責哄孩子就寢。只要我開口請他做額外的家務，他都會毫無怨言地完成。有時候期待他做一點家務，好像我太貪心了。畢竟，我先生是好人，也支持女權主義，我也看得出來他有心想要理解我的意思，只是他終究還是不明白。他說，他會儘量多做一點打掃工作來幫我分擔家務，也重申只要我開口向他求助就行了，但問題就在這裡。我不想鉅細靡遺地管理家裡所有大小事，我希望另一半可以跟我一樣主動積極地面對家務。

香妮・布魯席在Babble網站上發表了一篇熱門文章，文中提到她在家務上缺乏協助，她回想起當時的想法：「如果夫妻倆飯後一起清理殘局，不是可以更快一起休息放鬆嗎？如果孩子知道母親不該是唯一的清潔者，那不是更好嗎？把兩人共用的空間視為一種共同責任，不是比較合理嗎[5]？」基本上，如果所有的情緒勞動不是完全落在她身上，那不是很好嗎？如果她的先生（或孩子）能主動注意到家裡需要做什麼，並主動去做，那不是很好嗎？布魯席是自由作家，在家全職工作，年薪六位數（美元），她有充分的理由要求家人「幫忙」。事實上，她想傳達的重點是，照顧全家的責任根本不該由她一人承擔，但偏偏事實就是如此。她在文中提到，她選擇把飯後的一些雜務分派出去。她不僅要和顏悅色地提出要求，當她第一次分派家務遭拒時，還得以完成任務後一起玩遊戲作為誘因，家人才肯答應。如果她想請家人「幫忙」，就需要以愉悅的口吻提出懇求，即便是「幫忙」清理家人弄亂的東西。「我們把做家務視為『幫媽媽的忙』，而不是做該做的事。」布魯席寫道，「我希望孩子瞭解，打理我們的家很重要。正因為很重要，我們每個人都應該做。」然而，當另一半不會主動注意到家裡有什麼事情該做時（亦即不懂得平均分擔家務的身心勞動時），妳很難說服他這樣做。把垃圾拿出去倒確實很好，但真正重要的是，他應該負起「注意何時該倒垃圾」的責任。

不過我試圖向先生解釋這點時，他很難理解「倒垃圾」和「注意何時該倒垃圾」的差異。只要任務完成了，管他是誰要求完成的！那有什麼大不了的嗎？聽他這樣反問時，當下我也不知道該如何解釋，所以我把導致那一刻混亂的所有掙扎和沮喪寫下來，然後以專文發表在《哈潑時尚》上[6]。我知道有些女性馬上就瞭解我那篇文章想表達的重點，因為我

---

5 Chaunie Brusie, "No, Dear Husband and Kids, You're Not Cleaning 'for' Me," Babble, https://www.babble.com/parenting/no-dear-husband-and-kids-youre-not-cleaning-for-me/.

6 Gemma Hartley, "Women Aren't Nags—We're Just Fed Up," *Harper's Bazaar*, September 27, 2017, http://www.harpersbazaar.com/culture/features/a12063822/emotional-labor-gender-equality/.

們每天都在做這種無形的工作——為了維持整個系統的順利運作而為輪子上油。我們對於持續擔負起超量的情緒勞動感到沮喪。不過，當那篇文章〈女人不嘮叨——我們只是受夠了〉以驚人的速度被瘋狂轉發時（截至本文撰寫之際，那篇文章已被分享九十六萬二千次以上），我還是很驚訝。數千位讀者留言及評論，很多女性紛紛分享她們的「母親節時刻」，她們也遭遇到伴侶不明就裡的反駁，不知該如何解釋自己的思維脈絡。數百萬來自各行各業的婦女紛紛點頭說：「是啊，我也是！」那個團結時刻令人感到窩心，但也令人灰心。我不禁納悶：「**為什麼現在才引起那麼大的迴響？**」

＊＊＊

我並非第一個探索「情緒勞動」這個概念的人。社會學家當初創造這個詞彙，是為了描述空服員、女傭和其他服務人員必須在工作上展現出快樂的模樣，以及愉悅地應對陌生人的樣子。這種「情緒勞動」的定義在霍奇查爾德一九八三年的著作《情緒管理的探索》中受到矚目。霍奇查爾德是以「情緒勞動」（emotional labor）來指感覺的管理，以便營造出大家看得見的臉部表情和肢體語言。情緒勞動是用來換取工資的商品，所以有交易價值。至於「情緒工作」（emotional work）和「情緒管理」（emotional management）則是指私下場合的情緒勞動[7]。她的研究是鎖定空服員必須做到的表層扮演（surface acting）和深層扮演（deep acting），空服員不僅要在工作中表現出熱情友好，還要**變得**熱情友好，以便妥善管理乘客在航班內的情緒和期望。她解釋，對空服員來說，微笑是工作的一部分，需要結合自我和感覺，才能使「展現愉悅」顯得毫不費力，並掩飾疲勞或惱怒感，以免導致顧客不悅。航空公司教導空服員如何控制自己的情緒，把酒醉或不守規矩的乘客視為需要關注的「小孩」，藉此壓抑義憤填膺的感覺。公司也要求他們在腦中自己虛構有關顧客的故事，藉此喚起對顧客的同理心。這一切都是為了和顧客的情緒產生共鳴，同時抽離自己的情緒，是一種極端的顧客服務。

其他的社會學家在學術期刊上進一步闡述「情緒工作」這個主題，探討大家指望女性在家中承擔情緒勞動的方式。二〇〇五年，麗蓓嘉·艾瑞克森把女性所承擔的情緒工作和不公平的家務分工連結在一起。她的研究顯示，情緒工作是理解家務中性別差異的關鍵要素——女性做較多的情緒工作，也分派較多的情緒工作，而且做的同時還要讓每個人都開

7 Arlie Russell Hochschild, *The Managed Heart: Commercialization of Human Feeling* (Berkeley: Univ. of California Press, 1983), 7.

心[8]。在家務勞動中，對於「誰該做什麼」始終存在著性別差異，因為社會對性別有刻板印象，預期女性承擔情緒勞動。女性需要決定一項任務究竟是自己做、還是交派給別人做，最終自己攬起來做往往比較容易。文化的性別規範告訴我們，誰該負責「掌管」家庭，因此導致許多夫妻面臨嚴重的失衡，並持續這樣的現象。

然而直到最近，這個話題才開始在學術界之外引起更廣泛的關注。二〇一五年，潔絲．席默曼鎖定女性在個人社交圈裡（其實是隨時隨地）從事情感工作的方式，因此開啟了大眾對情緒勞動的討論。我們洗耳恭聽他人的想法，提出建議，安撫他人的自尊及肯定他人的感覺，同時壓抑自己的情緒。我們點頭，微笑，展現關心。或許最重要的是，我們這樣做通常不指望任何回報，因為情緒勞動是女性的工作，我們都心知肚明。席默曼寫道：「我們常被告知女性的直覺較強、更善解人意、更願意且能夠提供幫助和建議。這種文化結構為男人提供了一個情緒上偷懶的藉口，實在太方便了。把情感工作塑造成『一種內在需求、一種渴望，而且理當來自女性角色的內心深處』真是省事[9]。」

席默曼的文章在熱門網站MetaFilter上引起熱烈討論，吸引數千位女性到網站上留言，並分享自身的情緒勞動經驗[10]。所有讀者似乎都把情緒勞動視為一種需特別投注的心力，涵蓋對需求的預期、對各種優先要務的權衡和平衡、設身處地為他人著想的同理心等等。從

MetaFilter用戶的身上可以看到情緒勞動的蹤影幾乎無所不在，從她們對未完成的家務感到的羞愧和內疚，到她們顧及伴侶的感受而非自己的感受，再到性工作者為客人提供的魅力和交談等等。

蘿絲・哈克曼在《衛報》上發表的熱門文章，又進一步擴展了情緒勞動的定義。她主張情緒勞動可能是女權主義的下一個戰線[11]。她不僅談到席默曼探索的情緒工作，也探索細節中出現的情緒勞動，如女性的規劃、體貼入微和關懷。哈克曼提到，情緒勞動以許多微小但隱晦的方式融入我們的生活中，從經常被問居家用品放在哪裡（「我們」把廚房抹布放

---

8 Rebecca J. Erickson, “Why Emotion Work Matters: Sex, Gender, and the Division of Household Labor,” *Journal of Marriage and Family,* April 15, 2005.

9 Jess Zimmerman, “Where’s My Cut? On Unpaid Emotional Labor,” The Toast, July 13, 2015, http://the-toast.net/2015/07/13/emotional-labor/.

10 “Emotional Labor: The MetaFilter Thread Condensed,” https://drive.google.com/file/d/0B0UUYL6kaNeBTDBRbkJkeUtabEk/view?pref=2&pli=1.

11 Rose Hackman, “ ‘Women Are Just Better at This Stuff ’: Is Emotional Labor Feminism’s Next Frontier?,” *The Guardian*, November 8, 2015, https://www.theguardian.com/world/2015/nov/08/women-gender-roles-sexism-emotional-labor-feminism.

在哪裡？），到記住大家的生日並規劃歡樂時光以營造愉悅的工作環境，再到假裝性高潮以提振伴侶的自尊等等。

之後兩三年間，「情緒勞動」這個議題持續獲得愈來愈多關注，有無數文章探討情緒勞動及這種勞動的反覆發生。事實上，我在《哈潑時尚》發表的那篇文章也不是我第一次寫那個議題。那篇文章刊出的前一個月，我才剛為Romper網站寫了一篇文章，談論全職母親的情緒勞動[12]。既然情緒勞動無處不在，為什麼我在《哈潑時尚》發表的文章會引起如此熱烈的迴響？

＊　＊　＊

坦白說，我覺得那是因為女性已經受夠了，忍無可忍。二〇一七年九月底我發表那篇文章時，距離希拉蕊．柯林頓競選總統失利、川普獲選，以及他上任後的「女性大遊行」（有人說那可能是美國史上規模最大的單日示威活動[13]）還有一年時間。距離塔拉納．伯克（Tarana Burke）因哈維．溫斯坦（Harvey Weinstein）遭到指控，而使「我也是」（#metoo）運動再次浮上檯面，僅一週的時間。女人生氣了，覺醒了，準備好推動改變。我們已經不想再為了管理男性的情緒和預期而大幅犧牲自己。

這是女性體認以下事實的絕佳時機：情緒勞動不單只是令人沮喪的家庭抱怨來源，更是系統性問題的主要根源，那些問題涉及生活的各個領域，並以破壞性的方式，清楚顯現我們文化中普遍存在的性別歧視。社會深深地寄望女性擔負起家中一切累人的精神勞動和情緒勞動，而那些受惠最多的人大多沒有意識到這類勞動，導致那些隱約的預期在我們小心翼翼穿越一個幾乎別無選擇的文化時，輕易地跟隨著我們進入世界。我們只好改變自己的語言、外表、言談舉止、內心的預期，以維持和睦。我們已經感受到這些勞動所付出的代價，而且這些代價往往是無形的。我發表那篇文章時，女性已經準備好將家中的動態放大到世界，也準備好展開變革。

---

12 Gemma Hartley, "The Amount of Emotional Labor We Put on Stay-At-Home Moms Is Horribly Unfair," Romper, August 29, 2017, https://www.romper.com/p/the-amount-of-emotional-labor-we-put-on-stay-at-home-moms-is-horribly-unfair-79612.

13 Erica Chenoweth and Jeremy Pressman, "This Is What We Learned by Counting the Women's Marches," *The Washington Post*, February 7, 2017, https://www .washingtonpost.com/news/monkey-cage/wp/2017/02/07/this-is-what-we-learned-by-counting-the-womens-marches/?utm_term=.ec335a3201fe.

＊＊＊

如同之前的許多記者，我把情緒勞動的定義再進一步擴展，希望給讀者一個新的視角，讓他們更清晰地看到自己的關係動態。我定義的「情緒勞動」，是結合情緒管理和生活管理，是我們為了讓周遭人感到舒適和快樂所做的無償、無形的工作。它涵蓋了我在文章中提到的照護類勞務的相關術語，諸如**情緒工作**、**精神負擔**、**精神重擔**、**家庭管理**、**事務勞動**、**無形勞動**等等。這些術語個別來看時，看不出是如何交集，火上加油，終至令人抓狂沮喪。這些工作勞心耗神，而且還會產生反響，反過來影響我們的世界。茱蒂絲・舒拉維茲在《紐約時報》發表了一篇文章，談母親經歷的情緒勞動，並在文中列出那些工作的高昂成本。她寫道：「不管女人是喜歡操心、還是討厭操心，那都可能分散她對有薪工作的注意力，使她在工作上受到干擾，甚至斷送了職涯發展。擔憂及安排事務這種令人分心的苦差事，可能是阻礙女性職場平權的所有因素中，最難以改變的障礙之一[14]。」

舒拉維茲稱這種人為「指定的操心者」（designated worrier），但成為「指定的操心者」不是一朝一夕的事，而是需要時間累積及付出心力的。以全職媽媽為例，或許妳精心打造了一套系統，好讓每個家人的早晨能夠順利運行，例如妳想在牆上掛了一個鑰匙鉤。但在那之前，妳需要先「嘮叨」一下，家人才會幫妳裝上掛鉤。妳需要多次溫和地提醒家人，請他去五金店買掛鉤，不然妳就得自己寫在待購清單上，自行採買。妳還需要溫和地提醒家人多次：「釘個掛鉤很快，今晚或明天就能完成。」妳提出這些建議的同時，還要權衡時間表上有哪些優先要務需要處理。然而，無論妳講幾次把汽車鑰匙掛起來會有多方便，家人還是會問妳：「我的鑰匙到哪兒去了？」妳心裡權衡著到底要直接告訴他鑰匙在哪裡，還是再度提起鑰匙掛鉤的事。如果是後者，恐怕又會演變成一場爭論。妳總是需要先超前一步思考，小心說話的用字遣詞及表達失落的方式。妳必須同時克制妳的情緒，也管理對方的情緒。這實在很累人，所以妳往往選擇乾脆直接告訴他鑰匙在哪裡，這樣既省時又省力。

只不過事情沒那麼簡單，因為在許多看似無關緊要的小事中，這種加乘式的情緒勞動變成常態。日積月累下來，妳的生活變成一張錯綜複雜的網，只有妳自己知道怎麼駕馭它。妳必須引導其他人在這套精心打造的系統中穿梭，以免他們卡住或陷落。例如，妳擠完最後

---

14 Judith Shulevitz, "Mom: The Designated Worrier," *New York Times*, May 8, 2015, https://www.nytimes.com/2015/05/10/opinion/sunday/judith-shulevitz-mom-the-designated-worrier.html?_r=1.

一點牙膏，或是把廁所的衛生紙用完時，妳注意到該換新的了；公司同仁指望妳規劃下班後的歡樂時光；妳腦海中有一份清單，列出妳需要做什麼；妳需要注意及肯定他人的情緒，同時控制自己的情緒；妳需要維持事情的順利運作，而且要非常小心。這些勞務都需要投入很多時間和精力，而且永遠無法將之拋諸腦後。它讓我們付出高昂的代價，耗盡無法估量的心神，而且那些心神明明可以用來做其他對我們自身、職涯及生活更有利的事，讓我們自己過得更快樂。把這些原本各自存在的用語歸納在一個「情緒勞動」的大傘下非常合理，因為它們緊密相連。情緒勞動所指的，不僅是關心結果而已，也關心那些被我們的情緒、言語、行為所影響的人，即使那樣做是犧牲自己以成全他人。

社會指望女人以許多無償的方式，不惜一切代價（包括犧牲自我），讓周遭的人感到舒適。我們創造出一個利他的形象，允許他人的需求凌駕自我。我們成了傾聽者、忠告者、旅行規劃者、行程管理者、居家打掃者、提醒者，也是每個人都可以舒適依靠的無形靠墊（但幾乎沒人考慮這會如何消耗我們的心神）。我們從事情緒勞動時，把周遭的需求擺在自我需求之前。我們在這世上存在的方式，在很多方面開始隱於無形。為了迎合周遭的人，我們壓抑或改變自己的情緒，從與先生和睦相處，阻止孩子亂發脾氣，到避免與母親爭吵，避免街頭騷擾變成人身攻擊。

為了管理他人的情緒和預期，妳需要越過重重障礙才能讓人聽到妳的心聲，並以更有效率的方式運用寶貴的時間。妳必須確保妳的回應經過深思熟慮，把他人的情緒也納入考量。當妳需要指派任務給別人時，妳必須使用正確的語氣，詢問對方的意願。當妳感到不舒服時，妳需要克制自己，依舊展現出親和力。如果妳想把自己放在最有利的位置，那表示妳需要先一步思考對方可能如何反應。有人說，當妳交出完成的任務時，不要同時展現魅力和溫柔的一面，因為妳可能被貼上負面的標籤，影響升遷機會。也有人說，走在路上聽到男人對妳開黃腔、騷擾妳時，不要微笑，緊閉著嘴繼續前進，不然妳可能會被跟蹤、攻擊，甚至遇到更慘的遭遇。

當我們的言行不符合既定的權力動態時，就必須付出高昂的代價。誠如桑德伯格在著作中所述，女性在職場上常避免分享意見，語帶保留，以免被貼上標籤。「怕大家覺得她不合作，怕大家覺得她負面或嘮叨，怕提出建設性的批評卻被當成單純的牢騷，怕勇敢說出想法而引起大家關注，可能因此遭到攻擊（就是腦海中那個叫我們「別坐到桌前」的聲音所誘發的恐懼）[15]。」我們在家裡，為了獲得迫切需要的「幫忙」且避免爭吵，也是這樣

15 Sandberg, *Lean In*, 78.

顧全大局，語帶保留。這些持續又傷神的勞動，大多隱於無形。

霍奇查爾德在書中提到，航空公司如何要求空服員在飛行中營造出溫馨舒適的居家氛圍，以及她們打卡下班後，那種人為感受使她們付出什麼代價。她們下班後常感到情緒疲乏，很難在工作角色和真實自我之間切換身分。她們難以在內心深處找到真實自我，或許是因為她們不止在服務業中付出情緒勞動。身為女性，我們必須在生活的各個領域營造出同樣的溫馨感。我們不僅在工作中這麼做，回到家裡或在外面，也必須對親友、同仁、陌生人這麼做。女性之所以覺得受夠了，是因為我們意識到這種情緒勞動無法打卡下班，而是隨時隨地非做不可。被要求在生活各個領域中扮演情緒勞動的主要提供者，我們已經受夠了，因為那實在很累人，很費時，也耽誤了我們的人生。

我們的腦中填滿了家庭瑣事，把不成比例的時間花在造福他人上。我們為了職場升遷所付出的情緒勞動，從注意自己說話的語氣，到聆聽他人的想法並提供意見反饋等等，都是男性不必做的。我們必須仔細地權衡在公共場合中如何與陌生男性互動，以確保自身安全。這些必要的情緒勞動類型都是一種徵兆，顯現出更大的系統性不平等。那種不平等對女性造成了傷害，尤其是弱勢族群的女性。誠如霍奇查爾德所言，男性和女性在情緒工作上的互動方式，是「一種常見的掩飾法，把性別之間的不平等視為人與人之間的虧欠，而且在維持這種現象的表層扮演和深層扮演上都是如此[16]。」在社會上，女性對於任何需要我們的人，總是虧欠著無盡的情緒勞動，除非男性和女性都改變想法，改變他們對於「誰該做這項工作」以及「這項工作的真正價值」所抱持的預期。

每個人都必須改變他對情緒勞動的看法，這樣一來，我們才有可能重新獲得情緒勞動這項技能背後的真正價值。沒錯，情緒勞動可能是我們的剋星，但也可能成為我們的超能力。我們需要瞭解這種勞動有其價值，並把它公之於眾，讓大家可以清楚看到。這種關懷和管理情緒的智慧是一種寶貴的技能，是一種密集的解題訓練，還可以獲得同理心的額外效益。賓州州立大學貝克斯校區的傳播藝術與科學副教授蜜雪兒・拉姆齊博士（Michele Ramsey）表示，情緒勞動往往和解決問題同義。她解釋：「大家對性別的假設是『男性是問題的解決者，因為女性太情緒化了。』但是在家裡和職場，解決多數問題的人又是誰呢[17]？」身為伺候我先生和三個孩子的家管，我非常確定我知道答案。儘管這些情緒勞動令我們沮喪，但這種照護型的勞動本身是一種寶貴的技能。我們熟練地設想大局，宏觀地思

16 Hochschild, *The Managed Heart*, 85.

17 二〇一七年八月十八日接受筆者訪問。

考結果，輕易地調適意外狀況，用心地投入工作、培養關係、因應偶然的互動。這些技巧是確保我們細心完成精神任務及情感任務的資產，這裡的細心不只是專注在任務細節上，也是專注在他人身上。情緒勞動在生活中呈現的方式，就像是以維繫社會的文明細線，編織成一幅精緻的掛毯。少了情緒勞動，我們活不下去，我們也不該期待情緒勞動消失。

我們應該把情緒勞動變成一種人人都該擁有及理解的寶貴技能，因為那可以讓我們更熟悉自己的生活。它能使我們更充分地體會生活，使我們成為最真實、最充實的自己，男女皆然。減輕女性被迫承擔的龐大重擔，同時讓男性進入一個充實的生活新領域是有益的。我們不該只想著「平分」情緒勞動，更應該去瞭解伴隨那些重擔而來的東西。即使目前女性被迫扛起不平衡的重擔，女性也因為情緒勞動的存在而更長壽、更健康[18]。女性把規劃和深謀遠慮納入生活中，關心人際關係的培養與維繫，為了讓他人過得舒服而不辭辛勞地付出，她們的伴侶無疑因此受惠了。哈佛大學的研究顯示，已婚男性通常比未婚男性更長壽、更健康[19]。他們的壓力較小，罹患憂鬱症的情況較少，身體也比未婚男性更健康，這主要是因為他們的妻子管理其生活的方式使他們過得更健康。多項研究發現，喪偶及離婚的男性過得不如喪偶及離婚的女性，因為少了伴侶投入時間和精力去管理他們的生活，他們的健康、舒適和社交關係都會受到影響[20]。當妻子是家中唯一回應聚會邀約、唯一負責召集家人參加活動、唯一負責維繫社交關係穩健發展的人時，失去她也等於失去所有人。那也表示，那些人際關係本來就不屬於男性。

女性負責維繫男性與親友的關係，也確保伴侶飲食健康、做運動。她們幫男性卸下原本落在他們身上的任務，充當男性的第二個大腦，幫他們記住他們覺得不夠重要而不需要記住的「小事」。然而當男性從來不學習情緒勞動時，他們也錯失生活中很重要的一大部分。當然，有人代勞肯定過得很舒服，但是當別人負責處理你生活的一切細節時，你的生活永遠不是屬於你自己。目前這種情緒勞動的失衡，導致大家持續預期男人不必建立自己

---

18 Yang Claire Yang, Courtney Boen, Karen Gerken, Ting Li, Kristen Schorpp, and Kathleen Mullan Harris, "Social Relationships and Physiological Determinants of Longevity Across the Human Life Span," *Proceedings of the National Academy of Sciences* 113, no. 3 (January 2016): 578–83, http://www.pnas.org/content/113/3/578.

19 Ayal A. Aizer et al., "Marital Status and Survival in Patients with Cancer," *Journal of Clinical Oncology* 31, no. 31 (2013): 3869–76, http://ascopubs.org/doi/abs/10.1200/JCO.2013.49.6489

20 "Marriage and Men's Health," Harvard Health Publishing, July 2010, https://www.health.harvard.edu/newsletter_article/marriage-and-mens-health; P. Martikainen and T. Valkonen, "Mortality After the Death of a Spouse: Rates and Causes of Death in a Large Finnish Cohort," *American Journal of Public Health* 86, no. 8 (August 1996): 1087–93, https://www.ncbi.nlm.nih.gov/pubmed/8712266.

的社交關係，不必深切地關注個人生活的細節，不必從打造個人生活及家庭中尋找意義。這促成了一種讓霸道的陽剛氣息蓬勃發展的環境，在這種環境中，大家依然指望女性以各種方式照顧男性，所以男性永遠不會學習照顧自己，不僅身體上如此，情感上和精神上也是如此。我們告訴整個社會的男性，他們無法處理情緒勞動，他們需要把一切細節委派給女性處理，他們無法隨機應變，也無法學習這些可以深深改變其生活的技能。我們讓男性對這種依賴他人的人生感到無可奈何，儘管男性擁有那麼多的權力和特權。這樣做只是在助長一種對每個人都有害的惡性循環。改變這種動態不僅不會傷害男性，還可以幫助女性，讓每個人都因此獲得解放。讓大家預期一種更平等分攤的情緒勞動，這並不是在轉移負擔，而是為了鼓勵每個人改善生活。

平衡情緒勞動可以讓每個人都有機會過更充實、也更真實的生活。負擔減輕的女性可以重新取回自己的精神空間和時間，在職涯上做出清楚的決定，並從真正平等的立場上，感覺到自己與伴侶的關係更緊密。男性可以以新的方式融入人性生活，承擔新的角色，擺脫霸道的陽剛氣息，生活在更緊密相連的環境中，而且不怕幫女性爭取更平等的世界。

霍奇查爾德指出，我們承認生活中情緒勞動運作的方式，反映出我們在社會局勢中的立場。我相信，我們已經準備好打破陳規，邁向新未來。為此，我們必須瞭解情緒勞動所造成的障礙，以便從沮喪中站起來，決定如何好好運用這種深切關懷的技能。情緒勞動不見得會破壞我們的幸福，事實上，它是維繫世界的黏著劑。一旦我們意識到它的存在，瞭解它對生活的好壞影響，我們就可以掌控情緒勞動，改變我們使用這些技能的方式，奪回自主權。

我們可以學習如何為孩子樹立更好的平等榜樣，以免他們承襲我們的錯誤模式。我們可以讓男人有機會以新的角色體驗情緒勞動，更充分地體驗如何為人父、為人伴侶，以及成為一個男人。我們可以為無所不在的情緒勞動劃出明確界限，而不是一味地迎合預期。我們可以把情緒勞動視為一種技能，而不是障礙。套用眾議員瑪克辛・沃特斯（Maxine Waters）的說法，我們可以奪回自己的時間[21]，只在真正有意義的情境中運用情緒勞動的技能，讓每個人（包括我們自己）都覺得世界變得更美好。這樣一來，我們不僅可以改善自己的生活，也可以改善伴侶和後代的生活。當我們一起消除情緒勞動的不平等時，可以改變孩子的未來，我們的兒子還是可以學會恪盡本分，我們的女兒可以學會不必承擔別人的分內工作。

---

21 二〇一七年七月二十七日，沃特斯議員在眾議院金融服務委員會舉行的聽證會上這麼說。

自我測驗：你還在默默忍受情緒勞動嗎？

對於你與另一半的家庭責任分擔狀況，你感到滿意，覺得還好，還是已經受夠了？做個小測驗，了解一下現況吧。

1. 你要求伴侶負責一項家務時，例如找人來打掃家裡、清洗排水溝、整理庭院，或找滅蟲公司，他會：

a. 上評比網站 Yelp 快速搜尋，預約第一個看起來還不錯的服務。

b. 研究不同公司的聲譽與價格，預約時間，並把約定好的時間加入家庭行事曆中。

c. 拖到最後一分鐘，最後他乾脆自己動手。

2. 誰負責預約看診時間、汽車檢修、家長座談會等活動？

a. 我做，這比開口求助簡單多了。

b. 我做，除非我開口求助，他才會幫我做。

c. 看情況，有些事情我會處理，其餘的事情他會處理。

3. 你多常要求伴侶幫你做家事？

a. 每天，每一天都會要求他。

b. 從來沒有！我們有各自的角色，家事都是我負責。

c. 偶爾，他通常會幫忙，但偶爾需要稍微鼓動一下。

4. 你如何請伴侶幫忙？

a. 我直接要求，他會按要求去做。

b. 我必須經常要求，但要注意口氣，不要有不悅或嘮叨。

c. 我不需開口！我們在家裡有各自的角色與責任，一切事情都有人負責打理。

5. 你向伴侶求助時，他回應：「你就直接跟我說就好了！」那聽起來感覺：

a. 很陌生，我從來不用開口，他會主動幫忙。

b. 很熟悉，他很樂於幫忙。他也喜歡提醒我，只要我開口，他隨時都很樂於幫忙。

c. 令人沮喪，我真希望我不必每次開口要求。

6. 你要求伴侶以吸塵器吸地板時，他有什麼反應？

a. 好！我去客廳壁櫥拿吸塵器來吸。

b. 好！吸塵器放哪裡？我又忘了。

c. 這不是可以等明天再做嗎？

7. 你晚上外出，讓伴侶留在家裡帶孩子。你回家時，家裡變成什麼樣子？

a. 很恐怖，既然回來時的狀況比出門前還亂，我何必出門？

b. 很棒！家裡很乾淨，孩子都洗澡了，每個人看起來都很開心。

c. 還可以！他們基本上都照我的計畫做了，水槽裡只剩一些髒碗盤。

8. 你與伴侶談論你們關係中情緒勞動（排程、購物、打掃等）的失衡時，他有什麼反應？

a. 他覺得很內疚，之後有一段時間會主動幫忙，但最終又恢復原狀。

b. 他會反駁，所以根本不值得討論這個話題。

c. 我們不需要討論這個話題。在我們的關係中，他承擔的情緒勞動已經比本分多了。

9. 家裡亂七八糟時，你感覺如何？

a. 沒關係！等孩子入睡後再收拾。在這之前，即使有客人突然來訪，他也會知道我們很忙。

b. 沒關係！誰在乎孩子的玩具扔得到處都是，水槽裡還有髒碗盤？反正最後我一定會整理乾淨。

c. 我會瘋掉，我無法忍受髒碗盤堆在水槽裡或玩具散落滿地。直接把雜亂收拾好，比尋求幫助更容易。

10. 婆婆的生日是下週，你會……

a. 訂一份禮物，留一張卡片讓伴侶簽名，寄出卡片，並在婆婆生日當天提醒伴侶打電話去祝壽。

b. 在伴侶買的卡片上一起簽名，伴侶打電話去祝壽時，順道說一些生日祝福。

c. 在日曆上標註那個日子，並提醒伴侶那天即將來臨，接著就讓他去處理剩下的事情。

11. 伴侶把碗盤放進洗碗機的方式很亂；把剩菜的髒汙留在流理台上；摺衣服折得亂七八糟等等，你有什麼反應？

a. 指出對方的錯誤，並說明下次如何做得更好。

b. 趁他不注意時重做，以免傷了他的心。

c. 沒反應！那是他的責任，不是我的！

12. 如果你必須或選擇把一大部分的情緒勞動交給伴侶，你覺得會發生什麼事？

a. 我們分擔的情緒勞動已經很平均了，所以不會有太大的改變。

b. 髒衣服擱著沒人洗，帳單沒繳，沒人注意飲食健康，忘了別人的生日邀約……，但沒關係！我有機會休息一下是值得的。

c. 髒衣服擱著沒人洗，帳單沒繳，沒人注意飲食健康，忘了別人的生日邀約……我撐不了一週就受不了了。

計算分數

1分＝受夠了；2分＝還好；3分＝滿意

1. a (2) b (3) c (1)
2. a (1) b (2) c (3)
3. a (1) b (3) c (2)
4. a (2) b (1) c (3)
5. a (3) b (2) c (1)
6. a (3) b (2) c (1)
7. a (1) b (3) c (2)
8. a (2) b (1) c (3)
9. a (3) b (2) c (1)
10. a (1) b (3) c (2)
11. a (2) b (1) c (3)
12. a (3) b (2) c (1)

你的得分：

12—20分：受夠了。

你不僅要打掃家裡，還要維持家裡的運作，從安排汽車檢修到出席家長座談會，再到預約看診時間，都需要你來做；從陪伴女兒做作業到記住公婆的生日，都要你負責。在你們的關係中，你承擔了超乎本分的情緒勞動比例。你不僅希望獲得伴侶的幫助，那更是你迫切需要的東西。花點時間與伴侶談談分擔負擔的必要，你開口跟他討論時，不要覺得自己像在嘮叨。為了你自己及全家的健康與幸福，你能做的最好事情，就是在情緒勞動中找到更好的平衡。這可能也意味著，對於某些事情該怎麼做及何時做，你需要先放棄一些先入為主的觀念。

21—29分：還好。

沒錯，你把碗盤放進洗碗機，負責洗髒衣服，帶狗去看獸醫，帶孩子去看小兒科，但只要你開口，伴侶也會幫忙。雖然伴侶愛你、也支持你，但你希望他主動承擔更多的家務，不需要你不斷地明示暗示，也不需要你直接開口求助。確定你的優先要務，接著與伴侶討論更平均的情緒勞動分配。你要先有心理準備，放棄清單上一些比較沒那麼重要的事情。即使一切無法做到盡善盡美，也不要苛責自己。你與家人的健康與幸福，才是最重要的。

30—36分：滿意。

你與伴侶在分擔情緒勞動的負擔上，已經拿捏了巧妙的平衡。你做飯，他洗碗。你為孩子講睡前故事，他帶孩子刷牙，送孩子就寢。你負責去超市買菜，他負責買剩下的家用品。即使事情的完成度不見得完全符合你的標準，像是碗盤放進洗碗機的方式沒有排好，孩子刷牙沒有刷滿兩分鐘，伴侶不是買有機的蘋果，但你與伴侶都信任彼此會完成家裡該做的事情，整個家庭也因為你們之間有健康的平衡而受益。

PART 1

家中無所不在的情緒勞動

Fed Up

Emotional Labor, Women, and the Way Forward

1

我們怎麼會落到這步田地？

男性往往把情緒勞動視為達成目的的一種手段，
而女性則視之為一種存在方式。這也是為什麼
女性會走到若干年後滿心怨恨的田地。

車子開出車道時，兩歲的孩子聲嘶力竭地尖叫著，他從半小時前醒來的那一刻就開始不停尖叫。車子還沒開到路的盡頭，四歲的孩子開始朝著兩歲的孩子尖叫，叫他閉嘴。接著，六歲的孩子叫他們兩人都閉嘴，結果他們三人開始輪流指著彼此大喊：「別叫了！」這樣開啟新的一天確實很辛苦，但其實我的一天早在幾小時前就開始了。我已經處理過電郵、預算、早餐、打包孩子的午餐、清洗流理台、洗了碗盤，同時一邊聆聽有關時間管理的播客。我在處理兩歲孩子無理取鬧的牛脾氣時，也陪六歲的孩子做了功課，檢查了他的書包，幫他把水壺裝好水，幫每個孩子穿好衣服、梳好頭髮、為女兒編了辮子，然後把孩子們趕進車裡。我開車時，試著在腦中釐清當天該做的所有事情，但車內太吵，讓我的思緒不太

順暢。我需要提醒先生傳簡訊給他的母親，詢問聖誕假期能不能把狗借放在她家；我需要記得家裡的肥皂用完了，尿布快沒了；我需要讀那封學校寄來的電郵，我已經在筆電上打開那封信，但還沒讀；我知道我還有很多該做的事情，但我一邊開車，還得一邊平息後座愈來愈激烈的爭吵，我已經忘了還有什麼事情需要處理。這時，我突然看到先生的車子從對面車道駛了過來。

羅伯兩個小時前就去上班了，所以我知道他不太可能把鑰匙或筆電遺忘在家裡。我請Siri發簡訊問他為什麼回家。我開車抵達女兒的幼兒園時，看到他回應：「等妳回來再說吧。」

＊＊＊

其實我不需要他告訴我。從內心一沉的感覺，我已經知道是怎麼回事了。他的公司已經經歷多次裁員，今天開斬的時候又來了。我先深深吸了一口氣，才送孩子到第二所學校。我馬上進入規劃模式，我相信可以想辦法應付的。我熟悉我們的家庭預算，知道光靠一份薪水我們還是可以撐很久，只要精打細算，他可以整整休息半年也沒關係。事實上，或許他真的**應該**停工半年。

因為我手邊的書稿正好在六個月後截稿。這個時點，適逢我的職涯蒸蒸日上，收入也穩定。他可以好整以暇地尋找適合自己的工作，同時接管家務，照顧兩歲的孩子（順道一提，這孩子仍在後座尖叫）。這個時機點似乎非常湊巧。隨著自由接案這份工作需要我投入愈來愈多的時間，以前我還可以隨機應變，應付自如，但最近我覺得好像已經接近極限。羅伯依然無感於許多隱於無形的情緒勞動，我肩負的重擔比以前還重，所以我想，他在家裡待一陣子應該可以改變現狀，他將會面對日常的家務打理及全職父母的情緒付出，或許能因此明白種種辛苦。原本看似人生驚慌時刻的此時，如今看來卻像是敞開的契機之門。

自從兩個月前我在《哈潑時尚》發表那篇文章以來，我們一直在討論情緒勞動的失衡問題，只是他似乎還沒有完全頓悟。他看得見情緒勞動的實體表現，知道我負責大部分的清潔打掃、午餐打理、列製清單、行事曆的追蹤，但即使我迫切需要他分擔這些工作，他還是不知道該如何接手。我的工作不再是兼職，但我在家裡的工作量並未因此減少。雖然羅伯現在偶爾會主動洗衣服或做一些適合他的家務，但規劃及交派家務依然是我的責任。我的精神負擔很重；跟他解釋這件事所付出的情緒勞動，甚至比我自己做還要沉重。一想到他失業，我卻馬上聯想到他待在家裡可以帶給我的好處，我為自己這樣聯想感到內疚，卻還是忍不住覺得這個大變動正是我們需要的。我心想，**這會是一個轉捩點，轉變終於要發生了**。我現在是家裡唯一的經濟支柱。他待在家裡，自然得要承擔管理家務的責任，對他來說，這個角色終於有意義了，不然這種情況還有可能出現其他發展嗎？

我回到家後，他告訴我裁員的消息，但我沒有透露我的計畫。我知道，那一刻他需要的是同理心。我說我覺得很遺憾，但我們會沒事的。當他抱怨那感覺有多糟時，我從旁附和及安撫他。

「那感覺確實很糟。」我說。

當時羅伯顯然仍處於震驚狀態，今天將會是情緒勞動的衝擊日，或許這一週的多數時間都會是。我們討論了彼此的期望和計畫後，他可能從下週開始接手情緒勞動。我想給他時間去消化裁員的痛苦和沮喪，把心聲講出來，讓他對自己這段期間該如何繼續往前先產生信心。我也希望他把這段時間視為一次契機，趁他還享有無拘無束的自由時，找到享受自己的空間。如果目前為止都是我負責所有的情緒勞動，接下來他在家的這段日子，我們肯定可以找到一個讓我倆都感到快樂的新平衡。我們可以一起解決大規模的任務交派，以後我在家裡可以輕鬆一些，更專心地投入工作，腦中不必隨時想起無盡的待辦清單。我想像自己走進家裡的辦公室時，知道我暫時抽離家務、但一切都有人打理的感覺。那是一種如夢似幻的前景，但我相信我們可以輕鬆地找到最佳狀態，我們即將進入人生的新篇章。

那天下午，我們帶著（仍在哀嚎的）兩歲孩子去公園，沿著公園小徑旁的小溪散步。

那天空氣清新，地面覆蓋著楊樹的鮮黃落葉。那條小徑蜿蜒穿過高聳的松木，沿途風景不斷地改變，我們的生活也在改變。這一切都讓我覺得意義深刻。我想得愈多，愈覺得這番改變雖然出乎意料、令人不安，卻是我們生活所需要的。這會是一個全新的開始，不僅對他的職涯來說是如此，對我們的關係動態來說也是如此。我小心翼翼地對他說，這次裁員或許是一次正面的轉機。看看我們現在所處的狀態，不論從實質面及比喻上，這都可能是一件好事，因為我有一本書需要完成，而他有三個月的資遣費。

他說：「我有權為這件事情感到憤怒。」

我看得出來，他對於我如此樂觀地面對改變感到惱火，所以我收斂了一些。我們回家後，他上網找工作，我又回到規劃模式。我請教了幾位經歷過配偶失業的摯友，以瞭解我們可能面臨的情緒波動。我需要知道如何小心因應這件事，如何在保護我先生的情感下繼續前進。朋友告訴我，失業的時間拖得太久、超過預期時，先生會變得無精打采或出現嚴重的身分危機。在開車回家的路上，羅伯說他預計找工作會花兩週的時間，那其實是過於一廂情願的想法。我必須想辦法以最好的方式對他透露真相，同時讓他知道我對他的能力充滿信心。我必須維持謹慎的樂觀態度，同時對於求職的困境以及適應身分改變的辛苦抱持同理心。我光想到這件事就覺得很累，根本不敢細問自己的情緒。為了維持夫妻關係的和睦，一直以來我必須戰戰兢兢地拿捏分寸，彷彿腳踏在一條細線上，如今那條線已經細到不能再細了。

＊＊＊

隨著我的行事曆變得愈來愈緊湊，羅伯接掌了早上的例行家務。這是一個難得的早晨，我不必馬上埋首於電郵、採訪、播客或研究中。我請他去查看我們的行事曆，以便追蹤每天的排程，每天早上我仍然負責送女兒去幼兒園。這時羅伯已經失業整整一個月，我則是全職投入寫書工作中。

我告訴他：「今天我需要花一個半小時錄製播客，接著我需要工作到下午一點左右，把更新的寫作大綱寄給編輯。」這個時間點選得正好。我可以在兩歲的孩子剛吃完午飯、需要小睡片刻時，剛好結束工作。我可以哄他睡覺，然後自己吃午餐，接著開始閱讀我想讀的東西，或許還可以讀點些東西消遣一下，這時羅伯可以出去騎越野自行車。

然而令我驚訝的是，我從居家辦公室出來時，兩歲的孩子還沒吃午餐。我連忙幫他煮了拉麵，迅速哄他入睡，這時羅伯則忙著換他的單車服。他離家時，我仍在哄孩子，孩子頓時無法接受午覺時間和爸爸離開同時發生，所以我哄了一個小時，他才終於靜下來入睡。這場混戰終於打完時，我踉踉蹌蹌地走進廚房，心想終於可以吃頓午餐了。但我看到餐桌時，差點尖叫起來。

塗鴉本、蠟筆、簽字筆、列印紙（我一再告誡六歲的孩子，**不要從我的工作室偷拿**影印紙）、削鉛筆屑，還有一本我不敢翻開來看的圖書館書籍全散落在桌上。兩種顏色的動力沙分散成幾小堆，沒收在指定的托盤內，搞得整個地板到處都是。桌上擱著早餐留下的盤子，還有從盤子裡撈出來的殘餘食物，以及在拋光木桌上硬化的牛奶。手工藝的小珠子隨處可見，在沙子裡、食物裡、地板上，散得到處都是。

我開始清理餐桌上的碗盤和食物時，發現前一晚放進烘碗機的碗盤仍原封不動地擺在裡面，沒有收進櫥櫃。這時，我想要尖叫的衝動變得更難抑制了。早餐用過的碗盤一個也沒洗；流理台上擱著打開的麥片盒；爐上鍋內的燕麥片已經硬掉了。我把圖書館借來的書放回固定位置，結果看到一碗還沒吃完的爆米花，地板上也灑了爆米花碎屑。鞋子和毛衣散落在沙發上，玩具拿出來後都沒有歸回原位。我逐一收拾這些殘局時，發現愈來愈多的事情沒做。該洗的衣服積了太多，垃圾需要拿出去倒。我可以感覺到內心的怨恨開始湧現，**他整天到底在幹什麼？**

過去五個小時，我很專注地工作，相信他會處理好家務，結果家裡不是變得有點亂而已，簡直像被炸彈轟炸過一樣。如果你的身手特別矯健，也許可以在家中穿梭自如，不會誤踩到任何東西，但羅伯怎麼可能會對家裡的整個亂象**視若無睹**呢？他的筆電就擺在事發現場（亦即餐桌），整個早上他有大半時間無疑都坐在那張桌子旁邊，規劃單車路線或觀賞單車的影片。但他做完那些事後就直接起身，無視眼前恐怖的一切，逕自出門了。

這就像我聽過一個白爛笑話的笑梗：男人的眼睛蒙著一層灰塵，使他們看不見亂象。他們不想看到的東西，都會變得看不見。我認識的每個女人都可以講出伴侶永遠看不見的東西，例如有人總是放任廚櫃的門敞開；有人舉辦派對後，就把保冷箱擱在戶外好幾週；家裡每個房間都可以看到他們的襪子和鞋子，就是不放在櫥櫃裡；換洗衣服總是丟在洗衣籃外；浴室裡的毛巾總是皺巴巴的。我是在精神層面感受到這些令人氣結的盲點，我先生有隨手放咖啡杯的習慣，家裡到處都可以看到他喝完的咖啡杯，包括車庫裡、烤肉架上、前門外、置物間內、床邊的小桌等等。如果能找到當天喝完的咖啡杯已經算很幸運了。我看過有些杯子必須直接扔進垃圾桶，因為裡面已經長出一整個生態系統。妳出門聚會，酒過幾巡後，講這些笑話來娛樂大家還挺有趣的，但是妳正視伴侶這種選擇性的視盲問題而火冒三丈時，就沒那麼好笑了。

那天羅伯回家後，一邊脫掉越野單車服，並把衣服扔在洗衣籃旁的地板上，一邊滔滔不絕地說他剛剛騎過的路線有多棒。我撿起那件濕透的衣服，開始洗那些我已經分類好、等著他回來就可以清洗的換洗衣物。我趁著兩歲孩子睡午覺時，在怒火攻心下，卯起來打掃家裡。說我這時處於又氣又煩的狀態，已經算是輕描淡寫了。

他洗完澡後，脫口說：「家裡看起來好極了。」

我簡短地回應：「是啊，只是還需要用吸塵器吸一下。」

「寶貝，家裡真的看起來很棒。抱歉，我之前沒有多做一些。」

我往旁邊站一步，等著他去壁櫥拿吸塵器，他應該會完成我剛剛提到的任務吧。才怪！他轉過身，走向廚房去拿點心。我拿出吸塵器，放在走廊上，他還是沒有反應。一個小時後，我自己用吸塵器打掃了房子。接著，我第五次問他，他是否記得打電話給他的父母，詢問聖誕假期我們全家出遊時可否把狗寄放在他們家？結果，他當然不記得。

＊＊＊

我們怎麼會落到這步田地？我實在不懂這種情況為什麼會發生。我們明明已經談過情緒勞動這個議題，他也說想幫忙。我在《哈潑時尚》發表那篇文章後幾週，他每次都幫孩子做好外出的準備，每隔幾天也會洗全家的衣服，我以為他已經知道怎麼承擔起他應盡的責任。我真的天真地以為我們已經改變了，以為他失業是一次難能可貴的機會，讓我們終於可以永遠地平衡分擔情緒勞動。那麼，為什麼我現在還得從地板上撿起他的換洗衣物，滿心怨恨呢？

我認識的每個聰明女人都知道，**平衡**不見得是「從中間點均分」，而是會有一些拉扯。我們的婚姻關係再怎麼牢固，絕非一成不變。事實上，預測美滿婚姻的一個關鍵因素，是適應變化的能力[1]。這不僅適用於充滿壓力或創傷的生活事件，也適用於可預測的變化。所謂適應變化的能力，是指我們一起調適，以因應行事曆的變化、搬家、失業等事件的速度和效率有多快。我本來以為經過母親節那次頓悟後，先生的改變會是永遠的。當我意識到一切那麼快又恢復原狀時，真是嚇壞了。我聽過很多女人對伴侶懷著怨恨之意，她們覺得自己被迫承擔一切的情緒勞動，毫無轉圜的餘地，並為此感到絕望。我現在明白，如果不想辦法改變我們的動態，而且儘速改變的話，我很容易就會跟她們一樣，陷入那種

---

1 Maria Krysan, Kristin A. Moore, and Nicholas Zill, "Identifying Successful Families: An Overview of Constructs and Selected Measures," Office of Social Services Policy, May 10, 1990, https://aspe.hhs.gov/basic-report/identifying-successful-families-overview-constructs-and-selected-measures.

退無可退的境地。當晚，我懷著恐懼的心情，讀了莎拉．布雷格的短文〈如何看出也許妳厭倦了婚姻？〉，她在那篇文章中提到離婚的始末。那篇文章一直在網路上廣為流傳，我的寫作主題跟布雷格一樣，包括親子教養、生活、愛情等，兩人因而熟識。我沒有料到自己會在那篇文章中看到一丁點自己的身影，或者更確切地說，至少我不希望看到自己的身影。但是我一讀那篇有關離婚的文章，幾乎馬上就從字裡行間看到情緒勞動所造成的關係緊繃。「我談過離婚後可以成為更好的家長，談過失望，談過那些來來回回並強烈喚醒我的怨恨，但至少那一刻我知道，我已經放棄了[2]。」我從來沒想過放棄，一丁點都沒有，但我曾經又氣又恨地自問「他不在身邊，為什麼感覺輕鬆很多」嗎？是的，我曾經那樣問過。但我們都在改進，我們談過情緒勞動，也看到進展，或者至少曾經看過，而且我相信只要我能找到神奇的方法，我們夫妻倆又會再次前進。接著，我在布雷格那篇文章中，看到她描述她的先生會做早餐、洗碗、幫忙照顧孩子，那些都是她要求先生做的事情，而且不只那些。感覺她的先生幾乎已經徹底導正了，後來她才透露一個我早就應該料到的意外結局，她寫道：「江山易改，本性難移，一切總會恢復原狀。我知道這種恢復原狀的戲碼會一再上演，直到它根深柢固，到最後我對人生的記憶只剩下我是如何變成河東獅吼，深宮怨婦。」我把那篇文章又重讀一遍，通篇都在講情緒勞動，連我第一次閱讀時沒注意到的段落也是，因為我對那些情緒勞動已經習以為常了。當然，她是為了孩子而持續在婚姻裡苦撐的人。當然，她也是負責跟治療師約時間，以便夫妻倆可以一起去做婚姻諮詢的人。一切都是那麼**理所當然**。

我和布雷格通電話時，我很想知道，有沒有哪個明顯的轉折點讓她意識到情緒勞動的失衡已經失控、難以逆轉了。我有點絕望地問她，過程中她有沒有發現什麼警訊。但她的回應正好呼應了我最擔憂的狀況：情緒勞動一直以來都是那麼失衡，尤其是生養兩個小孩以後。她描寫，她的先生雖然立意良善，卻始終搞不懂情緒勞動的失衡，那些文字就好像在描寫我的處境似的。她的先生從小看著自己的父親不需要承擔家裡的任何情緒勞動，因此在他們的婚姻關係中，每次需要有人分擔家務時，他們之間總會出現一股暗流，暗暗呢喃著：「這不是我的分內工作。」當他把碗盤放進洗碗機時，他還頗為得意，希望能博得讚美，儘管布雷格做同樣的事情三次也沒有人會注意到，更遑論獲得讚美了。每次她提起情緒勞動時，感覺好像是她在當「壞人」，導致她的先生心生愧疚，為他永遠做得不夠多而

---

2 Sarah Bregel, "How to Say You Maybe Don't Want to Be Married Anymore," *Longreads*, November 2017, https://longreads.com/2017/11/20/how-to-say-you-maybe-dont-want-to-be-married-anymore/.

自我苛責。先生的那種反應使布雷格不禁產生罪惡感，有時她甚至覺得，默默地獨自承擔情緒勞動還比較容易一些[3]。我突然覺得我不只從她的描述中隱約看到自己的身影而已，而是根本像在照鏡子。

＊＊＊

我回想和羅伯剛開始交往時的情況，試著找出我們的關係和布雷格夫婦的關係有什麼差異。或許我希望藉由找出差異來安慰自己，我們的關係沒有問題。我想毫無疑問地確定，我們兩對夫妻是不同的。但是，我和羅伯之間曾經有過情緒勞動比較平均分攤的時期嗎？我們從高中時期開始交往，那時我們十七歲，一起去參加共同朋友的婚禮，當時連挑選結婚禮物都是由我負責。我買了一台鬆餅機，把它包裝起來，附上我們一起簽名的精緻卡片。開車去參加婚禮的路上，我們都很緊張，因為羅伯對於我們以情侶身分出席婚禮感到很不安，雖然他沒明講。他刻意保持沉默，不願正眼看我或放在我們之間的禮物，這些舉動令我困惑，車內的緊張氣氛令人窒息。當他緊張地偷瞄一眼禮盒時，我問他是否想知道裡面裝什麼。他說他不在乎，我不禁翻了白眼，問他要不要我把他的名字從那張愚蠢的賀卡上劃掉。**我知道他有多討厭在卡片上簽字**（這是在嘲諷他送我一張空白的情人卡）。我這樣問惹惱了他，我連忙緩和氣氛。顯然當時的我不像現在那麼擅長處理情緒勞動，但我已經開始練習了，不管當時我是否知道。

當天回家的路上，羅伯花了很多時間抱怨婚姻制度，還信誓旦旦地說，他確信自己永遠不會想要結婚。

「我將來想要結婚。」我一本正經地說，語氣堅決，兩眼堅定地看著前方的道路。

我常開玩笑說，我們二十歲結婚時，根本不知道自己踏入什麼情境。但我回想起車上的那一刻時，又覺得「或許我們知道」。在感情上，羅伯從來不是浪漫派，而我總是不肯放棄想要的東西，這些特質始終沒變。然而，即使我約略知道我們的性格將如何衝撞或互補，十七歲或二十歲的我不會知道將來的自己會承擔什麼情緒勞動，或情緒勞動在我們成年後的生活中將如何演變。那時，一切都很單純無害，感覺像兒戲一般。事實上，我仍清楚記得當時我覺得買鬆餅機很有趣，那感覺很像在玩大人的遊戲。當時我應該很喜歡想像我們在未來生活中合買禮物的情況，因為並排寫上我們的名字感覺很浪漫。從小到大，大人一直教我把情緒勞動視為一種浪漫又成熟的舉動。對青少年時期的我來說，浪漫和成

3　二〇一七年十二月十三日接受筆者訪問。

熟正好是我迫切想要擁有的特質。我們一起在鬆餅機的賀卡上簽名，就好像我在中學的筆記本上簽下「潔瑪．哈特莉女士」那麼正式，而且更令人振奮，因為我不需要把簽名藏起來。事實上，我可以把羅伯那張不安的臉龐也記起來，因為那可以瞥見我們的未來**可能是**什麼樣子。

當時我完全沒意識到，「一起送禮」帶給我的驚嚇，應該比帶給他的驚嚇還多。事實上，當我負責娘家和婆家的禮物採買及卡片撰寫工作時，已經可以瞥見我們的未來**會是**什麼樣子。因為我也看過我母親、阿姨姑姑嬸嬸、祖母外婆等等做過同樣的事情。我看著這些跟我最親近的女性聚在一起規劃假期和家庭旅遊，我看著她們為晚餐上菜，嫻熟地安排家庭的行事曆，以確保每件事情（從家務到家庭作業）都能完成。我從那些女性親人照顧每個人的方式，看得出來情緒勞動是一種持久的關愛之舉，她們的先生也因為她們如此付出而深愛她們、尊重她們。從我的角度來看，我可以看出愛需要付出一切，至少對女人來說是如此。當時我還是一個涉世未深又沉迷於愛情的青少年，對我來說，為了愛情而犧牲自己似乎全然值得。以前我從來沒想過，每年把我們的名字和三個孩子的名字寫在四十張聖誕卡上，會讓我感到怨恨。十七歲的時候，我光想到為全家人做這種事情就覺得樂不可支。

或許這正是我現在落到這步田地的原因。身處在美國文化中，又是在基督教文化中成長，我從小就習慣把情緒勞動浪漫化。我知道，信仰虔誠的女性把「服侍」丈夫視為展現虔誠信念的不二法門。以前我就讀一所規模不大、不受規範的基督教學校，那所學校從幼稚園就開始灌輸我們男女角色截然不同的觀念。我們廣泛地學到，身為女性的力量，來自於我們服務、奉獻、營造社群，維繫家人信念的能力。我們的本分是支持男性，讓他們能夠領導大家。基本上，我們是負責在信仰和生活中，幫他們騰出一條通往成功的康莊大道。即使後來我開始質疑並擺脫童年時期的許多誤導教育，我接收到的訊息並未完全消失。我依然相信情緒勞動本來就是比較適合我的責任，至少我「先天」就對這種事情比較在行。讓我來負責這些，我可以做得更快，更方便。當我以有限的經驗環顧外在世界時，這是少數幾件看似真實的事情。我那個信奉基督教的祖母、無神論的姨媽，還有周遭鄰居們都為她們的先生負擔所有的情緒勞動，我甚至從沒質疑過可能還有別的方法。我思考未來時，想像自己從事著情緒勞動，那是貼心女友和賢妻良母的特徵，也是我從小看到所有深厚持久的情感關係都具備的共通點。女性負責情緒勞動，男人就會待在她們身邊，愛著她們。事實上，我完全吸收了這種思想，甚至在我中學第一次談戀愛時就開始實踐。在籃球比賽日，男友需要繫領帶（那是我們那所基督教學校的團隊儀式），我會幫他把領帶打直。我知道他的行事曆，儘管他從來不會費心記住我的行事曆。即使當時年紀還小，我已經把情緒勞動視為本分。

無論我們是十二歲或二十歲開始約會，我們大多是開始戀愛時，才第一次遇到需要付出情緒勞動的情況。我們的文化鼓勵男性獨立自主，避免太黏人，女性面對的則是全然不同的目標：我如何讓這個人快樂？我們的文化鼓勵女性退居幕後，把愛戀的對象擺在自己之前，並把自我價值和情緒勞動做得好不好連結在一起。我們開始交往時，除了成長過程中社會一再灌輸我們的性別角色以外，已經吸收了許多被社會強化的想法，包括如何成為一個貼心女友、以後如何成為賢妻良母。女孩因此變得合群，擁有高EQ，知道如何培養關係，而社會並不鼓勵青春期的男孩展現這些行為[4]。我們找到伴侶時，會主動彌補對方缺乏的情感技能，這一切似乎變得自然而然。不僅如此，我們還會從文化中進一步收集我們「該」做的事。女朋友理當貼心關懷，但不可以太傲嬌；要顧及他人的需求，不要太在乎自己的需求；要個性隨和，柔順有彈性。當然，這是在符合一系列父權期望的前提下所增生的額外要求（例如，要有帶得出場的外表、女性柔美的行為特質、聰明、幽默等等）。在感情的領域上，女人需要迎合男性，讓男性感到舒適快樂，這種要求已經被放大到極致。為了外貌所下的功夫，隨和又體貼的互動，以及在感情中投注的規劃和深謀遠慮，這些事都很勞心傷神，但女性又必須掩蓋努力付出的所有跡象，讓一切順利運作，無縫接軌。事實上，幾乎沒有什麼評語比「難伺候」（high maintenance）更侮辱人了。「難伺候」大多是用來形容那些要求伴侶付出情緒勞動的女性。把情緒勞動純粹視為勞動是很煞風景的事。男人當然想從女人那裡得到情緒勞動，但他們比較喜歡把它視為女性性格的自然延伸，是不費吹灰之力就能辦到的愉悅事情，而非把女性搞得灰頭土臉、筋疲力竭的棘手勞動。

男性對情緒勞動的預期，跟女性截然不同。唯一的例外是他們追求女性的時候，可能會把情緒勞動當成求愛手段。這時他們會暫時為了「追到」女孩而切換角色，**從事**情緒勞動。我十幾歲時非常愛看愛情文藝片，《手札情緣》（*The Notebook*）我看了無數次（也讀過原著好幾次），哭得唏哩嘩啦，不知用了多少衛生紙，砍了多少樹。《留住一片情》（*A Walk to Remember*）也是如此。最近我才終於把以前收藏的一大堆尼可拉斯・史派克（Nicholas Sparks）的小說送給祖母。這些小說和電影都是我「無可救藥的浪漫」食糧。我最喜歡的浪漫喜劇，前提總是一樣：男人跳脫傳統的陽剛刻板印象，以證明他對一個女人的愛。在《留住一片情》中，蘭登・卡特（Landon Carter）冒著被其他酒肉朋友排

4 David R. Hibbard and Duane Buhrmester, "The Role of Peers in the Socialization of Gender-Related Social Interaction Styles," *Sex Roles* 39, no. 3–4 (August 1988), 185–202.

擠的風險，把完成女友的臨終遺願清單視為個人使命，為她的願望找出具創意又深思熟慮的圓夢方案。在《手札情緣》中，諾亞．卡爾溫（Noah Calhoun）為艾麗建造了她夢想的房子，他甚至不曉得這樣付出是否會獲得認可。在《對面惡女看過來》（*10 Things I Hate About You*）中，派翠克．維羅納（Patrick Verona）號召學校樂隊幫他對凱特．史塞福（Kat Stratford）公開示愛。在如今已成經典的電影《當哈利遇上莎莉》（*When Harry Met Sally*）中，哈利在除夕夜衝到莎莉面前，對她娓娓道出他愛她的所有理由。

這也難怪史派克有那麼多的小說翻拍成電影，為他打造出數百萬美元的事業。他把情緒勞動發揮到極致，然後把那個重擔交給男人。對年輕的異性戀女性來說，那就是所謂的浪漫。那些行為都充滿了現實生活中很難看到的情緒勞動。很少男人會主動深入思考伴侶的需求，並把規劃和遠見付諸行動。雖然文化腳本可能會說，男人在最初交往及男友階段應該做一些情緒勞動，但整體而言，我們的文化對不符合這種模式的男人比較寬容。我和那些仍處於約會階段的女性朋友聊天時，很少人仍幻想著找到愛情文藝片裡的那種男人。她們在現實中看到的恐怖故事遠比浪漫喜劇還多，例如有些男人老是提起前任女友，希望妳能同情他，給他一些慰藉；有些男人希望他玩電玩時，妳可以在一旁靜靜等候；有些男人帶妳去他最喜歡的辣妹服務生餐廳（Hooters!），吃下八〇％的餐點後，才想要跟妳分攤餐費，以顯示他的觀念「先進」。這些都不是「白馬王子」的特質。

然而，即使男人在戀愛初期從事情緒勞動，他們只不過把它視為達到目的的手段。對男性來說，從事情緒勞動本身並不是一種獎勵（對女性來說，則理當視為獎勵），而是追到女孩或挽回她的方式，那是你「領獎」的門票。我們的文化把男性必須顧及女性的欲望、需求、情感反應的時候視為異常行為，那是非常時期，不會永遠如此。在一段感情中，大家對男性必須付出情緒勞動有一個到期日，相反的，女性則必須永遠從事情緒勞動。

《當哈利遇上莎莉》中有一段劇情，說明情緒勞動從一段感情中消失時，女性所經歷的失望。誠如男主角哈利所說的：「你送某人去機場，那顯然是戀情的開始，這也是我從來不在交往初期送人去機場的原因。」莎莉問他為什麼，他回答：「因為久而久之兩人熟了，你就不會再送她去機場了，我不希望有人對我說：『你為什麼再也不送我去機場了？』」

這段對話很有趣，因為我們通常不會把送人去機場視為一種多浪漫的舉動。比較常見的比喻是，男人不再帶女人去跳舞，或不再帶女人去特定餐館，或不再帶女人去體會一些其他的經歷（在戀愛初期，那些經歷象徵著體貼、關懷的情緒勞動）。在流行文化中，這種轉變意味著一段感情岌岌可危，男性必須付出更多的情緒勞動才能「挽回」女性的心。然而在現實生活中，那是女人不僅要學會忍受的一般經驗，也是意料中的事。當對方無法履行合理的關愛行為時，久而久之妳就習以為常了，也許這正是機場接送的例子令人印象深刻的原因——我們**希望**他人能為我們展現出那種關懷、預先設想、規劃的舉動，因為那是我們一直為他人做的事情。

哈利從來不送女人去機場，以降低女性對他付出情緒勞動的預期，這樣做或許比另一種選擇（在戀愛初期投入大量情緒勞動，但隨著戀情進展逐漸減少情緒勞動）更公平。相較於打從一開始就顯現本質的人，那種一開始為了追妳而大獻殷勤、關懷入微的人，很容易讓妳大失所望。

凱特琳·嘉瑞特（Caitlin Garrett）二十五歲的時候，以為自己找到一個符合童話故事的白馬王子。剛開始交往時，那個男人想盡辦法對她體貼入微，從來不放過任何展現關愛及貼心能力的機會。她有一張照片，裡面拍的是由大圓木拼組而成的「寶貝，愛妳」字樣。那是那個男人在叔叔的圓木場工作時特地拍的照片，就像飛機在空中以煙霧寫成的文字一樣，那是俄勒岡州的鄉村版空中寫字。有鑑於移動大圓木所花的體力和汗水，這種拼字比空中寫字更個性化。在另一個工作地點，他利用休息時間為她摘黑莓，下班後再把黑莓送到她手中，那時嘉瑞特擔任保管助理，很少有機會離開工作崗位去享受戶外樂趣。她說：「他知道我因為忙到沒時間去摘黑莓而不太開心，他實在很溫柔體貼。」她覺得，這些隨機出現的浪漫舉動應該會促使對方同樣關注她的需求。但是隨著時間經過，他們的關係也出現變化。

他們交往六個月後開始同居，對方預期嘉瑞特負擔全部生活費的一半，但預算是由他決定，嘉瑞特完全無法插手。「他每賺五十美元，我才賺十五美元。」她說：「我覺得自己太窮酸了，很丟臉，只能經常透支帳戶來支應『一半的生活費』。」她幾乎快撐不下去了，無法負擔，同時還得符合對方的其他預期。「他預期我在家裡煮三餐，做所有的家務，像德蕾莎修女關愛窮人那樣伺候他。」在他們交往的整個過程中，只有最初那段短暫時間，她可以預期對方展現體貼浪漫的舉動，但真正維繫同居生活的情緒勞動全落在她肩上。她在那段關係中成了奉獻者，他變成索取者。可悲的是，在他們交往近四年的歲月中，那樣的失衡狀態卻感覺很正常。「那感覺雖然不對，但也不至於錯到離譜。我一直期待情況好轉，並在情況未見起色時編造藉口，欺騙自己。」後來他們不歡而散，如今分手兩年後再回顧，她把那段感情視為一次學習經驗，但那也是代價高昂的經驗，附帶許多情緒勞動和令人頭痛的煩惱[5]。

5　二〇一八年六月十一日接受筆者訪問。

這也許是許多女性很務實，不為童話般的愛情神魂顛倒的原因。當「王子」不再送我們去機場時，我們降低了對轟轟烈烈的愛情故事所抱持的期待，以避免極度失望。佛羅里達州麥爾茲堡的三十二歲自由作家兼編輯伊麗娜・岡薩雷斯（Irina Gonzalez）當初開始和現在的丈夫約會時，已經不奢望男方為她特地付出什麼，她只想要一個不會索求無度卻完全不付出的對象。

她說：「認識我先生以前，我曾跟一些人短暫交往過，也認真談過兩次戀愛，那些男人常向我徵詢意見，但很少為我提供同樣的東西。他們往往不是真的瞭解平等關係的概念。」她和現在的先生第一次約會結束時，她可以看出這個人跟多數女孩從童話中企盼的對象不一樣，而且更難能可貴。那次咖啡約會歷經四個小時，兩人對彼此真的有心，互有交流，呈現出真正的平等，那也為他們今後的關係定下基調。說到她的新婚生活，她表示：「我們盡力把家務平均分攤，而且盡量根據彼此的優點，也就是每個人的好惡來劃分[6]。」她知道她不必要求他吸地板、洗碗或倒垃圾，因為那些事情都是他的責任。但這不表示她不需要以其他方式承擔情緒勞動的精神負荷。她依然負責家中的財務、旅行規劃和時間安排。她坦言要是決定生小孩的話，時間安排可能會變成爭論點，但目前家務的分工很適合他們，她的感情世界有了一個幸福的結局。另一半總是主動清掃屋子時可能不像電影劇情那麼浪漫，但長遠來看更有價值。

當我回顧自己的感情關係時，我知道這個道理是真的。日常的情緒勞動遠比煞費心思的求愛舉動更重要。當然，偶爾談一場轟轟烈烈的愛情也不錯，但是那種行為並不是讓戀情日復一日、年復一年發展下去的動力。當我們渴望轟轟烈烈的愛情時，注定會大失所望，因為那種行為很少見，而且那種戀情也會讓我們對於男人所付出的情緒勞動有錯誤期待。求愛需要費盡心思，但那不是維繫感情的日常情緒勞動。那不是送妳去機場，不是記住妳母親的生日，也不是注意到水槽裡的盤子沒洗，我們仍把這些日常勞務留給女性來做。我們打從一開始就在追求錯誤的幻想，而且常花很長時間才搞清楚真相。

＊＊＊

一個朋友告訴我，她和先生決定直接結婚，省掉令人心醉神迷的訂婚時，我記得當時聽完後，內心有一種如釋重負的感覺。因為當時我已經花了幾年時間，瞎掰一個從未發生過的訂婚故事。故事中有一個不曾存在的戒指，還有一些從未說過的浪漫情話。我盡可能

6　二〇一八年六月十日接受筆者訪問。

不讓故事偏離現實太遠，但朋友和同事一再追問我們訂婚細節時，那個故事變得愈來愈浪漫溫馨。在粉飾過的版本中，我們躺在床上，他滔滔不絕地說著他喜愛我的一切（這時我笑著開玩笑說，我以為他只是想跟我上床，所以我躲開他，因為我累了。）接著，他靠近我，就在我快要睡著前，他俯身把一個戒指盒放在我面前，並在我耳邊呢喃：「妳願意嫁給我嗎？」然而實際上，我們只是躺在床上討論結婚，就像以前多次討論那樣，然後我們決定結婚了。他確實問了我那個問題，我也確實回應：「我願意。」後來我們一起去挑了戒指。但在缺乏足夠想像力及奇巧謊言下，真實情境無法瞎掰成感人肺腑的故事。

我覺得有必要瞎掰訂婚的細節，這件事多年來一直困擾著我。每次有人要我講述我們是如何訂婚的，我就不禁畏縮。我不想承認，我的未婚夫並沒有像社會所期待的，為這個重要時刻承擔起情緒勞動，即使我並不在意他是否那樣做。私底下，我對訂婚經歷一樣平凡的朋友透露，我們的決策過程總是讓我確定，我們是基於愛和理性而決定訂婚，不是受到可能影響我決策的觀眾所左右。這種人生的重大決定為何非得公諸於眾呢？然而我也無法忽視一個事實：我內心深處那個迷戀愛情文藝片的少女，依然渴望在那次求婚中經歷前所未有的浪漫舉動。現在我知道原因了：在現實生活中，在緩慢而穩定的權力轉移發生之前，求婚理當是男方最後一次的情緒大勞動。

電影把焦點放在令人神魂顛倒的求婚場景及童話般的婚禮上，但並未展現出「從此以後過著幸福快樂的生活」的真實模樣。我們在電影中看到的是一段關係的開始，要不然就是以情緒勞動作為第二次機會，承諾未來。電影告訴我們，愛情一開始，男人需要投入情緒勞動。有時我們可以在現實生活中得到那種情緒勞動（儘管規模較小），但有時我們得不到。

不過在我看來，無論我們是否得到那種情緒勞動，最後大家的處境都大同小異。隨著戀情不再打得火熱，轉為更舒適穩定的關係，我們對情緒勞動的預期也開始改變。那些一開始在照顧家庭和情感方面承擔較多責任的男人會慢慢放手。他們把情緒勞動的責任交託出去，只因為女性「在這方面比較在行」。到了成年時期，女性的情緒勞動技能變得更加嫻熟，再加上經歷的懸殊，男人似乎覺得交出情緒勞動的責任是理所當然的。無論是否有意，男性往往把情緒勞動視為達成目的的一種手段，而女性則把情緒勞動視為一種存在方式。這也是為什麼女性會從一開始幸福平等的關係，走到若干年後滿心怨恨的田地。

＊＊＊

在我的婚姻中，為這段關係承擔所有的情緒勞動並非一夕之間的轉變，也不是有意識地全盤接收，而是一段漫長的漸進過程，尤其我和羅伯是從年少就開始交往。我們剛認識時，有另一個女人為他摺衣服、做飯、寫賀卡，也就是他的母親。然而，即使男人有時間獨處，他們一旦有交往對象後，通常會為了減輕精神負荷而放棄獨立自主的許多面向。他們把情緒勞動的責任交給伴侶來承擔，那種改變可能是慢慢的，也可能是一次驟然改變（例如從同居開始）。男人與親友的關係（包括社交活動），突然歸屬於「夫妻／情侶」的領域，而不再是男人自己的領域，這個問題本身已經夠麻煩了，但是隨著女性被訓練得對情感、親屬、家務等方面的責任更敏感，她們逐漸成為「夫妻／情侶」中那個負責維繫那些人際關係的人[7]。我就是這樣變成在婚姻中負責注意行事曆的人，我不僅要提醒先生他的家人何時生日，還要幫他寫下他不願簽名的賀卡。

男性不僅讓自己的家庭社交關係就此鬆散，隨著時間經過，他們對營造溫馨美好家庭的參與程度也逐日減少。在家務方面，男性的投入時間往往較慢，標準也比較低，所以女人只好獨自攬起家務，只有在迫切需要幫忙時才把任務交派出去。這有部分可能是因為女性通常把居家乾淨與個人成敗相連結，而男性的成敗只和工作有關[8]。無論女性是否意識到這點，我們的自我價值都和居家勞務息息相關。此外，社會也預期女性應該維持居家的井然有序。如果有人來造訪我家，發現我家亂成一團，為此感到內疚的人一定是我，而不是羅伯，因為大家預期在乎居家清潔的人是我，所以我總是把家裡打掃得一塵不染。

這些事情不見得會多到令人難以招架，但是那種疲於因應的感覺總是在表面下醞釀著，而且幾乎一定會發展到一個爆炸點。那時我們總是失望地發現，自己是唯一扛起一切情緒勞動的人，也納悶自己為何會落到這步田地，卻在過程中毫無察覺。肩負起所有的情緒勞動是一種漸進過程，而且自然而然地呼應感情關係的發展。那是雙方都已經習以為常的文化規範，未經討論就發生了，只是女性是為此付出代價的人。我們犧牲了自己的時間、情感活力、精神空間，以解決情緒勞動的問題或獨自承擔全部的勞務。女性有責任找出解決方案，讓男性明白自己的責任所在，而這也強化了情緒勞動「先天」是女性職責的觀念。除非我們表達出來，否則我們無法指望男人投入情緒勞動。當我們對自己付出那麼多情緒勞動而感到沮喪時，那也是「我們的錯」，因為我們掌控那些事情的方式，使對方產

---

7 Micaela di Leonardo, “The Female World of Cards and Holidays: Women, Families, and the Work of Kinship,” Signs 12, no. 3 (Spring 1987): 4410–53, https://www.anthropology.northwestern.edu/documents/people/TheFemaleWorldofCards.pdf.

8 Jeanne E. Arnold, Anthony P. Graesch, Enzo Ragazzini, and Elinor Ochs, *Life at Home in the Twenty-First Century: Thirty-Two Families Open Their Doors* (Los Angeles: Cotsen Institute of Archaeology Press, 2012).

生習得無助感（learned helplessness），於是改正或處理這種問題變成了「我們的任務」，因為妳不處理的話，沒有人會去處理。

當賢妻良母的文化壓力，再加上我長期以來對情緒勞動的思考和投入，使我很容易就適應了這個轉變。我覺得羅伯從來沒有刻意把所有家務、精神負擔、親屬勞務、家庭安排等事情全部推給我，一切轉變感覺很自然。長久以來，我就像許多女性一樣，對此毫無察覺。一般人往往不會意識到這種任務換手的累積效應，因為我們不會一次同時做所有的勞務，至少一開始不是如此，我們是逐一把那些事情攬在自己身上。

由於妳總是率先回覆邀請你們兩人一起參加喜宴的請帖，久而久之，回覆邀情函成了妳的任務。他說他不知道該買什麼禮物送給家人時，妳幫他買了禮物，久而久之，這又變成妳的責任。某次（或許是兩次）他拖地拖得馬馬虎虎，妳決定還是自己來比較乾淨。用過的碗盤一直擱在水槽中，妳不希望髒碗盤一直堆到地老天荒，於是妳又把洗碗盤這件事攬在自己身上。他把換洗的衣服扔在洗衣籃旁邊就出門了，等他回到家，發現那些髒衣服都已經撿起來、洗好、摺好，收進衣櫥裡。在「誰先注意到狀況」的等待遊戲中，女性幾乎總是比男性更早發現狀況。雖然不是每次任務都是由妳實際動手，但妳還是得負責交派任務，因為注意到地板上的襪子，想到某人生日快到了，注意祖父母是否都收到聖誕賀卡等等無限延伸的精神負擔，現在已經算是妳的任務了，因為上次是妳主動做的。

至於我們是如何落到這步田地的？答案是，我們是逐步陷落的。童年時期我們觀察周遭世界，在耳濡目染下接收了「情緒勞動是女性任務」的訊息，以為那是我們與生俱來的權利、先天的優勢、浪漫的命運安排。我們在感情世界裡浮沉，希望找到「真命天子」時，也不缺乏練習情緒勞動的機會。幸運的話，我們可以找到一個好男人，一個思想先進的男人，一個只要我們開口求助就願意幫忙的男人，這才是童話故事的真實結局。我們得到幸福結局後，接著展開一段新的旅程，慢慢地承接一件又一件的情緒勞動。我們這裡操心一點，那裡提醒一下，那都不是什麼大不了的事，也不明顯，確實沒什麼好抱怨的。我們就這樣一小步一小步地邁向愈來愈嚴重的失衡狀態。每一小步都是如此隱約微妙，小到幾乎察覺不到。直到某天，我們在驗孕棒上看到兩條小藍線，情況突然急轉直下。

母職讓情緒勞動升級

為人母後，家庭管理者的角色會變成一頭龐然大獸，孩子需要妳投入大量的體力勞動和情緒勞動，而且是非投入不得，由不得妳選。

看到驗孕結果呈陽性反應的那一刻，我的世界徹底變了。不僅是因為我透過這個母親身分所體驗到的深厚母愛，也因為知道懷孕的那一刻，我一腳栽進了情緒勞動的深淵。當下我尖叫出來，喜極而泣，驚訝地凝視著那個測試結果。接著，我在一小時內約好婦產科的看診時間，訂了《好孕大作戰》（*What to Expect When You're Expecting*），找到一個妊娠計算器幫我瞭解這個階段需要知道的一切事實，並開始上網搜尋育兒資訊。「情緒勞動二・〇版」的啟動時間到了！

我快生第一胎時，以各種可能的方式做了過多的準備和研究。我想為即將到來的一切做好充分準備，因為我知道事關重大，現在我做的每個決定都會影響到另一個人。「把事情做對」的壓力是我從未經歷過的，而且這種壓力特別大，因為儘管一個新生命的構成需要兩個人合作，但如何把這個新生命生下來，卻是**我的**責任。

我和羅伯去逛塔吉特百貨（Target），瀏覽產前派對的新生兒送禮選項時，我盯著手中那份龐雜的建議清單，明顯地感受到這種新的精神負荷有多沉重。我腦中也記得親友給我的一切建議，諸如我需要哪些育兒用品，哪些不需要，而那些建議之中，還有不少彼此相互矛盾。我們在嬰兒食品區停下腳步，我需要買可微波的奶瓶消毒機，還是把奶瓶放入滾水中消毒？我把這個問題列在清單上，以防萬一。接著，我們看到一個晾乾奶瓶的專用架，看起來像一片橡膠製的麥草。不知怎的，這玩意兒令我想不透，我不知道該不該買，我已經達到心智的極限，拿不定主意。我讓羅伯做決定，但他不願作主。「我不知道，這種事情只有妳知道，妳比我更清楚我們需要什麼。」偏偏我就是不知道，而我確實知道的知識，主要是靠我自己研究獲得的，而不是從懷孕那一刻起就神奇擁有的為母常識。母親不是先天就知道下一步該怎麼做，包括新生兒的送禮清單上該納入哪些選項、如何辨識常見的嬰兒疾病、我們該問醫生什麼問題等等。但我們會去學習，我們會下功夫、投入時間研究，即使我們覺得這些事情不見得很吸引人或很有趣，我們還是會做。因為我們不做的話，還有誰會做？

懷孕使身體疲憊不堪，但心理與情緒上的疲憊也許更令人殫心竭力。我請羅伯陪我時，他總會在身邊給我支持，但其他的細節如預期胎兒的需求等，就只能靠我自己操心了。我負責把大量的育兒新資訊存在腦中，暗自祈禱懷孕的大腦不會遺忘任何細節。羅伯其實可以自修那些育兒書，他可以去搜尋一些文章，以瞭解該為新生兒採買什麼，或是如何烹煮及冷凍自製的食物泥，或是如何為我自製產後敷墊。但他的腦中從未閃過這些念頭，他不需要自學這些東西，因為我已經為我們兩人一起惡補了這些知識。雖然我很緊張，也很疲累，但我對羅伯的無所作為並沒有任何不滿。畢竟這種分工已經在我們的心底根深柢固，我們兩人從未想過還有別種分工方式。我甚至從未要求他讀育兒書，部分原因在於我知道我會灌輸他重點資訊，另一部分原因在於我知道他不會去讀那些東西。

新手父親往往不會承擔同樣的情緒勞動，大家也覺得那很正常。我們允許自己在新手父母之間劃一條分隔線：一邊是幫手，另一邊是當責者，而且甚至在嬰兒出生以前就如此劃分了。女性負責學習知識、操心，**以及**胎兒的成長，而且外界一再告訴女性要享受那個懷孕的過程。我們的文化迷思認為，懷孕期間的一切情緒勞動都是自然的，所以不算真正的勞動。新生兒的送禮清單、育兒知識的研究、嬰兒房的裝飾等等，理當都是很有趣的事情。當然，有些事情確實很有趣，但大部分是很普通及簡單的工作。需要準備的事情多如牛毛，我們踏進產房時，待辦事項多到難以計數。儘管許多人告訴我，日後回顧懷孕的過程時，會發現生產之後真正的勞動才開始，但很多的情緒勞動其實早在孩子出生以前就展開了。

不過我還是一直希望，孩子出生以後，我們可以達到負擔平等的理想。我深信當兒子出世後，我和先生肯定會齊心養育孩子，但產後發生的一切很快就毫不客氣的打醒了我。

我生第一胎是一次驚心動魄的分娩體驗，整整延續了二十二個小時，並涉及多次非必要的醫療。分娩前我花了幾個月的時間，為美好的自然分娩預作準備，沒想到那些準備完全派不上用場。分娩後，他們把我轉到恢復室時，我身體有多處瘀傷，渾身發抖，血流不止，我甚至懷疑自己是不是快死了。分娩造成的疼痛依然強烈，我完全無法思考。住院期間，我每次去距離僅十步的洗手間，都需要有人攙扶。我常盯著時鐘，等待注射下一劑止痛藥，儘管藥效不大。後來又過了幾週，我洗澡時才不需要先生扶著並幫我洗背。我無法想像出院回家後還要照顧另一個人。整個分娩及新生兒照護的過程，簡直殘酷得令人無法忍受。

當然，這一切也因為我先生沒有陪產假可請而變得更嚴重。他在零售業的工作只有不到一週的休假，而且他同時在學校求學。事實上，他必須離開恢復室兩次去參加期末考。（後來女兒出生時，這種情況又再次重演，我們家的小孩很會挑出生時間。）由於我在零售店一直工作到臨盆前夕，生個孩子等於再也不用回工作崗位了。零售業的工作時間，使員工根本找不到與上班時間同步的托嬰服務，即使找得到，我們的薪水連品質堪虞的托嬰服務都付不起。所以我後來不得不思考如何善用剛拿到的英文學位，在此同時我必須省吃儉用，好讓這個剛來報到的小生命存續下去。

雖然迅速成為孩子的唯一照護者實在很折騰人，但也不意外。我因薪水略低於托嬰費用而不得不辭職，這是我們決定懷孕之前就討論過並達成的共識，所以我早有準備。但我沒料到的是，當我們從伴侶變成父母時，我們的角色突然發生轉變。早在我們離開醫院之前，我們對彼此的期望已經很明確，從那些預期可以瞥見母職如何導致我們之間的情緒勞動更加失衡。

我們終於在產後恢復室安頓下來時，我已經差不多兩天沒睡了。坦白講，即使累到筋疲力竭，我還是滿懷感激，因為那種疲倦感強烈到讓我覺得睡眠比疼痛更重要。然而當我開始入睡，嬰兒放進我床邊的搖籃時，有人敲門進來，把一疊文件擺在我的醫院托盤上。護士指著上面那張紙，向我解釋，我必須自己追蹤每次排便和餵乳時間，以及每次餵乳持續多久，並記錄在那張紙上。寶寶上次吃奶是什麼時候？餵哺姿勢如何？我是餵他初乳、還是牛奶？胎便排出來了嗎？胎便看起來正常嗎？**我怎麼會知道？**我前方的牆上掛著一塊大白板，上面告訴我何時可以服用下一劑止痛藥和消炎藥。每次我需要去洗手間時，就得按一個呼叫鈕，這樣就有人來幫我了。我整個人迷迷糊糊的，腦中彷彿一坨漿糊，麻醉藥還沒全退，而且痛得要命，根本不敢坐起來看我面前那些堆積如山的資訊。我才剛生完孩子，為什麼那些都是我的責任？我先生坐在旁邊，身心完好無損，由他來記錄餵奶和更換尿布的時間，閱讀那些文件，填寫表格再簡單不過了。以我當時的狀態來看，由他代勞是唯一合理的解決方案，不過在我住院期間，護士只對我傳達資訊，我必須自己記住大量的資訊。在產後恢復期及完全恢復意識之前，我迫切地需要羅伯擔任我的代表，但是對那些魚貫進出恢復室的醫生和護士來說，羅伯好像完全隱於無形。

他們似乎只對我說話，然而住院那三天，卻沒有一個護士知道我的名字，他們只叫我「媽媽」。我內心深處有一股強烈的欲望想告訴他們：我有名字，我不想讓母親這個新角色抹除了我的人格。但我擔心那樣講會使他們感到尷尬，所以我索性不說了。他們一直叫我「媽媽」，每次互動似乎都蘊含著同樣的意涵：現在妳是媽媽，這是妳的任務。

初為人母的那幾天，我因睡眠不足，已經不太記得發生了什麼事，但我確實記得我先生常問我：「我能做什麼？」他那樣問是為了幫我。他不知道該做什麼，因為他沒有收到如雪片般湧來的醫院小冊子，沒有讀過育兒書和部落格，也沒有像我那樣做準備。他其實是在向我尋求指引，畢竟那是我的任務。然而，當時我腦中唯一浮現的想法是：「**我也不知道！**」閱讀育兒書和親自帶一個活生生的小嬰兒回家，是全然不同的體驗。我帶著孩子跨進家門時，馬上意識到我根本不知道自己在做什麼。醫生讓我們出院，顯然犯了一個可怕的錯誤。我實在很不適合做這項任務，但我們已經走到這一步了。羅伯問我要做什麼，要求我指派任務，因為他覺得我**理當**知道該做什麼，儘管我不知道答案，但顯然我需要盡快找到答案。我需要為我們兩人趕快瞭解狀況，於是我們的居家動態開始出現更深的分歧。我變成那個知道該做什麼的人，羅伯變成我知會的對象。這並不是說他沒有盡到育兒的責任，他確實做到了。我叫他換尿布，他就會幫寶寶換。我學到任何訣竅時，就會示範給他看。他做的事情遠比我一些朋友的先生還多，她們的先生光是看顧一下嬰兒，就需要不斷地威迫利誘和讚美才願意做。再過一段時間，我就可以安心出門，不會再接到驚慌失措的電話或簡訊，來詢問我最基本的育兒資訊。現在，我連出門上瑜伽課或跟朋友共進晚餐都毫不遲疑了，我相信羅伯可以不疾不徐地承接主要照護者的角色，他也不期待我會為了這種看顧孩子的任務而稱讚他。我知道很多女性沒有我這樣的餘裕。

最近我帶著晚餐去探望一位剛生下孩子的朋友時，我才意識到這點。當時她的先生到外地出差，我隻身一人前往，不想帶三個年紀較大的孩子隨行，以避免為她增添壓力。她開門時，看到我懷裡抱著千層麵，而不是兩歲的孩子時，似乎很驚訝。

「妳的孩子呢？」她環顧四周，看孩子是不是躲起來了。

「他們和羅伯一起待在家裡。」

「他真是體貼。」

她說這句話時，就像我的許多朋友一樣，絲毫沒有諷刺的意味。許多女性朋友認為，羅伯讓我出門赴約，幫了我很大的忙，而我想必會以某種方式回報他。根據她們的經驗，克盡父職是有條件的。照顧自己的孩子從來不是男人的工作，而是男人可以拿來交換好處的恩惠，那是一種誠意非凡的展現。當晚我離開朋友家時，她還要我替她感謝羅伯，我實在很想搖醒她。

「他是在看顧自己的孩子，不需要什麼感謝。」我說。

「無論如何還是要謝謝他。」

我無法想像她的丈夫、甚至我自己的丈夫與朋友之間會有這樣的對話。一個父親出現在公共場合時，沒有人會問他的孩子在哪裡。他的朋友也絕對不會因為我在家裡帶三個孩子，好讓他自由運用時間而讚嘆不已。對母親來說，身為主要照護者是理所當然的；對父親來說，則成了加分的特質。

這點在比較單親媽媽和單親爸爸上特別明顯，我們以高標來衡量單親媽媽，卻對單親爸爸充滿同情和關懷。史蒂芬妮・蘭德在〈身為窮困母親的精神負荷〉一文中，描述她不僅獨自扶養孩子，還有阮囊羞澀的沉重負擔。「沒有人主動幫忙……我的大家庭資源很有限，他們幾乎沒有時間陪伴我女兒。他們從來沒問過他們能不能留她過夜，甚至從來沒有帶她出去吃飯。她的父親只付很少的撫養費。有時我會開口向他求助，例如請他多看顧孩子一天，好讓我出去工作，但他可能臨時告訴我沒辦法，害我必須臨時去找托兒服務，不然可能會丟了飯碗[1]。」她的精神負擔不單只是沒時間做簡單的家務，也不是來自那些簡單的家務。她的情況不像艾瑪・莉特（Emma Lit）的熱門漫畫〈妳早該開口的〉那麼單純（那漫畫是描繪中產階級異性戀夫婦所承受的不平等負擔[2]）。蘭德權衡決定時，會顧及每個細節，包括她是否有能力避免家人挨餓。她不僅承擔比較沉重的情緒勞動，也受到更嚴厲的評斷。每次她寫到身為人母又貧困的情況時，都可以明顯看到這種壓力。她已經竭盡所能，但依然捉襟見肘，網路上的酸民依然指責她道德淪喪。

社會強加在單親媽媽身上的標準，高到令人難以置信，而幫助單親媽媽從情緒勞動中解脫出來的資源根本付之闕如。我們的文化讚美母職，認為那是「女人能勝任的最重要任務」，卻幾乎沒有提供母親任何支持（光看那些出奇昂貴的托兒費用即可見一斑）。而且，當我們無法完成預期的工作時，社會還會責備我們有失母職（即使我們必須獨自應付，毫無協助）。這種情況在黑人母親及有色人種的女性身上更是明顯。她們在母職與種族身分的交集處，面臨著層層評判和苛責。她們不僅負擔自家的情緒勞動，還得負擔整個黑人社群的情緒勞動。拉希娜．方騰在《赫芬頓郵報》的評論版上發表了〈黑人單親媽媽不止是代罪羔羊〉一文中寫道：「如果每次有人因為美國黑人社群的問題而譴責單親媽媽，我就得到一美元的話，我早就發了。如果每次有人說，單親媽媽的問題只要讓家裡多一個男人即可解決，我就得到兩美元的話，我會更加富有[3]。」她解釋，有些人常把黑人社群的弊病歸咎於黑人母親，這類說法令她非常失望。那些弊病大多是根植於「白人至上」的文化，而不是因為黑人單親媽媽享有社會福利的結果。認為「黑人單親媽媽濫用社會福利」這樣的刻板印象不僅是錯的，也傷害很大。她指出，在黑人和西裔社群中，未婚媽媽的人數正在減少，單親媽媽接受高等教育的人數正在增加，還有許多黑人單親媽媽撫養出有為青年的

---

1 Stephanie Land, "The Mental Load of Being a Poor Mom," Refinery29, July 25, 2017, http://www.refinery29.com/2017/07/160057/the-mental-load-of-being-a-poor-mom.

2 "You Should've Asked," *Emma* (blog), May 20, 2017, https://english.emmaclit.com/2017/05/20/you-shouldve-asked/.

3 Rasheena Fountain, "Black Single Mothers Are More Than Scapegoats," *Huffington Post*, April 6, 2016, https://www.huffingtonpost.com/rasheena-fountain/black-single-mothers-are-_b_9619536.html.

例子。無論單親媽媽努力跨過多高的門檻，大家似乎覺得她們的付出永遠不夠多。

相反的，單親爸爸完全不受同樣的標準約束。上Google迅速搜尋一下那些為單親爸爸加油打氣的社群，就會看到溫馨的例子，例如一個單親爸爸公開寫到他難以支付三個兒子的胰島素費用，該文一發，陌生人的善意回應馬上如雪片般蜂擁而至[4]。另外，還有單親爸爸學習幫女兒梳頭或穿衣打扮的「感人」網路故事。母親做同樣的事情時，永遠得不到同樣的讚賞。即使那些單親爸爸只想獲得平等的看待，但社會為他們設立的門檻標準之低，簡直令人難以置信。

最近我工作很忙時，羅伯主動帶孩子出門，讓我在寧靜的空間中專注地工作。他先帶孩子去好市多（由於購物車大到可以一次放三個孩子，那裡是最方便的購物地點），接著又帶他們去吃冰淇淋。那確實是非同小可的出遊，但我獨自帶三個孩子這樣出門很多次了。對我來說，聽到「一打三，不簡單」這類評語並不罕見，但我和陌生人之間的互動頂多就到這裡而已。相反的，我先生帶三個孩子出門，總是獲得許多讚美，陌生人對他的勇氣充滿欽佩。購物過程中，許多人對他說，他真是傑出的好爸爸。他帶孩子去吃冰淇淋時，一位長者得知他主動把那天當成「奶爸日」（dad day），以便給我喘息的空間時，還一直稱讚他。他遇到的每個人幾乎都覺得，男人光是帶著所有的孩子出門就是一件非比尋常的新奇成就。

幸好他沒有那樣想。事實上，他從冰淇淋店回家後，還為此感到不滿，尤其那位長者的「奶爸日」說法令他特別惱火，因為那樣說貶抑了他所做的事情。那才不是什麼奶爸日，他是在克盡父職。

我先生對孩子的瞭解，幾乎跟我一樣多。他帶孩子上超市採購的頻率、安撫孩子就寢的頻率跟我差不多，他為孩子做飯的頻率也跟我一樣，甚至可能更高。少數他錯過的事情（例如午睡慣例、晨間慣例、偶爾一些怪癖等等），只因我是在家工作的家長，我有較多時間陪在孩子身邊罷了。他努力想成為跟我一樣稱職的家長，所以社會對父職設立的超低門檻令他失望。他期望社會對父親抱持更高的預期，因為他幾乎遠遠超越那低標。

諸如此類的時刻常提醒我，為什麼像我先生那樣的男人很難在家庭中掌控情緒勞動，我想主要是因為那不是社會常態，社會對他們沒有那樣的期待。在情緒勞動方面，羅伯成

---

4 Michelle Homer, “Community Rallies Around Houston Dad Struggling to Pay for Three Sons’ Insulin,” KHOU11, June 9, 2017, http://www.khou.com/features/community-rallies-around-houston-dad-struggling-to-pay-for-3-sons-insulin/447076681.

長過程中所承受的社會壓力與我完全相反。社會並不預期他展現關懷，事實上，大家私底下還會覺得關懷入微不夠男性化。他生命中的那些男人從來不會花時間寫信給祖母，或為家人做飯，或是以平等的家長及伴侶的身分肩負起家庭責任。男性的主要社會壓力是養家糊口，社會要求他們永遠把負擔家計這件事擺在家庭、關懷、情緒勞動之前。社會沒有給他們餘裕去學習其他事情，也沒有提供支援系統來幫他實現在家裡想要達到的平等狀態。誠如杜芙在《放手》中所寫的：「除非女性在職場上的貢獻與家庭中的貢獻同樣被看重，否則男性在家庭中的貢獻，永遠無法與職場貢獻獲得同樣重視。就像女人在職場和家中都需要肯定一樣，男人也是如此[5]。」然而，那樣的肯定往往永遠得不到。他們的努力雖然受到讚揚，卻因為那種過分誇大的讚揚方式，而貶抑了他們努力的價值。男人因為照顧孩子而獲得讚揚，就好像孩子隨便整理床鋪或穿兩隻不同的襪子配亮晶晶的拖鞋，我們就卯起來大肆讚揚一樣。我們讚揚了他們的努力，卻對他們的無能視若無睹。然而跟孩子不同的是，男人往往不會因為時間久了，就學會把這些事情做得更好。相反的，缺乏同樣的支持讓他們承擔情緒勞動，他們隨便做做以後，就把那些情緒勞動丟還給女人。他們跟女性不同的是，他們覺得那不是他們的分內工作。

顧及每個細節是母親的職責，而且一說到照顧孩子，細節更是多如牛毛。潔米·英格篤在《赫芬頓郵報》發表〈母親的心理負荷〉一文，文中提到幾件事情是她必須不斷追蹤的：房子裡的東西（玩具、衣服，幾乎一切物品）、購買禮物、親屬任務、與學校有關的一切事物、行事曆、三餐，以及家人的情感需求，而且這幾項還只是隨機列舉的，她追蹤的東西根本不勝枚舉。「那份清單簡直沒完沒了，可以填滿整本書。」她寫道，「我沒有足夠的大腦空間把一切列舉出來[6]。」

每個母親的腦中都有這種「清單」，而且清單還會天天更動、變長。孩子參加校外教學的表格已經簽了，費用也繳了，這項任務可以劃掉了；女兒的衣櫥門脫軌了，我需要叫先生修理一下；我已經更新孩子的洗浴時間表：老大今晚需要洗一次，老二和老么明天再洗；女兒現在敢吃萵苣了；兒子不敢吃葡萄……這些都只是我腦中那個資料庫裡的點滴資訊。我先生的清單雖然也很龐雜，但等級跟我的還差得很遠，因為他沒必要關注那麼多事情。如果有什麼事情真的重要到需要父母雙方都知道，那也是由母親來向父親轉達。

---

5 Dufu, *Drop the Ball*, 211.

6 Jami Ingledue, "The Mental Workload of a Mother," *Huffington Post*, July 24, 2017, https://www.huffingtonpost.com/entry/the-mental-workload-of-a-mother_us_59765076e4b0c6616f7ce447.

當妳是唯一負責追蹤事情的人時，妳只能靠交派任務來幫助自己。妳不尋求幫助的話，若想減輕負擔會愈來愈難，因為妳已經無法乾脆放手不管，必須得交派出去，而且交派技巧還要拿捏得很巧妙。

為人母後，家庭管理者的角色會變成一頭龐然大獸，因為情緒勞動不再只是預期，而是非做不可。還沒有小孩以前，妳與伴侶一起生活也許不容易，但與孩子出世後相比肯定輕鬆很多。如果妳在夫妻關係中是抱著「人各為己」的態度，你們的關係會出現緊繃，但不會有人陣亡。一旦有孩子以後，情況就不同了。孩子需要妳投入大量的體力勞動和情緒勞動，而且是非投入不得，由不得妳選。

家裡一定要有人抱起哭鬧的嬰兒，誰經常抱起那個哭鬧的嬰兒，自然而然就成為主要照護者。那個人通常是在家帶孩子的家長，再加上美國的陪產假少得可憐，所以那個人通常是母親，這點父母通常別無選擇。母親變成瞭解及關心孩子需求的人，變成第一個因應孩子哭鬧的人。照顧一個毫無自理能力的小人兒是一件非常累人的事，女人只能學習忍受那種壓力。社會預期女人那樣做，不管女人是全職媽媽、還是有辛苦的全職工作。

《過勞人生》的作者布里姬．舒爾特寫道：「如今，連母親也要投入誇張的時數在母職上，新居家生活運動（New Domesticity）敦促理想的母親自己養雞，栽種有機蔬果，編織，醃漬蔬菜，甚至讓孩子在家自學[7]。」我們把很多時間投注在母職上，犧牲健康和理智以完成「兼顧一切」這個不可能的任務。我們承擔的情緒勞動超過了個人極限，又得不到伴侶的分擔解憂。親子教養需要大量的情緒勞動和腦力勞動，這些勞動大多落在我們身上。女性承擔繁重的苦差事、勞心費神，還要參與親子教養以外的其他活動。相對的，男性即使幫忙分擔部分的任務，也是承擔那些比較不費神的部分。

與前幾代相比，現代父親花在孩子身上的時間確實比較多，但他們所投入之事與母親相比則大不相同。二〇〇六年澳洲社會學家琳恩．克雷格分析了女性的時間運用日記，以瞭解女性是否依然花較多的時間擔任主要照護者（確實如此），以及父母提供的照護品質是否不同（確實有異）。結果發現，母親依然是「預設」的家長，擔負著育兒的身心勞務。相對的，父親比較可能是「康樂」家長，他們陪伴孩子的時間大多是用來聊天、玩耍，從事娛樂活動，而不是其他類型的照護。克雷格寫道：「而且相對而言，女性投入的照護工作，可能比男性投入的照護內容更勞心費神。所以，即使父親與孩子相處的時間確實比以

7 Brigid Schulte, *Overwhelmed: Work, Love, and Play When No One Has The Time* (New York: Farrar, Straus and Giroux, 2014), 185.

前還多，但他們可能並未幫母親減輕育兒重擔……如果男性和女性承擔的育兒任務不同，或者育兒的時間限制或管理責任不同，那麼即使男性的育兒時間增加了，女性在平衡工作和家庭責任方面依然得不到充分的協助[8]。」

然而，男性通常看不出來情緒勞動的分配不公平。即使資料顯示勞動分配不公平，他們依然認為他們與伴侶均分了家務勞動和育兒負擔，或至少已經接近平等分攤了。如果光看「美國時間運用調查」（ATUS）的資料，男性的想法並未偏離事實太多。在父母都有全職工作的雙薪異性戀家庭中，母親的平均育兒時間是十小時，男性是六．七小時；女性花在家務上的時間近十二個小時，男性是八．四小時[9]。在這兩種情況下，男女每天在育兒和家務方面投入的時間差異分別約半小時。然而，這些資訊並未說明誰負責確保任務的完成。女性除了每天多花一小時在這類工作以外，她們通常也擔負起確保這些任務確實完成的腦力和管理工作。

由於社會對父親的期望較低，即使他們不熟悉育兒細節，大家也不會苛責。他們預期伴侶會記得所有細節，因為那向來是伴侶負責的事。他們沒想到這種情緒勞動也是女性的額外負擔，甚至看不出來。他們覺得自己的「幫忙」已經夠了，因為社會看待父職與母職的方式不同。

部分原因在於，身為母親，我們抱持著「育兒是我們的職責範圍」這種先入為主的觀念，父親往往被降格為助手的角色，不管他們是否願意接受。雖然很多人不再認同「父親不善育兒」這種過時的刻板印象，我們還是不放心讓男人來主導育兒任務。孩子出世時，我們常看到男性不擅長處理情緒勞動。因為女性懷孕時期所深入了解的事情，對女性有較多切身的影響，但男性可能連想都沒想過那些事情。這種不放心把育兒重任交給男性的心理，某種程度上確實有一些道理。接著，社會對父職的認識不足，又強化了這種不放心。社會並不重視男性投入父職，也不像對母親那樣以那麼嚴苛的標準來要求男性，這不僅導致女性陷入情緒勞動的深淵，也阻礙男性成長，導致男性無法充分發揮家長的角色。男性只能聽伴侶告訴他們需要知道什麼，以及需要做哪些。這樣做或許比較輕鬆，但情緒勞動

---

8 Lyn Craig, "Does Father Care Mean Fathers Share? A Comparison of How Mothers and Fathers in Intact Families Spend Time with Children," *Gender & Society* 20, no. 2 (April 2006): 259–81, DOI: 10.1177/0891243205285212.

9 Juliana Menasce Horowitz, "Who Does More at Home When Both Parents Work? Depends on Which One You Ask," Pew Research Center, November 5, 2015, http://www.pewresearch.org/fact-tank/2015/11/05/who-does-more-at-home-when-both-parents-work-depends-on-which-one-you-ask/.

中的性別失衡也減少了男性身為父親的成就感。

我們需要允許及鼓勵男性來分擔情緒勞動，那樣做不僅是為了減輕母親的負擔，也是為了讓父親有機會獲得更全面、更有成就感的育兒經驗。《憤怒的白人男性》（*Angry White Men*）和《男人的女權主義指南》（*The Guy's Guide to Feminism*）的作者麥克・基莫強調，性別平等，尤其是家中的情緒勞動平等，可以幫男性過他們想要的那種生活。基莫在TED演講〈為什麼性別平等對大家都好——包括男性〉中表示：「兩性關係愈平等，雙方愈幸福。男人分擔家務和育兒責任時，孩子更快樂、更健康，妻子也更快樂、更健康，連**男人**也更快樂、更健康[10]。」他指出，「分擔」（sharing）是關鍵字。基莫說：「我們常用兩個詞來形容我們（男性）做的事情：我們投入，我們幫忙。」這些詞並未反映出同等的責任，也沒有反映出真正的平衡，那是不夠的。我們需要**分擔**這個負擔。表面上，目前的失衡似乎讓父親占了便宜，但實際上，情緒勞動的分配不均對雙方都造成了傷害。唯有徹底改變我們對母職及父職的預期，男性和女性才有可能過最好、最充實的生活。

10 Michael Kimmel, “Why Gender Equality Is Good for Everyone—Men Included,” TEDWomen 2015, May 2015, https://www.ted.com/talks/michael_kimmel_why_gender_equality_is_good_for_everyone_men_included.

3

誰在乎呢？

在很多情況下，放手看起來完全不切實際。某些事情，妳確實可以抱持「人各為己」的心態，但是在某個時點，妳手上拋接的一些球是由不得妳任意放下的。

「讓我來吧。」羅伯接手洗衣任務後不久，我就看到他連摺女兒的床罩都花了老半天，還是弄不好。他聽我講「讓我來吧」已經無數次，連我沒有明講出來時，也常用「你做錯了」的眼神暗示他讓我來吧。我家的情緒勞動分工之所以有那麼深的分歧，我無法假裝我不是幫凶。我希望事情以某種方式完成，只要完成的方式稍微偏離我的想法，我就很容易乾脆自己攬起來做。如果碗盤放進洗碗機的方式不對，我不是示範給我先生看，而是把這件事情抓回來自己做。如果摺衣服的方式不對，我會乾脆自己來。偶爾我會跟朋友抱怨，說我們的伴侶似乎刻意以錯誤的方式做事，這樣就不必承擔更多的家務了。

雖然我覺得我先生不是那種人，但是對一些女性來說，現實狀況的確是如此。二〇一一年，英國有一項調查發現，三〇%的男性故意把家務搞砸，以免將來又被要求做同樣的家務[1]。他們認為，伴侶在失望之餘，會覺得自己做比收拾伴侶馬虎完成的殘局來得簡單。他們料想的沒錯，多達二五%的受訪男性表示，他們不再被要求幫忙家務，六四%表示他們只偶爾被要求幫忙（亦即逼不得已的時候）。

即使男人不是刻意馬虎以擺脫家務，他們的草率「幫忙」還是令人失望。英國森寶利連鎖超市（Sainsbury's）做過類似的調查，發現女性平均每週花整整三個小時，重做她們交派給伴侶的家務[2]。而男性做不好的那些事幾乎涵蓋了所有家務，包括洗碗、鋪床、洗衣、吸塵、整理沙發墊、擦洗流理台等等。三分之二的受訪女性認為伴侶已經盡力了，這也難怪有半數以上的女性不會費心去「嘮叨」伴侶，要求他們改進，她們只會跟在伴侶後

1 "Men Deliberately Do Housework Badly to Avoid Doing It in the Future," *The Telegraph*, November 7, 2014, http://www.telegraph.co.uk/men/the-filter/11215506/Men-deliberately-do-housework-badly-to-avoid-doing-it-in-future.html.

2 Deborah Arthurs, "Women Spend Three Hours Every Week Redoing Chores Their Men Have Done Badly," Daily Mail, March 19, 2012, http://www.dailymail.co.uk/femail/article-2117254/Women-spend-hours-week-redoing-chores-men-badly.html?ITO=1490.

面收拾殘局。

社會學家把女性執著於嚴格的標準，稱為「母職守門」(maternal gatekeeping)，我們一般稱之為「完美主義」[3]。我們積極阻止男人成為充分投入家務的伴侶，因為我們真的相信自己比其他人做得更好、更快、更有效率。由於我們為家人(尤其是孩子)掌控家庭和生活的每個面向，我們因此相信我們的作法是唯一的方法。我們不太願意調整個人的預期，尤其是因為我們在維護家庭系統方面已經投入了太多的心力。我們仔細思考過怎樣做最能讓每個人感到舒適和快樂，所以每個人自然都應該遵循這套最深思熟慮的方案，亦即我們的方案。

而且文化也一直告訴我們，我們應該以更高的標準來要求自己；不努力追求完美的話，就是失格的女人。這些文化約束又加深了上述思維。我們未能以最好的方式完成情緒勞動時，往往會覺得自己讓家人失望了，愧對所有的女性，心裡充滿內疚。但這種完美主義可能令人筋疲力盡，甚至阻止那些願意幫忙的男性嘗試家務。我們擔心自己出遠門時，男人搞不定家務，還會特地留下一本家務指南，鉅細靡遺地列出他們該如何照顧孩子。杜芙在書中寫道，她曾為丈夫列了一份名叫「與科菲(Kofi)同遊的十個秘訣」清單，其中包括提醒他餵飽孩子。我曾為我先生留下冷凍餐點及詳細的加熱方式，以便我出差時他可以餵飽自己，而不是去超市隨便亂逛，花兩百美元買只夠吃兩天的食物。但我從未想過找他一起來參與烹飪流程，讓他以後可以自己烹煮。不僅社會促成我的精神負擔，我的「母職守門」特質也加重了那個精神重擔。我不容許錯誤發生，所以也沒有進步的餘地。但是話又說回來，我放任錯誤發生時，自己又感到失望。

＊＊＊

牙醫曾經提醒過，智齒拔除手術可能會讓我幾天無法工作，但我不像往常那樣提前做好準備，而是覺得先生會接手處理我無法做的事情。自從三個月前我在《哈潑時尚》發表那篇文章以來，他慢慢地接手了一些情緒勞動，他似乎已經準備好承接他遭到裁員以前由我負責的全日家務。手術結束當天，我很快就感覺好多了。我吃了止痛藥以後已經可以到處走動，腫脹也很輕微，整晚我都在和羅伯討論翌日的計畫。我陪兒子做了功課，但還有一頁需要在明天早上完成，我們讓他帶Game Boy遊戲機去參加班上的「電玩日」。女兒

3 Sarah M. Allen and Alan J. Hawkins, "Maternal Gatekeeping: Mothers' Beliefs and Behaviors That Inhibit Greater Father Involvement in Family Work," *Journal of Marriage and Family* 61, no. 1 (1999).

需要在早上八點半抵達托兒所，但她的需求很簡單，只要幫她穿好衣服，梳好頭髮，裝滿水壺就好了。萬一早上亂成一團的話，兒子還有溫熱的午餐可以吃。我鼓勵羅伯為他帶午餐，但也提醒他要記得幫兒子打包一份零食。自從羅伯遭到裁員以來，他已經幫忙處理早上的例行公事好幾週了，我以為這次他一個人就能搞定一切，雖然我們都覺得他可能不需要孤軍奮戰，畢竟我的狀況很好。

我本來確實很好，但晚上十一點四十五分，我哭著醒來，瘋狂地尋找止痛藥。我的左臉腫得跟棒球一樣大，並在極度痛苦中醒了好幾個小時。等天終於亮了，情況更糟，我整個人幾乎動彈不得。早上八點半，羅伯叫醒我，說他要帶女兒和老么一起去學校，六歲的兒子則必須在半小時內步行上學。我在手機上設定鬧鐘，以免我昏睡過去。兒子進房來跟我聊天，我問他一切都準備好了嗎，包括午餐、衣服、作業。他說對，於是我放心地躺了下來。我幾乎無法下床帶他去上學，想到羅伯沒有像我以前那樣一次帶三個孩子一起出門，我就惱火。我穿上鞋子和外套時，臉持續抽痛，接著我也要求兒子穿上鞋子和外套。我們準備出門時，我才意識到兒子講錯了：他的作業還沒做完，也沒有檢查；午餐沒帶，零食或水壺也沒裝；要帶去學校的遊戲機也不見蹤影。

現在我不僅為了他還沒準備好而感到內疚，他還得承擔沒有人幫他的後果。下課時間，他必須留在教室裡寫作業，他也無法跟同學一起享受玩電玩三十分鐘的樂趣。我隨手抓了一顆橘子放進他的背包當零食，但其他的東西已經來不及彌補了。儘管那天早上是先生負責早上的例行公事，到最後卻是我為措手不及的早晨感到內疚。我覺得我應該事先為先生做更好的準備，應該把整套系統設定得更好。如果讓羅伯接手家務意味著孩子的需求無法顧及，讓他接手就沒有意義了。我需要設計更好的選項，而那個更好的選項似乎是照著我的方式做。

當天稍晚我向羅伯提起早上發生的狀況時，他也感到內疚，但不像我那樣。他坦承確實有問題，也道歉了，但從此事過境遷，沒放在心上。他不像我那樣為了自己沒盡力而自責不已。對我來說，育兒上的失職是一種道德失敗，但他不會那樣想。父親在育兒上搞砸時，大家會安慰他們「至少你嘗試了」，但是換成母親搞砸了，她只會受到白眼及批判。那天早上發生的一切依然是「我的錯」，因為我沒有達到我**該**為自己設定的母職標準：完美的標準。

即使我失去了做事的能力，大家依然期待我掌控全局，因為那不正是母親該做的事嗎？沒有人預期羅伯把早上的例行公事固定化，他是父親，不受批判。儘管他現在是全職奶爸（至少暫時如此），那依然不是他的主要任務或責任，而是屬於我的，一如既往。我試著把先生當成平等的伴侶，試圖放開掌控，或調整我的預期，或妥協我的標準，但我們一再失敗，始終達不到那個難以捉摸的平衡。更令人沮喪的是，我是唯一為此感到難過的人，只有我在乎這件事。

＊＊＊

我那篇有關情緒勞動的文章在《哈潑時尚》刊出當天，我跟朋友一起出去小酌一番。我們一見面就聊得起勁，她沒有要求我解釋任何概念或澄清任何觀點。她早就很熟悉這個問題，只是之前沒有一個確切的名稱。後續幾週，跟我聊起同樣話題的女人也是如此。花了一天的時間戰戰兢兢地跟羅伯釐清「情緒勞動」的問題後，現在可以跟瞭解情緒勞動的人放鬆地閒聊，一個跟我一樣關心這個問題的人，那感覺真好。

朋友告訴我，她把一疊需要拿到樓上的寢具和其他東西放在樓梯最下層。那些寢具就像我前面提到的那個藍色儲物箱，她很難自己把它們收進櫥櫃裡，但是對先生來說很容易。而且，那些寢具堆在樓梯的最下層也難以被忽視，你需要直接跨到第二階或是把它們推到最旁邊，才有可能走上樓梯。但她的先生就是那樣做，對眼前明顯的任務視而不見。他對寢具的無視不是出於刻意擺爛，而是純粹覺得事不關己，認為那根本不是問題。他心想，如果那是問題的話，老婆會直接開口叫他拿上去，不是嗎？注意到那堆東西又不是他的責任，注意到家裡該做什麼事情是老婆的責任。於是，我的朋友決定悶不吭聲地自己把東西拿上樓，然後當著她先生的面把東西收好（顯然我們是同一掛的）。她的先生為了這個他無法完全理解的問題跟她道歉了，她則是出來跟我喝酒，好講給一個瞭解問題所在的人聽。

我跟一些朋友聊「情緒勞動」的次數已經多到數不清，而且早在我寫那篇文章之前，這就是我們經常聊的話題。女人之間常聊起我們做的情緒勞動，因為我們都很熟悉這個東西，都以類似的方式關心這件事，都知道情緒勞動有多辛苦。情緒勞動在我們的人際關係中似乎已經根深柢固，即使我們已經達到臨界點，還是無法擺脫那些勞動的束縛。一位女性在受不了情緒勞動後告訴她的伴侶，他們若要繼續在一起，唯一的方式是請他去看心理醫生。結果，他還叫她幫忙找心理醫生及預約。她說：「我們簡直是雞同鴨講，他永遠無法理解我的意思。」

這也難怪女人會找女人訴說問題，而不是對伴侶說個明白。我們談到我們做的一切事情，如情緒勞動、親屬任務、家務勞動、各種庶務等，因為我們知道，其他女性不僅心領神會，也感同身受，而男性和整個文化則是彷如鴨子聽雷。我們日復一日做著許多幕後工作，往往覺得吃力不討好，也沒有人看見。女性互相分享故事，只跟女性朋友說，不跟伴侶說，因為只有同道中人能夠理解。女性之間的交流讓我們覺得自己的付出終於有人看見，不再隱於無形。雖然那種交流無法改變我們和伴侶之間的動態，但至少回到家時，我們不再感覺孤單。

然而，儘管背後的辛酸獲得女性瞭解時令人安慰，當我們的情緒勞動在家裡沒人注意、也沒人感激時，那種失落感依然得不到抒解。精神負荷仍有待我們承擔，勞務仍必須由我們來分派，而且我們在言行上還必須小心翼翼，以免顯露出失望，所以何不乾脆跟伴侶講清楚，而不是在背後說呢？其實，這說的比做的容易。多數女性都曾在感情或婚姻關係的某個時點談過情緒勞動，但講到最後總是變成爭執。我們說的話彷彿是對牛彈琴，或是令對方感到刺耳。談論情緒勞動本身就是一種情緒勞動。

我試圖向先生解釋情緒勞動時，他覺得我好像在說：「你根本不在乎。」他認為我不肯定他的付出，但他的反應忽略了我為生活廣泛投入的情緒勞動。女人通常不會直指問題核心，這也是為什麼我談起情緒勞動時總像鬼打牆，一再地反覆循環。我試著跟羅伯談，但我們的看法不一。講到最後，這種有關情緒勞動的談話對我來說已經變得太沉重，我乾脆去找能夠理解的女人傾訴。女人可以一起發洩，彼此交流，互相支持，直到下次又達到極限時，我們再聚一次。多數時候，那種無人理解的掙扎是發生在腦中，表面上我看起來沒什麼異狀，也許有點壓力，但一切還好。這也是為什麼女性負荷不了而終於爆炸時，會看起來那麼突然。

《交往規則》（*Rules of Engagement*）的作者弗洛斯娃．布克—朱茹博士（Froswa Booker-Drew）第一次受訪時告訴我：「男人不知道我們女人之間的對話，所以他們覺得我們似乎沒事[4]。」我們談到女性的智慧，以及女性彼此分享故事時如何減輕情緒勞動的負擔。但現在我第一次感到好奇，**只**跟女性談是否也對我們有害。有一個空間可以傾訴故事，讓人看見我們的無形勞動確實很重要，但是如果男人看不見、聽不到、無法相互講述這些故事，那什麼也不會改變。

我們談論她的個人生活時，她告訴我與先生之間如何看法分歧：她先生認為她是一股自然的力量，可以輕鬆地完成所有的事情；但她經常覺得自己需要協助。他認為她總是可以想出各種辦法，讓事情順利運作。在他看來，如果她需要協助，她會直說，他們會花錢找人來做，事情就解決了。然而，他眼中那種「搞定一切」的天賦，其實不像表面上看起

4　二〇一七年十一月二十八日接受筆者訪問。

來那麼簡單。他不明白她覺得自己有必要「兼顧一切」的文化壓力。他也不明白，改變這種體系非常耗費心神，更遑論內疚感。

「他的觀點跟我不一樣。」她說：「他的立意良善，但他就是不懂我的想法。」

布克－朱茹博士談到的觀點，是她身為女性的親身體驗。她覺得自己已經很幸運了，因為她的先生還有一些姊妹教他如何承擔分內的工作，但他們夫妻倆面對家務的方式確實不同。他會做飯、打掃、幫忙，但是身為男性，會做這些事情使他變得與眾不同。布克－朱茹博士無法經常做飯及打掃，這常讓她覺得自己好像做得不夠。我覺得這聽起來很荒謬，因為她為了接受我的訪問，特地從拉斯維加斯的旅館房間騰出時間受訪。她原本是去參加一整天的社群參與研討會，而且還感冒兼過敏。當她專注於重要的社群活動時，腦中應該不會想到那些家務，但是對家務的煩憂總是隱藏在表面下。布克－朱茹博士的角色，和她身為妻子、母親、女兒、黑人女性、南方女性、虔誠基督徒等角色密不可分。她說，她面對這個世界時，是以上述身分一起出現，而且她承受著額外的文化壓力，必須表現得完美無暇。她回憶道，小時候大人告訴她，她必須比其他人優秀一百倍才行，因為她是黑人女性，她必須達到更高的標準。「妳不只代表女性，還代表妳的種族。」她說：「那壓力太沉重了。」女性受制於文化的預期，必須兼顧好幾個不同的角色，尤其有色人種的女性更是如此。畢竟，那些角色是幫我們周遭的人過得舒服快樂的關鍵。

我們面臨的一大問題是，我們無法只專注於任一身分。無論我們身在何處或做什麼事情，我們似乎都得兼顧每個角色。即便是現在，我坐在這裡寫作，我也在估算開車去餐廳和婆家的人一起慶生的時間；想著哪些家務需要完成；為了我的寫作工作不斷地更新電郵信箱，查看信件；試著說服自己只要再列出一份超長的待辦清單，內心煩躁的聲音就會安靜下來，即使我明明知道列清單是一件沒完沒了的工程，因為待辦任務永遠也列不完。

男性似乎沒有這個問題，那可能是因為他們確實沒有這種煩惱。男性可能比較擅長劃分領域，因為他們的大腦先天構造不同。二〇一三年，美國國家科學院發表一項研究，科學家發現男性和女性的大腦連接模式有顯著差異。平均而言，男性兩個大腦半球內的連接能力比較強，女性則是兩個大腦半球之間的連接能力比較強[5]。女性大腦的廣泛連接力可能是好事，也可能是壞事，視情況而定。當我們憑記憶安排五口之家的行事曆時，我們比

5 Madhura Ingalhalikar, Alex Smith, Drew Parker, Theodore D. Satterthwaite, Mark A. Elliott, Kosha Ruparel, Hakon Hakonarson, Raquel E. Gur, Ruben C. Gur, and Ragini Verma, "Sex Differences in the Structural Connectome of the Human Brain," *Proceedings of the National Academy of Sciences* 111, no. 2 (January 14, 2014): 823–28, https://doi.org/10.1073/pnas.1316909110.

較有優勢。當我們需要抽離家務、專注在手邊的工作時，心理和情感負擔的連接性可能會拖累我們。當我們試圖向伴侶溝通心理負擔和情緒勞動的重擔時，那也可能構成很大的障礙。社會對我們的制約以及我們的思考方式，導致男女有截然不同的生活體驗，因此看法難以一致。所以我們才會向女性朋友傾訴心聲，這也是為什麼我不認識的女人瞭解我的想法，但跟我交往十三年的伴侶卻無法明白。這也是為什麼我向那些覺得自己已經達到平衡的女性請教時，我最常聽到的回應是：妳一定要放手不可。乾淨的房子、完美的母親、換洗衣物、腦中清單、一切煩憂等等都必須放手，別再執著。

《放手》的作者杜芙以整本書來描述她如何從一個控制狂（她說自己正從「家庭控制症」中康復）變成真正平等的伴侶。她在那本書的前言中寫道，她意識到自己主動承接的負擔相對於先生的負擔並不公平時，開始心生怨恨。我還沒讀完前言，就馬上理解她的處境。

她自問：「我是他兼顧一切的解決方案，那我呢？我的方案又是什麼[6]？」

於是她開始改變，把一些責任和精神負擔交給她的伴侶。她的故事吸引了我，但是當我得知「放手」對她意味著什麼時，我又感到有些害怕。把控制權交給先生，似乎也意味著對一項做得極糟的任務睜一隻眼、閉一隻眼。她提到她把郵件任務交給先生處理，結果郵件在桌上堆了三個月，沒有人打開來看，於是停車費擱著沒繳，生日邀請函沒人回覆，更別說那些郵件堆積如山有多礙眼。杜芙獲得一個工作機會後，她的先生主動提議接手做飯的工作，結果他整整一個月都是煮同一道燉菜給全家吃。這不是她做飯的方式，但至少很有效率，也有效果。她說，她覺得自己可以放棄先前設定的高標，是因為她很清楚事情的輕重緩急。杜芙說：「打破標準很重要。我不認同下面這種說法：女性的標準要嘛是最好的方法，不然就是最有效的方法[7]。」我不得不承認，我實在很難接受她的建議。她告訴我，他們後來在燉菜上達成一些妥協（如今他已經增添一些花樣，每週會更換菜色），但他們並沒有為了精進他的作為來來回回討價還價多次，他們從來沒有這樣做，因為她把那些斤斤計較細節的時間拿來做的事情，遠比確定一切事情都照「她的」方式完成更加重要。

顯然，徹底放手對她來說很有效。她改變了事情的輕重緩急，放下不太重要的事情，以及隨之產生的內疚感。她甚至告訴我，女兒最近錯過一場生日派對，因為她沒有更新行事曆（那個任務現在是由先生負責）。由於多數家長不會把邀請函寄給父親，這種錯過生日

6 Dufu, *Drop the Ball*, 4.

7 二〇一七年十二月十八日接受筆者訪問。

派對的情況並不罕見，結果她的女兒為此哭得唏哩嘩啦，因為所有同學都去參加派對了，只有她缺席。對小二學生來說，那是一大打擊。杜芙知道她其實有能力避免這種事情發生及其他失約的狀況，但她沒有因此改變作法。她沒有把之前放手的事情又撿回來做，也沒有為這件事情感到內疚。反之，她帶女兒出去吃灑了粉紅糖霜的甜甜圈，因為她知道下次仍有參加派對的機會。她知道錯過一次派對，或是她為了實現最大的目標而決定放手的事情，都不會影響她身為母親的價值。「我不做很多事情，我覺得不做那些事情也沒關係。」我很羨慕她的自由，雖然我可能不是那麼羨慕她獲得自由的方法。

我向羅伯轉述杜芙家的郵件故事時，我說：「換做是我的話，我應該會死吧。」

羅伯糾正我的說法：「妳應該會殺了我。」

但杜芙確實抓到了訣竅。我閱讀她的著作、聆聽她的說法時，可以感覺到她掌握了因應之道。令我訝異的是，事情沒有照她的方式完成時，她聽起來一點也不生氣，反而聽起來很高興，很滿足。放棄一些精神負擔，讓她因此獲得比追求完美生活更寶貴的東西。她現在有更多的大腦餘裕，做起事來更加專注，她也可以用更好的方式陪伴家人。她認真檢討了自己的生活，重新評估自己真正在乎什麼。她把剩下的情緒勞動都交給先生承擔，不僅放棄掌控權，也不再堅持她交給先生的任務必須做得**完美**。她不是每晚都能吃到美味均衡的晚餐，但是究竟哪種人生比較有價值，你即使不是火箭科學家也可輕易看出來。

後來我訪問《放膽休息》（*Daring to Rest*）的作者凱倫・布羅迪（Karen Brody），她也提到類似的故事，完全收手不管家務兩年[8]，放棄了所有的情緒勞動。她不寄聖誕卡，連兒子長得太快、衣服太小時，她也不幫兒子買衣服。她只管自己的時間表，不操心別人的時間表。她的兒子冬天去祖母家度假時，可能只帶短褲前往。他們每天晚上九點才吃晚餐，因為她老公九點才煮好。她專心寫書，卸下身為家中「領航者」的主要壓力。在她看來，這樣做完全值得。她告訴我這些事情時，我可以從她的語氣中感受到她的熱情。然而我還是無法想像放棄情緒勞動之後，如何平靜地看待一切分崩離析。杜芙和布羅迪把注意力和心力大膽地轉移到她們嚮往的目標上，她們的故事確實鼓舞人心，但也令我感到不安。我不想拖欠帳單不繳，不想看到烘衣機裡堆了許多衣服。對我來說，身處在那種狀態下並不值得。如果伴侶隨便完成他負責的工作，哪有什麼平衡可言？我們大可說每個人的「方法不同」，但是難道沒有一種方法是可以用來維持合理的標準，同時也做到分工嗎？

放手確實可行，但我忍不住想到，這些女性不是依然負擔著妥協的責任嗎？她們不是

---

8 二〇一七年十二月一日接受筆者訪問。

還得忍受事情未完成的不適感嗎？為什麼我們就不能指望伴侶更關注一些事情，好讓我們把一些注意力轉移到我們最關心的事情上？為什麼我們就不能要求伴侶靈活應變，以滿足我們的需求，讓我們放心，使我們感到舒適快樂呢？

即使聽了杜芙和布羅迪的睿智建議，我依然只有三種選擇可選，而且沒有一種選擇是理想的：自己做；當個嘮叨的老媽子；放手。最後一種選擇理當是幫我從煉獄裡解脫出來的門票，但感覺那不過是從一種煉獄轉往同類型的怨恨煉獄罷了。在很多情況下，放手看起來完全不切實際。我有兩歲、四歲、六歲的孩子需要照顧。某些事情，妳確實可以抱持「人各為己」的心態，但是在某個時點，妳手上拋接的一些球是由不得妳任意放下的。

＊＊＊

「有人說妳是控制狂嗎？」這是《哈潑時尚》那篇文章發表後，我上加拿大廣播公司（CBC）的節目《時事》（*The Current*）受訪時，主持人琵雅・恰托裴泰（Piya Chattopadhyay）一開始就問我的問題。

「一定有。」我皮笑肉不笑地回應，不安地在座位上挪動身子。那個問題簡直是我的死穴，馬上就暴露了我的真實身分：我不是對「情緒勞動失衡」根源感興趣的記者，而是一個難伺候的女人，不公平地要求一切都要按照我的方式來做。

她接著說了一句我已經聽膩的老生常談：女人就是要求太高了。已經夠好的事情，我們覺得還不夠好，凡事都要緊緊掐在手中。這種形容有很多種說法，但總歸一句就是：我們是自作自受，只能怪自己。我們變成吹毛求疵的老媽子，因為我們的標準太高，要求男人符合我們不合理的預期是不公平的。我們只要放寬標準，情緒勞動就不會對我們造成那麼大的壓力了。難道我所有的情緒勞動都是因為我對先生要求太多嗎？難道我成了自己最大的敵人，創造出一個只有我自己能達到的標準嗎？

舒爾特在著作《過勞人生》中提到她與社會學家約翰・羅賓森（John Robinson）共進午餐，對方傲慢地說，如果女性覺得自己受到家務的束縛，像是覺得必須以某種方式做飯、打掃、打理家務，她們只能怪自己。他責備那些廚房地板乾淨到足以當心臟手術室的女人後，囂張地對她說：「女人是自己最大的敵人。」舒爾特在書中對讀者坦言：「他沒看過我家黏答答的廚房地板。他似乎也不明白，當其他一切感覺快要崩解的時候，至少維持居家清潔多多少少可以幫你喘口氣[9]。」

9 Schulte, *Overwhelmed*, 37.

那些認為情緒勞動是因為你想要或需要掌控一切的人，根本抓錯重點。他們的說法充滿性別歧視，我們試圖批評那種源自父權結構的痛苦，但他們永遠覺得那是女性咎由自取。那是一種相互指責、推卸責任的把戲，分散了我們尋找問題根源的注意力。問題的根源不是我們想要控制一切造成的，問題出在我們如何看待情緒勞動。女性之所以受夠了，不是因為我們「要求太多」，而是因為大家叫我們不該要求任何事情，說我們應該「放手」，彷彿放手真的很容易，彷彿我們的任務可以輕易拋諸腦後。那個「控制狂」的說法之所以如此棘手，唯一的原因在於完美主義**確實**往往會內化成一種性格。控制欲和追求完美的壓力之間，往往很容易模糊了區隔，因為兩者是相輔相成的。我們確實感受到一股文化壓力，逼我們必須達到一個令人難以置信的高標，於是維持掌控成了我們持續追求那種完美境界的唯一途徑。但是當妳剔除完美主義時，情緒勞動的失衡依然存在。那個「控制狂」的說法忽略了一個真正的問題：這個社會根本不重視女性的勞務，大家覺得情緒勞動並不重要。

然而事實是，女性之所以維持一定程度的居家清潔，並不是因為一塵不染的地板是讓女性獲得救贖的方式（儘管文化壓力依然存在，我們稍後會再回頭討論）。我們精心打造一套適合我們的家庭系統，一套讓每個人都健康快樂的系統，並確保它順利運作。對有些女性來說，她們管理家庭的方式是令她們自豪的事；對另一些女性來說，那套系統是為了生存下來而打造的極簡工具，但無論如何，那都是一種關愛的表現，不僅是為了我們自己，也是為了我們周遭的所有人。

那些認為我們應該乾脆降低標準的人，不僅是在說我們不該那麼在意，他們也只想到情緒勞動的重新平衡會對目前未承擔的伴侶產生負面影響，換句話說，也就是導致他做更多的工作。為什麼伴侶必須達到我們的標準？為什麼他們應該在乎那些事情？乍聽之下，這種質疑似乎有道理，但是當你把情緒因素也考慮進來時，就不是那麼一回事了。你應該在乎，是因為你愛的人在乎。身為伴侶，你應該要有意願提出讓每個人都滿意的標準。當然，這其中還是有妥協的餘地，但即使一個人覺得浴室發霉也無所謂，那不表示他就沒有打掃浴室的責任。

我開始思考，要求我先生達到我的清潔與整理標準，以及我不願放棄我的標準，算不算是一種控制狂。我愈是深入思考，愈覺得那個問題沒那麼單純。問題不在於我希望多久吸一次地板，而是我投入生活的勞動是否有價值。情緒勞動跟掌控欲無關，而是一種關懷。其實那個問題真正要問的是，我是否願意徹底改造我和先生認識以來我持續打造的那套系統，那套我精心設計，好讓每個人都感到快樂舒適的系統，然後放棄那個念頭，因為重新平衡我家的情緒勞動對我先生來說實在要求太多了；我是否願意再次為了夫妻和睦而放手或放棄什麼？究竟什麼比較重要：是他的舒適，還是我的舒適？問題到最後又變成了我的責任。

偶爾我會在洗衣服方面放手：我洗了一堆衣服，但其他任務使我忙得不可開交，於是我讓那些衣服堆放在烘衣機裡幾天。我先生開心地從從烘衣機裡拿出他需要的東西，剩下的衣服繼續留在裡面。但是當他沒有乾淨的運動服可穿，或我兒子最愛的那條褲子沒洗時，那就成了爭論焦點。這是我的家庭系統通常不允許換洗衣服擱置不洗的原因，至少不能一天以上不洗。只要換洗的衣服洗好、摺好、收好，對我和家人來說都比較輕鬆，因為那讓大家可以放心地展開每一天及出門，不必為了穿什麼而擔心。以旁觀者的角度來看，我每天洗一次衣服，或隔天洗一次深色和淡色的衣服似乎太頻繁了，沒有那個必要，感覺我那樣做只是因為我想當一家之主而已。堅持那樣做有那麼重要嗎？我為何不放鬆一下？因為我知道，如果我不那樣做，不僅造成我的不便，也造成家人的不便。那樣做之所以重要，是因為那幫我以最少的摩擦來照顧家庭。我做的事情很少是為了掌控什麼或追求清潔而做，很多是為了避免關係失和及家庭氣氛緊繃。

認為「女性應該放鬆以避免衝突」的觀點，掩蓋了一個事實：我們做這些關懷型的勞務是有目的的。當然，我們確實可以做出妥協，但追根究柢，我們其實已經認真思考過為什麼要如此安排生活。叫我們放鬆不是在幫我們的忙，而是誤解我們承擔情緒勞動的初衷。

我們不想成為嘮叨的老媽子，我們只是希望每件事情都能完成，那很難一個人獨自包辦。正因為有些人覺得女人嘮叨，那也是女性花很多心力思考要不要把任務交派出去（亦即所謂的「求助」）的原因。多數女性其實一開始並不想開口求助，這是有些女性不想為交派任務傷神，乾脆自己包辦一切家務的原因。我自己不止一次在這兩種討厭的選項之間搖擺不定。自己包辦一切就不必煩惱交派任務的事，但增加了自己的工作負擔；把任務交派出去，還要付出情緒勞動去要求每個人做好分內工作。有些女人成功地選擇了另類道路，例如完全擺脫情緒勞動，但是對我來說，那看起來從來不是一個持久之道。我不想放棄關心，我只是希望其他人也能關心。

妳可以想要更多

處理情緒勞動的失衡所引發的衝突很困難，
那需要深切的關心，不能一心只想要減輕自己的
負荷，還要讓雙方朝著更和諧的關係邁進。

「我愛我先生，對我來說，他很完美，是一見鍾情，但我再也不願進入這種任人差遣的奴役狀態。」盧菲．索普在〈母親、作家、怪物、女僕〉一文中如此寫道[1]。我第一次讀到這篇文章時笑了，因為我常跟朋友開玩笑說，我寧願自焚，也不願跟羅伯以外的男人在一起。我說，我不是不愛我先生，我想結婚，我想繼續走這條我選擇的道路，但萬一這個婚姻有什麼三長兩短，我知道，我永遠不想再婚了。

我不禁納悶，為什麼我會那樣想呢？我的婚姻又不是走得特別辛苦。事實上，我覺得自己很幸運，能有一個努力想成為女權盟友的先生。他總是把我當成平等的伴侶，他很善良、風趣、聰明，每天晚上洗碗，從不間斷。我覺得我的失望相較於現實狀況有點小題大作。既然我已經過得那麼順遂了，為什麼我還會對深愛的人如此失望？

羅伯一再告訴我，每次他只是做錯一點小事，我卻反應劇烈，輕則露出失望的眼神，重則露出嫌惡的表情。我自己完全沒察覺到這點，又或者我察覺到了，但我的反應在我的眼中和他的眼中有不同的意義。他把孩子的烤乳酪烤焦，或把東西遺忘在超市，或把毛衣洗到縮水時，我可能會翻白眼生氣。那確實是過度反應，但我忍不住覺得那是我獨自因應所有情緒勞動的方式。我只是藉這些出槌的時刻，把一天下來累積的失望感一併發洩出來罷了，因為他看不見的東西太多了。他沒看到我從屋裡每個角落撿起他的鞋子並歸位；他沒看到我回覆數十封有關班級聖誕派對的郵件，也沒看到我操心到底要送老師什麼禮物，他根本不知道有必要送禮；他沒看到我生氣地刷洗他擱在水槽裡、表面已經乾硬的義大利麵鍋。他沒看到我如何持續維持著他享受的生活，所以當他不經意地造成我生活上的麻煩時，我就崩潰了。這對他來說並不公平，我也不想這樣做，但生活中隱藏的種種事情常讓我處於動不動就爆炸的狀態。

我對小錯的劇烈反應使我不禁懷疑，也許我根本不適合當人妻、為人母。當我身邊有

1 Rufi Thorpe, "Mother, Writer, Monster, Maid," *Vela*, http://velamag.com/mother-writer-monster-maid/.

那麼好的家人時，我覺得好像只有自戀狂會環顧我這種生活，還反問：「那我怎麼辦？」先生為我做了很多事情，他幫忙家務，認真工作，積極地投入親子教養，不斷努力成為我所要求的伴侶。他為我做了這一切，但我還是想要**更多**。當他已經遙遙領先多數男人的時候，我還想要求更多，這感覺不太合理。為什麼我明明已經遇到好男人了還不滿意？

＊＊＊

我祖母為全家煮了晚餐，也洗了大家的碗盤，我幫她把碗盤擦乾，然後收起來。那是家中女性在每餐結束後承擔的勞務，男人通常只會坐在前廊聊天。我有孩子之前，情況一直是這樣。現在我先生飯後不再跟家裡的男人坐在一起，他在我祖父母家的前院跟三個孩子追來跑去的。祖母為我感謝上天，讓我找到像羅伯那樣的男人、丈夫、父親。她讓我想起我有多幸福時，我總覺得自己很自私，不知感恩。即使以今天的標準來看，羅伯也是非凡的伴侶，況且羅伯做了很多事情，我祖母只看到冰山一角而已。

我們從廚房的窗戶看到他們時，祖母訝異地說：「他在跟孩子玩耍！」我心想：「不然呢？」我難以想像其他的現實狀況（例如祖母撫養我父親和其兄弟時的狀況）。我深愛我祖父，但我絕對不會想要嫁給像他那樣的人。我從未看過他洗碗或為家人做飯，我很懷疑他是否曾幫孩子換過尿布。

後來的情況改變了，而且比以前好很多，即使是我的童年也明顯異於上一代。我父親和一九八〇年代那群先進、積極參與家務的父親是一掛的。他開車帶我去參加跆拳道錦標賽，陪我在家附近溜直排輪。有一次我生日，他帶我和兩位好友去大峽谷旅行，包容我們這些少女的滑稽行徑及孩子氣的談話。週末他會打掃家裡，偶爾也會做飯。他支持我母親的事業，也支持她晚上跟朋友出去，支持她的生活，一如我先生支持我。

育兒重擔從來不是由我一肩扛起，即使是我生下第一胎，在家裡當全職媽媽的那年，先生始終分擔著做飯、打掃、換尿布等任務。所以我真的有必要要求更多嗎，這樣要求**值得嗎**？如果我覺得先生對情緒勞動的預期很低，我只需要回顧過去就會心存感激。每次我想到五六十年前養兒育女是什麼狀況時，就覺得我現在當媽真是輕鬆愜意。然而，社會上有許多事情都是如此，我們確實應該為多年來的進步心存感恩，但我們常把「應該心存感恩」和「應該閉嘴、停止抱怨、停止要求更多」混為一談。沒錯，我們的生活確實變好了，但這不表示以後再也沒有進步的空間。我們可以心存感恩，並持續努力追求更公平的關係，這兩者並不衝突。

我們需要知道，即使社會告訴我們不要要求那麼多，妳還是可以要求伴侶投入更多，因為進步就是這樣產生的。如果我不願為了自己的生活追求那樣的平衡，我還奢望孩子能獲得更平衡的狀況嗎？如果我持續迴避有關失衡的棘手對話，我還奢望什麼平等？如果我因為「要求太多」而感到羞怯，我如何堅持立場，主張情緒勞動是有價值的。要求羅伯更瞭解情緒勞動不是一種懲罰，而是一種邀請，因為我希望他更瞭解什麼事情對我很重要，什麼事情可以讓我們的夫妻關係更加融洽，以及我們如何一起向前邁進，做得更好。沒錯，這確實很辛苦，但是對我們兩人來說是值得的。不下功夫的話，現狀永遠不會改變。

此外，我向羅伯解釋情緒勞動的基本概念時，也必須小心翼翼。他並非無法理解概念的原始人，而是聰明又觀念先進的伴侶，問題在於他從來沒做過這種事。情緒勞動不是他從小到大接受的教育，他甚至沒見過同輩中觀念先進的男性承擔這些勞動。事實上，他環顧周遭時，總是發現自己已經是新好男人了，而且還是其中的佼佼者，對此我完全無法反駁。他確實是很投入親子教養的父親，細心的伴侶，他會完成我要求他做的任何家務。他努力追求公平的夫妻關係，支持及尊重我的工作時間，鼓勵我多關愛自己，主動要求孩子刷牙就寢。他對我和家庭的奉獻很多，這或許是我從來沒要求過情緒勞動分工的主因。我們的文化認為，遇到那麼好的男人時，若再要求更多就太貪心了。我也受到這種文化訊息的洗腦，擔心自己要求更多時，會顯得不知好歹。

但是想要追求平衡，追求進步，並非貪得無厭，不知感恩，雖然我不否認有時我也有那種感覺。或者更精確地說，有時那讓我感到內疚。每次我寫先生的事情，講了一堆，卻不稱讚他，即使寫那些是為了讓我們向前邁進，讓我們都過得更快樂，我還是會有罪惡感。為什麼我對他的貢獻不是充滿感激，滿懷愛意，而是奢望更多呢？我總是很快補充說，我先生已經算是新好丈夫中的典範了，我確保他的努力未遭到忽視，經常提起他做了什麼，並以誇張的方式讚揚他，然而我依然擔心我對他的肯定不夠多，至少在冰淇淋店那個誇他精心營造「奶爸日」的長者就覺得，我應該為此大大感激。

然而，當我想到我倆關係中的情緒勞動失衡時，我無法忽視絕大多數的情緒勞動依然由我承擔。沒錯，他可能做的比多數男人還多，但這不表示他盡了一切的本分，那正是我們面臨的最大問題。我拿我先生跟我認識的多數男人相比時，他簡直像個希臘神祇，英俊瀟灑、幽默風趣、聰明善良，飽讀詩書，言談充滿意義，而且還想跟我一起狂看同樣的影集。我沒見過比他更投入親子教養的父親，對紙牌遊戲、幫小孩塗指甲、著色塗鴉那麼有耐心。我不敢說我的廚藝比他好，尤其是烤完美的三分熟牛排或自製炸魚薯條。他打掃浴室時，清潔效果也算是可圈可點（至少他打掃得夠乾淨，不必請專業的清潔服務）。他關心我的需求，包容我脾氣暴躁的時候，即使我陷入歇斯底里，依然心平氣和地因應。即使再婚的想法不會讓我想要自焚，想要找到一個媲美羅伯的人猶如緣木求魚，其他男人根本望塵莫及。

但我無法忽視的是，如果今天上述讚美的對象是女性時，聽起來就不獨特了。如果我把主詞從「羅伯」改成「潔瑪」，那些作為突然變得稀鬆平常。我有魅力、聰明、善良、飽讀詩書嗎？我覺得是。我跟先生的談話有意義，跟他一起狂看同樣的影集，家事做得一級棒嗎？沒錯。我認識的多數女人也是如此。我經常幫小孩塗指甲，陪小孩玩棋盤遊戲、紙牌遊戲、搭建堡壘，生病時我躺在地板上，讓孩子在我身上滑風火輪小汽車（Hot Wheels）。我讀了一整本素描的入門書，以便和兒子培養共同的興趣。我自學如何烘焙四層的婚禮蛋糕，自製可頌麵包，以搭配自己烹煮的番茄湯。我不僅打掃浴室，也規劃各種家務的時間表。我為了處理情緒勞動和先生爭吵時，或在他失業期間穿梭在他的情緒地雷區時，我都保持平穩的情緒。我也為親友提供溫暖及建議，花時間上網和那些對我的文章感興趣、想跟我分享親身經歷的陌生網友交流。這些作為都沒有讓我顯得特別獨一無二或與眾不同。而且，這些事情也沒有讓我覺得我已經大功告成，值得為自己的出色表現好好地犒賞自己一番。事實上，我反而更容易注意到可頌麵包的底部有點烤焦；或是當我跟兒子已經連續玩了三次紙牌遊戲，需要回頭繼續工作時，他要我再玩一次，我不禁對他厲聲相向。我其實可以更寬宏大氣地回應他，做得更好一些。

「我們不夠苗條，不夠聰明，不夠漂亮，不夠健美，學歷或成就不夠，或財富不夠，永遠都不夠。」琳恩．崔斯特在《金錢的靈魂》裡如此寫到：「我們早上還沒起床、雙腳尚未著地以前，就已經覺得自己不夠格，不如人，輸人一截，有缺陷。晚上就寢時，腦中充斥著一長串當天沒做或沒做完的事情[2]。」

身為女性，光是努力還不夠，因為「追求完美」的訊息持續地轟炸我們。廣告和媒體隨時隨地提醒我們，只要我們再努力**一點**，再稍微挑戰**一點**極限，完美境界近在咫尺。我們的家可以變得更井然有序，這裡有篇文章教妳如何一勞永逸地達到那種境界。那招無效嗎？這裡還有一招。想要成為更好的家長，資訊多如牛毛；想要安排更有效率的共乘，APP選擇多如繁星；想要偷偷把蔬菜夾帶在挑嘴家人的膳食中，食譜應有盡有。想要當佛系家長、開明家長或虎爸虎媽，相關的書籍滿坑滿谷，諸如親密育兒法、讓寶寶哭之類

2 Lynne Twist, *The Soul of Money: Transforming Your Relationship with Money and Life* (New York: W.W. Norton, 2003), 44.

的親子教養理論不勝枚舉。但是從這裡開始，情況也變得含糊不清，因為我們必須判斷哪種選項最好，然後努力朝著理想前進。但是在任何時點，我們通常知道「更好」的自己應該做什麼，我們把自己逼到極限，以達到下一個完美境界。以我來說，下一個版本的美好自我是戒糖，吃更多青菜，安排每個月與婆家共進晚餐的時間表，每天上瑜珈課，經常當志工。那個更好的我收入更高，家務計畫更有條理，不再進度落後。那是一場永無止境的追逐，我們永遠可以做得更好，陷在「應該持續更上層樓」的迷思中。

說到「大功告成」，我的直覺反應幾乎總是覺得還不夠好，我先生則是覺得滿意。每次涉及情緒勞動時，他的內心不會持續出現一種自我對話，覺得自己需要做得更好。他並不覺得讓每個人過得舒適快樂是他的任務。我小心擔負的任務，對他來說並沒有同等價值。他覺得生活不過就是像例行公事般過日子，但我覺得把生活打理得井然有序是一種愛的度量衡，更是自我價值的衡量方式。

由於我對自己從事情緒勞動的所有方式都很敏感，這使我痛苦地意識到，我承擔的情緒勞動與羅伯承擔的不一樣。當我們把所有讓家庭生活順利運作的家務都列在一張總表中，決定以新的方法來平衡家務勞動時，我對這點有了深刻的體會。那不只是一張瑣事清單而已，我想看誰會想到廁紙的衛生紙用光了、孩子的衣服該換季了、學校的同意書簽字了。我預期看到羅伯承擔一些也許我看不見的腦力勞動。我知道他負責汽車維修、庭院打理，以及其他的手工勞務，所以我從來不需要煩惱那些事情，但是當我們各自列出「潔瑪掛念的事情」和「羅伯掛念的事情」時，這兩份清單的差距比我原先預期的還大。他的領域裡發生的事情，與我們日常生活的運作毫無關係。他的腦力勞務包括一年做兩次的雜務，一週一次的庭院打理工作，以及我偶爾要求他做的事情（所以，我又把那些事情放回我的清單上）。我只忘記一項屬於他的日常任務，那就是清理貓砂，因為貓砂在車庫裡，而且坦白講，他也不是每天清理。其他的一切任務都是我的，也就是其他一切跟孩子、居家打掃、預約、旅行計畫、假期安排、記錄行事曆有關的任務都是我的，而且那份清單感覺沒完沒了。只要是落在房子的牆內，不涉及空調或暖氣維修的事物，都屬於我操心的範圍。

對於他那份清單上列舉的任務，我充滿了感恩之情。我並不想瞭解汽車的廣泛知識，也不想在天寒地凍時跑到戶外操作吹葉機（雖然我還是得偶爾提醒他做這項任務）。這些任務讓我們順利地過日子，但是它們不像思考每天吃什麼、家裡有沒有食材，去超市該順便買什麼、出門買菜該帶哪個孩子隨行等等事情那樣衝擊我們的日常生活。

此外值得一提的是，雖然我先生對汽車及園藝特別在行，傳統上屬於男性的家務責任也最常外包出去。二〇一五年，《職業母親》的一項調查發現，雙薪家庭在家務上的性別差異，仍停留在過去的年代。母親仍是主要負責帶孩子看病就醫並為此請假、烹飪、清掃，洗衣、購物、簽家長同意書、買菜、整理的人。父親則主要負責倒垃圾、修剪草坪和園藝、報稅、洗車、汽車保養。清單上最常外包的五件家務是什麼？除了倒垃圾以外，其他都是屬於男性的任務[3]。

雖然烹飪、清潔、洗衣等任務也有很多機會可以外包出去，但是對許多女性來說，她們並沒有那樣的選項。但或許更確切一點地說，許多有能力外包的女性之所以不外包，是因為她們覺得自己有「包辦一切」的責任。家庭、孩子、事業……，妳不該有**想要**放棄任何東西的念頭。當我們達不到情緒勞動的預期時，我們感到羞愧及內疚，那也打擊了我們的自我價值。杜芙在著作中提到女性有「家庭控制症」，那是真實存在的狀態，而且已經根深柢固。我們認為自己不包辦一切的話，就是做得不夠。我之所以花十二年時間才想要在我們的關係中尋求更大的平衡，部分原因在於拿捏一個讓人欣然接受的妥協狀態似乎極其困難，但另一個原因是我打從一開始就沒想過要尋求改變。我的內心深處一直以為，在我們的關係中，肩負起所有的情緒勞動是我該做的，那個觀念與我的自我價值觀緊密地交織在一起。我想扮演好貼心女友、賢妻良母的角色，尤其羅伯似乎不費吹灰之力就扮演了好先生和好爸爸的角色。他的稱職表現遠比我期望自己能達到的境界還要出色，因為「好先生」和「好爸爸」等角色對男人的要求不是那麼高。

所以，當我厭倦在我們的關係中承擔多數的情緒勞動和腦力勞動時，我覺得自己好像貪得無厭的壞人，想從我先生那裡得到更多。我腦中的聲音告訴我，我對自己擁有的一切還不滿足，實在是不知好歹，我對他要求太高了。根據網路上許多男權支持者的說法，我就是那種最糟糕的女性。但是，我在已經擁有幫助下依然要求更多，就算是可怕的憤怒女權者，甚至是厭男主義者嗎？當我看到現況還有那麼多進步的空間時，我就不這麼想了。

＊　＊　＊

姪子受洗的那天早上，我知道儘管我稍稍給了一些暗示，我先生還是忘了準備賀卡或禮物。在教導羅伯如何從事情緒勞動以及放手讓他自己處理之間，我一直在拿捏一個恰當的平衡點。我決定做一些不易察覺的情緒勞動，幫他步上軌道。

---

3 "Chore Wars: A New Working Mother Report Reveals Not Much Has Changed at Home," *Working Mother*, April 17, 2015, https://www.workingmother.com/content/chore-wars-new-working-mother-%20report-reveals-not-much-has-changed-home.

「我們是不是應該為這件事情準備禮物？」我問道。

「我不知道。」

「去問你媽媽吧。」我懇求他，儘管我已經知道答案。

她當然說禮物是必要的，並建議他買什麼。紀念品、可愛的毯子、相框、反正就是可以紀念的東西。我舉兒子收到的受洗禮物為例，建議送一本基督教書籍可能是不錯的選擇，結果他光是找附近的基督教書店就花了好幾個小時。他主動表示要去商店買書和賀卡，讓我待在家裡幫孩子做好出門的準備。這是不錯的分工，相較於預期禮物和賀卡神奇地出現，他已經進步很多了。

然而他回家後，我很快翻了那本書，發現他買了一本教孩子如何當哥哥的書，而不是適合洗禮的宗教書。我很失望，問他為什麼買書前沒有先翻閱，這是基本的送禮常識。當下的氣氛變得很尷尬，因為他感覺到我對他的失望。我那句話的言下之意是：**你怎麼不先檢查一下這是不是合適的禮物？為什麼你不用心？**

他馬上為自己辯解，說我有多吹毛求疵，我的高標很難達到，於是我們開始陷入一種危險狀況，彼此都聽不到對方在說什麼。我有股衝動想要放棄仰賴他，自己負責買禮物，但我沒有。我叫他回書店換書後，提醒自己這是他第一次買這種禮物。雖然他偶爾會買禮物送給兄長和父親，但他從來不覺得送禮需要花太多的心思。送給姪子、姪女，甚至是他母親的禮物，通常是由我負責打理。他不是不關心姪子的禮物，而是不知道該如何關心這些事情。他應該要學習這些事物。

處理情緒勞動的失衡所引發的衝突很困難，那需要深切的關心，不能一心只想要減輕自己的負荷，還要讓雙方朝著更和諧的關係邁進。當我生氣或忍無可忍時，談論情緒勞動無法帶給我任何效益。如果我只叫先生回去換書，並從一開始就鄙視他去買禮物所付出的心血，那並無法幫我先生瞭解任何事情。後來我平靜下來，跟他解釋買禮物是一種關心的行為，我一直很認真看待這件事，現在把這件任務託付給他，我們才又開始向前邁進。我不是只希望他挑選合適的禮物，也希望他明白為什麼這份禮物很重要，為什麼送對禮物很重要。我希望他在這方面可以做得更好，我希望他能夠關心，而且不僅是為了我，也是為了他自己。

情緒勞動是必要的，它可以強化關係，在我們的生活中創造出以關懷為中心的秩序結構。誠如希拉蕊在《何以致敗》一書中所寫的，情緒勞動是「維持家庭和職場運作的動力」[4]。放棄情緒勞動的話，將導致整個世界無法以同樣的效率、禮儀、關心持續運轉。如

---

4 Hillary Rodham Clinton, *What Happened* (New York: Simon and Schuster, 2017), 133.

果情緒勞動毫無價值，我會乾脆放棄不做，但我並不這樣想，這也是我希望先生學習精進這個技能的原因。

社會不指望男性從事情緒勞動，這可能使男性的生活過得比較輕鬆，但不見得使他們的生活過得更好。忽視情緒勞動使男人成為生活的被動消費者，使他們無法成為投入的伴侶、父親、兒子和朋友。我訪問索普時，她的處境相較於當初發表〈母親、作家、怪物、女僕〉一文時已經改變許多（例如，她的先生不再把毛巾扔在地板上），但一些熟悉的失衡狀況依然存在。她說：「他在我精心安排的生活中出現[5]。」他對許多事情視若無睹，很多東西他都認不出來。她不禁納悶，他是否意識到孩子跟她比較親近，並為此感到不解。他體驗親子生活的方式與她截然不同。

我不希望先生覺得孩子跟我比較親，跟他比較疏離；或覺得這個家比較像是我的家，而不是他的家。我希望他一起參與維持及享受我們的生活，因為我真的覺得，光是出現在生活中、而不積極參與生活，會錯失一些東西。逃避情緒勞動也喪失了一些獨立性，讓你在自己的生活中缺乏發言權。研究顯示，逃避情緒勞動可能在未來的人生階段傷害男性。他萬一承擔多數情緒勞動的伴侶過世了，另一人會頓失依靠，不知道該如何完整地生活。他們的朋友關係和已逝的伴侶不同，他們也不知道該如何維繫家庭關係，甚至不知道該如何烹煮自己最愛吃的餐點或如何洗衣。他們也不知道如何照顧自己，因為之前總是有人照顧他們。在生活中更深切地關心周遭的人，更全面地融入生活體驗，並不是一種負擔，而是一個機會。

我不想放著情緒勞動不管。我希望有一個共同分攤及瞭解情緒勞動的伴侶，和我一起生活在這個平等的空間裡，希望他也能理解深切關愛的好處。我希望我們都關心孩子、自己、彼此的舒適和幸福。解開緊密規範我們身分的文化預期並非易事，但我知道，解開後最終可以為我們創造更好的生活。我們正努力理解情緒勞動的內在力量，以便拿捏讓雙方都能蓬勃發展的平衡狀態。那是一種終極境界，但是想要掌握情緒勞動的價值，就必須先瞭解情緒勞動的缺點。

5 二〇一七年十二月二十日接受筆者訪問。

5

我們做了什麼及為什麼而做

妳在家裡辛苦忙碌一天，無人目睹，妳期待伴侶休戚與共，對妳展現同理心，但他下班回家卻對妳的勞動視而不見。面對這種伴侶，特別辛苦。

二〇一五年，瑞絲・薇斯朋（Reese Witherspoon）榮獲《魅力》雜誌（*Glamour*）的「年度女性大獎」。她在頒獎典禮上發表的得獎感言，在網路上廣為流傳。她在演講中提到她看劇本時，最怕看到有些台詞。她解釋，很多電影裡會出現這樣的時刻，女性角色轉向男性角色，說出六個令人尷尬的字眼：「現在該怎麼辦？」

她以誇張的尖銳音調，重複說了一次那句台詞。她搖搖頭，睜大眼睛，困惑地眨了眨眼。她問大笑的觀眾：「你認識任何身處危機、但不知道該做什麼的女人嗎？女人在危機中不知所措，這實在太荒謬了。」

「現在該怎麼辦？」不是我們問男人的問題，而是我們必須經常自問的問題。我們面對一些重要的事情時，內心會進入一種解題模式。我們仔細將所有細節排好，思考全局，並考慮那個問題的各種可能發展，然後自問怎樣處理最好。我們的目標不光只是找出一個解決方案，而是找出最好的解決方案。我們用盡千方百計尋找方案，不會等到錯誤出現才處理。我們以全面又仔細的方式處理問題，那是大家經常低估的一項技能。這些都是情緒勞動所教會我們的。情緒勞動雖然是生活上的負擔，但我們也應該肯定情緒勞動有其好處，包括讓我們和生活更緊密地相連，讓我們更全心全意地去聯繫及關愛，讓世界以更文明有禮、更有效率、更注意細節的方式運作。因此，現在我們的任務是找出情緒勞動的缺點，以便「一起」善用情緒勞動的最佳效能。

從事情緒勞動時常令人沮喪，此時大家最常問的是：「現在該怎麼辦？」或「我們該怎麼進行？」或「如何拿捏可行的平衡點？」如果我們希望情緒勞動不再是一種累贅，就需要承認情緒勞動是既辛苦又有價值的，但這兩種特質不會相互抵銷。情緒勞動是一種耗時、傷神、熟能生巧的技能，通常是同時以關懷、解題、情緒調節的方式展現出來。我們在家裡、職場、外面的世界裡從事情緒勞動。在深入研究情緒勞動，探究細節，並把它們和生活相連接後，我相信我們可以發揮所長。擅長情緒勞動的人可以掌握龐雜的問題，並著手設計一套特殊的解決方案。我們會小心翼翼地為「現在該怎麼辦？」尋找答案，找出一個不僅對自己有利，也對周遭的人有利的答案。

為此，我們必須先找出情緒勞動的問題根源，因為它關係到我們的生活。霍奇查爾德第一次提到情緒勞動時，是描述它和職場工作的關係，那是經驗中一個獨立的區塊。但現在情緒勞動的定義不止於此，它已經變成我們生存的方式，並以好的及壞的方式與生活緊密地交織。如果情緒勞動不是很勞心費神的事，我們就毋須討論。但如果情緒勞動毫無價值，我們也不會去做。現在該是好好善用情緒勞動的時候，我們應該掌握它有價值的部分，並調整它令人疲憊不堪的部分。

每個人從事情緒勞動的挫敗感各不相同，但我訪問數百位女性後，注意到那些女性有三個共通的感受。她們從來不覺得自己有足夠的腦容量去解決自己的問題，因為她們太關注細節了。她們永遠無法暫時抽離「迎合周遭需求」的角色。她們從事的情緒勞動從未被看見、獲得肯定或受到讚揚。她們描述的情緒勞動是勞心費神、持續不斷、無形的。這就是導致這種有價值的勞動如此繁重的三個因素。

勞心費神的勞動

儘管女人可能很習慣為周遭的人營造舒適幸福的生活，但這並非易事。維持一個家庭順利運作，不光只是一種體力活，也涉及許多勞心費神的活動，尤其是為他人做選擇的時候。打造生活時，我們面臨許多選擇，雖然選擇多看似很好（可以量身打造，臻至完美境界），但是在匆忙狀態下，選擇多可能令人不知所措，不知該如何挑選。

貝瑞・史瓦茲在《只想買條牛仔褲：選擇的弔詭》裡提到這種選擇太多以致於難以抉擇的情況。當我們面臨那麼多選擇時，選擇的過程並不是一種解放自由的感覺，而是令人麻痺。當我們不只為自己挑選，也為周圍的人挑選時，這種不知該怎麼抉擇的茫然情況更是明顯。史瓦茲寫道：「選擇更多，不見得就表示掌控更多。選擇可能多到目不暇給，使人不知所措。那時我們不再感覺一切都在掌控中，反而覺得無法因應……想搞清楚該選哪個變成了沉重的負擔[1]。」史瓦茲是從單一消費者的角度來寫這本書，但是對女性來說，我們的任務不單只是挑選最合身的褲子或最喜歡的沙拉醬。我們常為全家做選擇，權衡相互競爭的偏好，試圖找出促進家庭和諧的選項。我們必須找到合適的醫生，為每個家人預約看診。（史瓦茲在研究中指出，與醫療保健有關的選擇重擔幾乎都是由女性承擔，她們通常不僅負責守護自己的健康，也守護伴侶和孩子的健康。）我們幫助引導每個家人決定他們該參加什麼運動，並幫忙安排運動時間；我們決定什麼時候寫作業最好；我們決定自己承擔哪些家務，並

---

1 Barry Schwartz, *The Paradox of Choice: Why More Is Less* (New York: Harper-Collins, 2004), 108.

把哪些家務交派出去。我們不斷地做選擇，而且那些選擇往往沒考慮到自身的福祉，因為我們總是把焦點放在別人身上。

這也是為什麼有人偏離我們為家庭運作所做的選擇時，我們會感到失望。我叫先生買某種乳酪回家，但他買錯種類時，我必須思考究竟要更改晚餐計畫，還是自己去商店買正確的乳酪？最後的選擇往往視哪個選項最不會導致衝突而定。孩子今天非吃千層麵不可嗎？對。用切達乳酪做千層麵的味道一樣嗎？不一樣。要求羅伯去店裡重買乳酪太嚴苛了嗎？可能吧。要求他接手烹飪晚餐比較簡單，還是請他去重買乳酪比較簡單？

這種「我該怎麼做，好讓大家皆大歡喜？」的內心對話經常上演，消耗很多心神，那些精力原本可以用來做更有意義或更具創意的事情。多年來我一直納悶，大學畢業後我就生了第一個孩子，後來究竟發生了什麼事？即使我有空閒時間，為什麼我再也寫不出小說？為什麼過完忙碌的一天後，我只想癱在電視機前，浪費晚上的時間看《辦公室風雲》（*The Office*）重播，而不是從事創意工作來滋養我的心靈？況且，我根本沒有**做**很多事情。每次朋友問我在忙什麼，我總是答不出來。我窩在家裡，決定怎麼照顧孩子，決定挑選什麼衣服、食物和活動對我們最好。擔心孩子的體重增加是否足夠，或孩子入睡後會不會死於嬰兒猝死症。思考要不要帶孩子出門買東西，還是等先生下班再出去。若是帶嬰兒出門，嬰兒會不開心嗎？（他會不會在連體衣裡拉屎？幾乎一定會）。我利用夫妻倆可以獨處的寶貴時間，偷偷跑去超市購物，先生會不會覺得被冷落了？現在我該直接餵母乳，還是用擠奶器？我該給寶寶穿上可愛的衣服，還是讓他穿睡衣比較舒服？即使我的日子看起來平淡無奇，我的腦子依然轉個不停，但我很少像以前那樣以更具遠見的方式思考自己，覺得生活充滿意義。如今占用我心神的事情，幾乎都沒帶給我情感上的回報，只讓我覺得筋疲力盡。我終於明白為什麼那麼多女人說，她們成為母親以後迷失了自我。我再也沒有精力和情緒去關注我的內心生活、創作生活，及有意義的生活。每天結束時，我整個人已經淘空了，再也無法給出什麼。

最終，我從母職中找到一種節奏，但那不全然是一種直覺。身為作家，我必須努力為寫作騰出腦力空間，目前我還是無法做到得心應手。我的腦子隨時都處於塞滿狀態，我依然不斷地為周遭的每個人做選擇。更糟的是，隨著孩子成長，我也得為他們**創造**選擇，以維持他們的自主和自由感。如果我不想為了我挑選的衣服而跟女兒爭吵，我必須挑選兩個一樣誘人的選項，讓她來決定她比較喜歡哪一種。（我要是讓她自己挑衣服，她會在下雪天穿蓬蓬裙出門。）我直接把任一種早餐放在大家的面前時，總是會引起抗議，所以我必須提出（並準備好執行）多種選項：我們今天吃法式吐司、燕麥片、還是培根炒蛋呢？我和先生晚上出去約會，我不想挑選地點時，先生總喜歡說我優柔寡斷，但其實我根本不在乎什麼地點，我只是想暫時擺脫選擇的麻煩。當他不肯罷休，依然要我挑選地點時，最後我通常是看：「哪裡的菜單選項不多？」或「哪家餐廳是我已經知道要點什麼菜色？」

當然，選擇困難不是女性獨有的現象。在這個充滿選擇的時代，每天都有大量的選擇轟炸我們。平均而言，我們每天有意識地做出三萬五千個選擇，其中有兩百個選擇跟食物有關[2]。選擇會消耗心力，這也是歐巴馬總統決定每天穿同樣的西裝，馬克·祖克柏每天穿牛仔褲和普通T恤的原因。使生活中的某些部分自動化，可以擴增我們的心力。「為了獲得選擇多元的好處，避免選擇太多的負擔，我們必須學習做選擇性的抉擇。」史瓦茲寫道：「我們必須逐一判斷哪些選擇確實很重要，並把精力集中於其上[3]。」對女性來說，這是艱鉅的任務，因為我們總是假設所有的選擇都很重要，沒有意識到我們可以只做某些選擇，並放棄一些不太重要的細節。如果我們想要重新掌握足夠的心力，讓情緒勞動成為對我們有利的力量，而不是把我們搞得筋疲力竭，決定事情的輕重緩急、好好排列優先順序正是我們需要的。

持續不斷的勞動

我們對於情緒勞動所做的選擇，不是在踏出家門的那一刻就停止了。情緒勞動也伴隨著我們踏入外在的世界，進入職場，然後又回到家裡。霍奇查爾德所描述的情緒勞動，是侷限在工作時段之內，但我們現在討論的情緒勞動已經超越了明確的界限。我和閨蜜一起出去吃晚餐時，我常低頭看手機，等待先生傳簡訊來問孩子晚餐該吃什麼，或某個絨毛玩具放在哪裡，或如何溫熱砂鍋。即使我沒收到簡訊（很少數的情況），我依然隨時準備好扮演家管的角色，即使我不在家。我的電話號碼總是列在家人通訊錄的第一位，我總是隨叫隨到。我從來無法完全處於工作模式或度假模式，因為我無時無刻都無法擺脫情緒勞動。

有時我很難判斷這究竟是性格使然，還是情緒勞動造成的。我究竟是天生追求井然有序，還是出於必要才變得有條有理，亦或是兩者兼有？我是喜歡管理家庭的控制狂，還是知道掌控一切很重要的人？很多情緒勞動的存在，是因為我們**想做**，例如我喜歡規劃假期，就那麼簡單。我喜歡規劃假期的每個細節、每個決定、每項研究，甚至連相關的預算和儲蓄

---

2 Joel Hoomans, “35,000 Decisions: The Great Choices of Strategic Leaders,” Roberts Wesleyan College, March 20, 2015, https://go.roberts.edu/leadingedge/the-great-choices-of-strategic-leaders.

3 Schwartz, *The Paradox of Choice*, 109

都很喜歡。我喜歡在腦中思考那些事情，例如查機票價格、研究海灘、預訂房間。我從來不覺得那些事情枯燥或麻煩。但如果我不喜歡規劃假期，覺得那很消耗我的心神和情緒，我還是得當大家的假期規劃者。那就像我做的許多事情一樣，變成別人對我的指望，無可避免。

我想關心別人，想要有個運作順利的家，希望大家在我的身邊感到自在。我知道情緒勞務是有價值的，我認識的多數女性也這樣想。然而當我們忙到精疲力竭、心懷怨恨時，我們依然努力關心他人、掌控局面、維持周遭人的舒適感，因為不管我們是否願意，大家都期待我們扮演這個角色。我們知道，當情緒勞動多到難以獨自承擔時，我們沒有機會打破或改變那種失衡狀態。我們可能因此崩潰而告訴伴侶，我們需要他們承擔更多的勞動。但不知怎的，任何改變總是會回歸原點，也就是說，這種勞心費神的勞動不管怎麼分派出去，最後仍完全歸屬於我們的領域。我們依然隨時待命，依舊得自己主動提出要求，分派任務，而且還要以避免紛爭的方式來要求及分派任務。這是持續不斷的勞動，也是使情緒勞動如此累人的第二原因。

此外，社會也要求我們想盡辦法運用這個技能，以維持周遭人的幸福和舒適，無論是在什麼情境中。喬安．利普曼在著作《聆聽女性：職場中的性別溝通》中談到職場平等的話題，她指出社會上有一個概念要求：女性**應該**配合男性標準來調整——彷彿女性不常這樣做似的。女性為了配合男性標準而刻意投入的心血已經多得荒謬，但她們做那麼多，依然覺得吃力不討好。利普曼寫道：「女性已經改變很多了。所有的女性……都試圖融入一個以男性的形象來塑造的職場。我們說話、穿衣、寫電郵、展現自我的方式——我們意識到自己在文化中給人的印象，其實跟我們的本質截然不同[4]。」當然，我們在職場上從事情緒勞動的方式，和在家裡的方式不一樣，但兩者都源自於同樣的文化假設：女性**該**如何在男性的世界裡穿梭。我們應該讓每個人感到舒適，應該讓每個人開心，應該隨時準備好迎合他人。

我們堅持的規範，並非我們用心思考過的規範。多數人不會花時間去思考父權制如何支配我們的行為、反應、生活。這些事情是如此的根深柢固，以至於我們幾乎沒注意到它們，也包括我們的伴侶。我們不常想到自己手上有多少任務，我們甚至還會為了「為什麼所有的事都落在我身上」、世界運作的方式、我們的伴侶、我們的行為等等找藉口。我們把情緒勞動及它的持久存在視為生活中永恆不變的一部分。霍奇查爾德的《情緒管理的探索》

4 Joanne Lipman, *That's What She Said: What Men Need to Know (and Women Need to Tell Them) About Working Together* (New York: HarperCollins, 2018), 1.

談到下班後試圖抽離情緒勞動的影響，但是當我們根本無法抽離情緒勞動時，那會發生什麼事？當情緒勞動無時無刻跟著我們，也就是當我們無法休息片刻，丟下一切不管時，我們該怎麼辦？

我們犯錯或沒做那些「分內工作」時並不會遭到解雇，但我們會因為沒達到社會和自己強加在我們身上的期望而感到內疚。我們知道家是我們的領域，因為文化裡的一切都告訴我們，那是女性掌控的領域。（有些人認為，女性之所以拒絕放棄對家庭的控制權，是因為家庭仍是她們覺得自己擁有真正權力的唯一地方，我無法假裝這個說法沒有稍微擊中她們的痛處。）我把洗碗的任務交派給先生後，看到碗盤在水槽裡堆積起來就不禁惱火。我之所以惱火，不是因為那件事沒人做，而是因為沒有馬上做，沒有照我的標準做。那也讓我覺得，家庭運作的每個細節（無論是不是在我的掌控中）反映了我身為女性的技巧。即使我們把一項任務交派出去，我們也很少放手。情緒勞動不會在妳轉移責任時結束，它會一直持續到任務完成為止。

無形的勞動

情緒勞動所衍生的挫敗感中，有一種挫敗感最特別。由於情緒勞動是無形的，所以它經常盤旋在我們的腦中，而且似乎沒有人瞭解我們在做那件事。有時我也無法理解，為什麼情緒勞動界定了我生活中的許多事物，卻有那麼多人看不見它的存在，尤其是那些日復一日從中受益的人。

三十三歲的朱莉・基莫克（Julie Kimock）是兩個孩子的母親。她說，情緒勞動的無形性，在她身為軍眷所承擔的情緒負擔上又增添了一種深刻的孤獨感。她投書Blunt Moms網站的文章寫道：「大家預期我們閒閒坐在家裡，只做一個毫無疑問、不受肯定，沒有支援的人。我們跟著軍隊搬家、適應環境、持續過日子，只知道國家比家庭重要。我們接受挑戰，做出犧牲，繼續孤獨地前行，似乎沒有人注意到我們。我們獨自養兒育女，獨自慶生、過聖誕節。我們自己找房子租屋，自己開車去維修。晚上我們獨自哭泣，感到孤獨，想念先生和伴侶。我們和電視新聞主播成了朋友，因為有時候那是我們一整天下來唯一聽到的成人聲音[5]。」她告訴我，每隔兩三年，她就必須搬家，重新開始家庭生活，找新的醫生、新的學校、新的遊樂場、新的時間表、新的超市，結識同樣是媽媽的新朋友。她肩

5 Wannabee Blunt, "Military Wives Are the Final Frontier of Feminism," Blunt Moms, http://www.bluntmoms.com/military-wives-final-frontier-feminism/.

負著營造溫馨家庭的重任，還要在搬家的過渡期，滿足家人的情感需求。她不僅要承擔這種繁重的情緒勞動，大家還預期她毫無怨言，甚至不要吐露心聲。她告訴我：「這裡有一種逆來順受的文化[6]。」她也指出，每次談到軍人的妻子時，就常聽到「眷屬／受扶養的家屬」（dependent）這個字眼。她覺得那個字眼很諷刺，尤其考慮到她們的先生派駐在外時，先生有多麼依賴妻子來穩定家庭。「外界對我們多所批評……說我們是為了獲得美國國防部的醫療保健福利和一輛小貨車才當軍眷。如果妳變胖了，大家就把妳視為好吃懶做的『軍眷寄生蟲』。」她說，她的先生已經竭盡所能地幫助她及提供支持，她知道很多軍眷在這方面不像她那麼幸運。儘管如此，她還是有一種感覺，自己持續抱怨這種令人沮喪的無形負擔只是因為她瘋了。大多的沮喪是源自於她的家庭和文化並不理解那些無形勞務，而且坦白講，大家也不想聽。

我訪問的許多女性其實只是希望自己的付出有人看見，她們希望獲得感謝和肯定，希望大家能肯定她們做的事情是有價值的。這也是為什麼情緒勞動對全職媽媽來說特別沉重。妳在家裡辛苦忙碌一天，無人目睹，妳期待伴侶休戚與共，對妳展現同理心，但他下班回家卻對妳的勞動視而不見。面對這種伴侶，特別辛苦。

四十四歲的愛琳．卡爾（Erin Khar）是兩個孩子的母親，在家工作。她把自己做的一長串腦力工作和情緒工作描述為「幕後工作」。沒有幕後的一切工作，幕前的作品就不會發生。養兒育女、管理家務、讓每個人感到舒適快樂，這些都需要付出很多的心血。當然，每個人都心存感激，或至少感謝最終的結果，但他們不是真的看到或理解妳確切做了哪些事情。卡爾說，她和先生之間有一條不成文的規矩，那就是她負責滿足孩子的情感需求（從嬰兒期的成長需求到青春期的陣痛），因為他們一致認為她「在這方面比較在行」。他之所以瞭解她做了什麼，是因為事後她會向他彙報，以簡潔易懂的方式來說明她經歷了哪些情緒的地雷區。卡爾說：「我發現，他不太理解我的情緒疲憊，是因為他不負責做這類養育工作[7]。」那些任務一向是落在她肩上。如果她沒有時間因應，她注意到兒子是去找外婆處理，而不是找父親或祖父。她的兒子知道，女性在家庭中提供必要的情緒工作，即使他沒有意識到這些互動所涉及的心力。

當然，除了負責這些情緒工作以外，為了讓家庭順利運作，她還需要投入其他的情緒勞動。卡爾負責為全家買菜、添購日常用品和清潔用品，繳帳單，管理各種預約（看病、

6　二〇一七年十一月九日接受筆者訪問。

7　二〇一八年二月二十八日接受筆者訪問。

看牙、理髮等等），處理所有的課外活動補給、表格簽名、排程等等。她幫孩子買衣服，因為只有她注意到孩子長大了，衣服太小了。她處理所有與學校有關的事情，因為她是負責檢查書包的人。她負責烹煮三餐，報名夏令營，以及家中大部分的體力活。她跟許多女性的情況一樣，先生在家裡會幫忙，但不負責家務。他會餵養寵物，遛狗，清理貓砂，晚飯後洗碗，打掃房間。週末他會讓她睡晚一點才起床，自己陪九個月大的孩子起床。她描述的體力活分工不是那麼公平，但體力活只是冰山的一角。至於那些表面看不見的工作，已經達到她先生和兒子都無法理解的深度。

孩子無法理解那些情緒勞動，基本上是養兒育女的代價。除非孩子將來也為人父母，否則他們不會、也不可能理解養兒育女所付出的情緒勞動。即便他們將來有了孩子，通常也只有女兒會有這樣的頓悟。我是生第一胎後才強烈感受到母親為我所做的一切，並充滿感激。以前我完全看不到、也不瞭解那些事情。直到我身為人母，做同樣的情緒勞動以後才終於理解。日復一日把整天時間都拿來迎合一個小人兒的身心需求，而且那個小人兒連微笑都不會，更遑論知道我為他做的一切，這樣的日子真的很辛苦。這也是為什麼當先生下班回家，走進家裡卻看不出我做了什麼工作時，那感覺更辛苦。事實上，那些勞動是全然隱形的，不著痕跡，以致於先生下班回家直接脫掉鞋子後，就把鞋子扔在客廳裡。他會把公事包等東西放在餐桌上，把夾克披掛在椅背上，而不是掛在壁櫥裡，然後從冰箱裡拿出零食，把裝零食的容器擱置在我剛清洗過的流理台上。只要我一有空，我就會跟在他身後把東西歸回原位，因為我知道我不做的話，那些東西會永遠擱著。我幾乎從未跟他提過是我跟在他身後收拾東西，所以也很少因此獲得感謝，但這不是因為我先生沒有禮貌或預期我為他做這些，而是因為他根本沒看到這些事情。他要是看到我幫他掛起外套，他會覺得很丟臉，連忙道歉，也許第二天下班就自己把外套掛起來。但久而久之，他的行為總是會恢復原狀。他把東西隨手擱著，那個東西就會神奇地從那裡消失，回到該放的地方，但他從來不會看到或承認物歸原位的體力活，也不會注意到物件需要歸位。他似乎對雜亂和乾淨都視若無睹，無動於衷。我總是需要開口要求，他才會去做。我確實可以獲得更多的幫助，但感覺我永遠不會有一個主動注意到何時該做事情的伴侶，我總是需要開口要求才行。除非我可以想辦法讓先生瞭解情緒勞動隱於無形是什麼感覺，否則我的情緒勞動永遠也沒有人看見。這是一場艱苦的奮戰，但也是一場值得努力的奮戰。

這件事之所以值得努力，是因為我可以看出變化不止出現在表面上。他不是只注意到更多需要做的事情並付諸行動。他參與情緒勞動後，也可以為我騰出愈來愈多寶貴的腦力空間，讓我做我的工作，享受生活。他從事情緒勞動後，也讓他與生活中從未意識到的面向更緊密相連，他對於自己身為父親和伴侶的角色變得更有信心，不再覺得他的價值只取決於他的收入。從此以後，他重新定義了男子氣概對他的意義，那是一種顯著的改變。

重新定義各自角色時，我可以看到這些明顯而直接的效益：充實的生活、伴侶關係更融洽、真正的平等感。不過，我也看到更多的效益近在咫尺。雪兒・史翠德邀請我上她的播客《Dear Sugar》談情緒勞動，她在節目中講了一個故事，說她看到兒子拿著玩具掃帚掃地。看著孩子扮演大人，以充滿想像力的遊戲來模仿我們的行為十分有趣，但那個例子令她印象深刻，是因為她問兒子在做什麼時，他回答：「我假裝我是一個爸爸。」史翠德說兒子的說法令她不禁停了下來，孩子的扮演反映了文化的變革，一種始於家庭內部的變革。「男子氣概就是這樣重新定義的，女性氣質也是這樣重新定義的，改變就是這樣產生的。[8]」

我之所以想改變生活中情緒勞動的平衡有很多原因，其中最重要的是：改變這種動態將會改變孩子的生活，也改變未來。我想看到的世界變革是從這裡開始的，從我們開始，從孩子在我們身上看到及學習到什麼是真正的平等開始。他們不是從教科書中學習他們在世界上的角色，而是先從家裡學習。我們現在選擇做的事情，將會塑造他們的世界觀並改變一切。我希望兒子願意且能夠在情緒勞動中承擔自己的責任。我想讓女兒知道，讓身邊的每個人都感到舒適快樂不是她的任務。我希望我們打破這個迴圈，讓所有的孩子都能過更好、更充實的生活，不止在家如此，在這個不斷改變的世界也是如此。

---

8 Cheryl Strayed and Steve Almond, "Emotional Labor: The Invisible Work (Most) Women Do—with Gemma Hartley," Dear Sugars, May 5, 2018, http://www.wbur.org/dearsugar/2018/05/05/emotional-labor-invisible-work.

PART 2

社會與職場裡的情緒勞動

Fed Up

Emotional Labor, Women, and the Way Forward

6

到底是誰的工作？

我們不僅想在職場上表現得完美，也想在家裡成為賢妻良母。我們感受到強大的外在壓力，即使我們知道那些壓力正在傷害、打擊我們，使我們精疲力竭。

二〇一〇年十二月十二日，我關上Caché女裝的店門，打電話給先生請他來接我。我是那家店的副店長，我和同事整理了一下店面，把每日現金拿到商場後面的儲物箱存放。我們最後一次一起走出店門時，我試圖把眼前的一切都銘記在心底：我轉動鑰匙的時候，感受到沉重的插銷滑入定位的滿足感；美體小鋪（Body Shop）令人陶醉的花香味，我們常在那裡停下腳步閒聊並試用乳液樣品；心不在焉的警衛；推開沉重的後門時，迎面而來的冷冽空氣。這是最後一次了。我沒有產假可請，一直工作到臨盆的前一刻，最後一次值班的前三個小時，我已經進入早期的產痛狀態。羅伯在鄰近午夜時送我到醫院，翌日我就生下兒子。

在分娩的前一年，多數時間我都在焦急地等

待這一天的到來：我不僅在等待孩子出生，也在等待我終於辭去零售業的工作。我已經厭倦了那些不把我當人看的顧客。上班的最後一晚，一位老顧客因為我宮縮時坐在凳子上而責備我，笑我根本還沒**真正**進入陣痛期。她記得自己陣痛時是什麼感覺，我的早期陣痛顯然不符合她預期的樣子。她覺得我只是不專業、偷懶，我的痛苦帶給她不便，破壞了她已經習慣的美好幻象。她想看我展現「正常」輕快的客服聲音，迅速幫她挑選衣服。我在試衣間外等候時，她期望我扮演虛假友人的角色，誇她看起來有多美，因為她總是一個人來購物。多年來，我一直在做這種職場上的情緒勞動，我早就準備好放手了。

不過離職後，我放下的不只是「因應顧客」這種情緒勞動而已。一週前，我才剛從內華達大學雷諾分校畢業，我為了那個學歷努力了很久。所以在短短一週內，我的人生從一個充滿文化價值的全職生和勤奮工作的員工，變成一個全職媽媽。我很快就意識到，全職媽媽這個角色的工作是完全隱於無形，且嚴重遭到低估。雖然我在零售業工作時遭到顧客的不善對待，但大致說來，我們的文化還是很尊重我這個靠全職工作完成大學學業的學生。在那個一邊工作一邊完成學業的人生階段，我常因為「做了那麼多事情」而受到讚揚，但是當我的身分切換成母親後，很快就有人問我，我整天在做什麼。

產後的最初幾個月，我獨自一人在家裡照顧新生兒，那種孤立感很冷酷無情，尤其我又是從熱鬧的社交生活中轉入那個狀態。新生活也很充實，甚至比生孩子之前還要充實，但沒有人目睹或肯定我做的事情。那些事情的無形性，以及它們在身心與情感上帶給我的衝擊，都令我抓狂。我使盡渾身解數，但感覺疲於因應，差點滅頂。我不明白為什麼花那麼多的精力，卻只看到那麼少的成果。每次有人問我一整天在做什麼，我只能展示一個還在呼吸的嬰兒。每晚上床就寢時，我已經精疲力竭，毫無氣力。當時我不知道什麼是情緒勞動，只覺得自己快瘋了。

隨著時間經過，我愈來愈擅長母職，學會專業地照顧兒子，熟悉了他所有的癖好，自學了各種育兒方式，並挑選一種感覺最恰當的方法，更投入家庭的運作。我研讀了學齡前標準，並把那些課程融入日常生活中。我開始精心烹飪家常菜，進一步削減我們微薄的預算以便償還債務。我全心全意地投入母職及家庭中。我覺得有必要為了這個家庭付出一切，因為沒有薪水以後（即使只是Caché女裝那種卑微工作的薪水），我感覺自我價值暴跌了。全職媽媽變成我的全職工作，我當然可以感受到這份工作在身心靈上帶給我的衝擊。然而，無論我付出多少情緒勞動，全職媽媽這份工作從來不像我先生的工作那樣受到尊重。儘管我比以往更努力付出，我的文化地位從未如此低下。

親友和我認識的其他媽媽都說，我可以待在家裡照顧孩子是一種難能可貴的「福氣」，即使我選擇當全職母親是出於經濟需要，而且我也竭盡所能把它做到最好。但是相對來說，我先生的零售工作才算是「真正」的工作，他的工作有顯而易見的社會價值、薪水和肯定。為家人打造生氣蓬勃的生活是很重要的工作，注意家人的情感需求對他們的幸福至關重要。這項工作無疑是必要的，但是相較於在女裝店的櫥窗陳列擺設，它獲得的關注和讚揚就沒那麼多了。我從來沒想過我會羨慕那些重返工作崗位的母親，但我辭職在家帶孩子不久就開始這樣想了。就像貝蒂·傅瑞丹在《第二階段》中所寫的，我可以看到，「真正的權力，那種有回報的權力，是存在於家庭外的社會裡[1]。」無論我把全職媽媽的角色扮演得多好，我都不可能以那個身分找到同樣的價值，因為我做的是「女性的工作」，一種大家依然不重視、甚至通常看不見的工作。

這種照護型的勞務遭到低估，導致母職這個身分很難讓人樂在其中。理論上，我知道養兒育女的工作很重要，我正站在第一線栽培未來的棟梁，把他們培育成受良好教育、善解人意、適應力強的成年人，至少這是我的希望。我跟每位擔任主要照護者的家長一樣，知道那份工作很辛苦，而且肯定比零售業工作還要辛苦。事實上，相較於我現在當作家所

1 Betty Friedan, *The Second Stage* (New York: Summit Books, 1981), 94.

做的創意和腦力勞動，母職辛苦太多了。那是需要善用更多種情緒勞動技巧的工作，妳需要根據家庭的需要，毫不費力地從一種照護型的勞務轉換成另一種勞務。例如，在一杯牛奶濺到妳最後一件乾淨襯衫上的短短幾秒鐘內，從講故事的人變成安撫者。情緒勞動可能不需要訓練，但肯定需要培養，而且我是唯一做這項工作的人。

當我先生每週工作五十小時，而我整天待在家裡時，某種程度上，這種失衡似乎是合理的。畢竟，我們各自都有全職工作，我的就是當全職媽媽。這也許無法構成由我承擔家庭生活和人際關係中**所有**情緒勞動的理由，但確實解釋了為什麼我會承擔較多。這也是為什麼，當我的事業開始起飛，開始長時間工作，成為家庭的主要收入來源，而我先生變成全職在家時，家中狀況似乎完全沒變，我會感到如此沮喪及困惑的原因。在此之前我心想，我之所以肩負起情緒勞動的重擔，或許是因為那是全職媽媽的預設任務。我沒料到的是，當變成職業婦女以後，情緒勞動的失衡依然沒有解決。職業婦女面臨的狀況和全職媽媽一樣，她們是以不同、但有時更緊湊的方式來處理細節。先生遭到裁員後，我很快就意識到，我們承擔的任務落差遠比我們的工時差距還大。不管我在家庭之外有沒有全職工作，不管我是否待在家裡，不管我是否賺更多，這些都不重要。不知怎的，承擔多數的情緒勞動總是我的責任，那是我先生永遠不需要面對的要求。

我訪問瑪麗亞・托卡（Maria Toca）時，她告訴我正在考慮要不要成為全職媽媽。她喜歡目前擔任幼稚園老師的工作，但是照顧自己的三歲孩子以外，還要日復一日在幼稚園照顧幼兒使她筋疲力竭。她的上班日充滿了情緒勞動，家庭生活也是如此。她受訪時，我們的兩個孩子在地板上玩耍。她說最近一直在考慮暫時離開職場，以便花更多的時間陪伴兒子，但她的考量點不只有經濟面。托卡說她想成為全職媽媽時，她想像的情境並非我認識的其他職業婦女所想的那般美好。她非常清楚整天照顧孩子的辛苦，她知道在毫無午餐休息時間或其他人接手下，每天照顧兒子的工作量有多大，但這不是讓她猶豫的原因。

她說：「我想當全職媽媽，但我又害怕**身為**全職媽媽所面對的期望[2]。」誰的期望？每個人的期望。她的墨西哥移民家庭覺得，她在迎合先生和孩子的需求上已經做得不夠好，對她多所批評。她覺得成為全職媽媽後，她對自己的期望可能會改變，但也許最重要的是，她擔心先生對情緒勞動的期望也會改變。她擔心自己在家中扮演更傳統的角色時，大家會開始對她抱持傳統的父權期望。

她說她在臉書上加入一個全職媽媽的社團，儘管她還不是全職媽媽。她以難以置信的口

2 二〇一七年十二月三日接受筆者訪問。

吻提到，一位婦女在社團裡尋求建議，問那些女性如何讓伴侶下班返家後維持快樂。結果討論區裡湧現了許多誠摯的建議，例如確保房間收拾乾淨、為他準備晚餐、在他進門前化妝。這些建議和阿弗雷德・亨利・泰勒牧師（Alfred Henry Tyrer）一九三六年首度出版的《性滿足與幸福婚姻》（*Sex Satisfaction and Happy Marriage*）所給的建議如出一轍。那本書中除了提到上述建議外，還有一些很奇葩的內容，例如伴侶要求妳陪伴時才說話；滿足先生的性需求，同時對妳自己可能遇到的問題不發一語。雖然這些建議大多看起來可笑又過時，但是對多數女性來說，「我們的價值與周遭人的幸福息息相關」這樣的觀念依然堅定不變。即使在最進步的婚姻關係中，這種觀念仍依稀存在。

托卡告訴我，她的伴侶現在負責做飯，她擔心當了全職媽媽後，大家的期望可能會改變。當妳做的事情毫無酬勞時，一切由妳包辦的壓力會變得很大。尤其社群媒體這個新世界展現出許多母職光鮮亮麗的時刻（少有發脾氣、混亂、恐怖的現象），那會使妳更想把很多事情攬在自己身上。我知道，我不只一次因為渴望那種完美的母親形象，而把自己搞得精疲力竭。我看著Instagram上那些乾淨、精心整理的家庭生活照時，心想我該怎麼做，才能使自己的生活變成那樣。洗更多的衣服嗎？使用更多的白漆嗎？讀更多的育兒書嗎？答案是做更多的情緒勞動。誠如傅瑞丹在《覺醒與挑戰：女性迷思》（*Feminine Mystique*）中描述的那些郊區家庭主婦（她們卯足全力投身家務到了荒謬的地步），如今的母親幾乎把母職變成奧運的運動項目。我花了很多時間在失敗的Pinterest計畫上，不斷地安排及改變家庭的整理系統，為孩子的派對烘焙特別的甜點，夜裡擔心孩子的學業發展和學校選擇。然而，即使是母職最繁重的那幾年，我也經常覺得自己做得還不夠。托卡說，即使她的墨西哥移民家庭總是告訴她，現在她有哪些地方做得不夠好，但她知道，目前她在工作與家庭之間拿捏平衡，可能遠比成為全職媽媽後必須承擔更多的情緒勞動來得容易。她的墨西哥家庭偶爾會拿她的懶惰和不會做飯來開玩笑，那些「玩笑」暗示著，她沒有達到她的伴侶身為「好男人」所期待的情緒勞動。他們的行為讓她更加擔心，轉變成更傳統的生活方式必須承擔更多的情緒勞動。

她指出：「我先生在家裡做任何事情時都會得到稱讚。我卻因為對他期望太多，而受到家人的指責。」至少現在她還有一份工作可以作為「藉口」，以減輕她感受到的一些壓力。

她坦承她有內疚感，因為她確實有一個觀念進步又做「很多」事情的伴侶——至少與家人眼中的正常情況相比是如此。她說，她的外婆仍為外公做一切事情，幫他拿任何想要或需要的東西，讓他不必親自動手，除非他想主動去拿。她回想起童年時，母親總是獨自烹調所有食物、老是在打掃家裡，每天早上幫她和弟弟準備好上學，從來沒得到父親的任何幫助。她的父親下班回家後，只會窩在沙發上。儘管如此，她的母親依然覺得自己做得不夠多。「有一次我們正在吃飯，那桌飯菜一如既往全是我媽一手張羅的。她像往常一樣辛苦工作了一天。晚餐結束後，我爸說：『妳今天沒做莎莎醬，沒溫熱玉米餅嗎？』？」托卡回憶道：「直到今天，我媽還在講那件事。」她的母親終其一生都在服務他人，最近母親告訴她：「就好像有人在我身上刺著『妳必須為每個人服務』這幾個字似的。」這不是托卡想要的生活。

她認為轉換文化也許有助於打破這種迴圈（托卡四歲時移民美國），但她坦言她和伴侶依然為情緒勞動所苦。「我知道我不**需要**為他洗碗而感謝他，但我擔心我不表示感謝的話，他可能會停止不做。」托卡說：「但我做這種事情時，何時有人感謝我了？」

對多數的女性來說，答案幾乎是永遠不會有人表達感謝。儘管我們與伴侶之間愈來愈趨向平等，在家務方面，大家對男性和女性的預期仍有很大的差異，即使女性有收入、不是全職媽媽。霍奇查爾德在《情緒管理的探索》中指出，這種現象是文化不平等的徵兆。「在整體而言貶抑女性地位的社會裡，一對講究平等的夫妻在情感交流的基本層面上是不可能平等的。例如，一位女律師的收入及獲得的尊重跟先生一樣多，先生也欣然接受這些事實，但她可能還是覺得，她應該感謝先生如此開明並在家裡平均分擔家務。大家覺得她的要求出奇的高，先生的要求出奇的低。廣大的兩性市場讓她的先生有機會不做家務，但她沒有這種選擇。從廣大的社會脈絡來看，她很幸運能有這樣的先生。而且，當她不得不為此心存感激，因此感到憤慨不平時，她也必須壓抑那種憤慨感[3]。」我們能獲得幫助已經很幸運了，男人本來就有權不做家務。

我之所以長久以來一直以為情緒勞動是全職媽媽的議題，是因為這種失衡狀態發生在全職媽媽的身上時，至少還有文化脈絡可循。什麼是「女人的工作」（情緒勞動）和什麼是「男人的工作」（有薪勞動）都是舊有的父權觀念，所以我們很容易以我的傳統角色是全職媽媽來合理化這種狀態（雖然這樣做是不對的）。在托卡的家中，則是墨西哥的傳統促成了這種觀念。然而當我訪問愈來愈多的女性後，發現「情緒勞動是女性任務」的觀念在現代社會中依然普遍。儘管過去幾十年來，我們一直鼓勵女性追求男性的成功理想，並告訴她們，她們也可以在職場上達到自己渴望的任何狀態，但她們並未擺脫回家後依然等著她們完成的情緒勞動。職場為女性提供了各種角色，但並未改變一個事實：無論女性在社會裡

3 Hochschild, *The Managed Heart*, 85.

發展到什麼地位，情緒勞動依然緊黏著她們。我們的文化依然不重視這種勞動，依然覺得女性應該負責處理這些任務。

職業婦女和全職媽媽以不同的方式承擔著同樣的重擔。在上班時間，她們花錢請人來做這些情緒勞動（通常是托兒服務，有些人可能會花錢請人到家裡打掃或做其他家務）。如果你想知道這個社會多麼不重視情緒勞動，只要看媽媽不在家時，我們如何填補那些空缺就明白了。那些工作的酬勞都很低，幾乎都是由婦女擔任，尤其是有色族裔的婦女，這也是這類討論中常被忽視的關鍵。金伯利・西爾斯・阿勒斯在《*Slate*》雜誌上發表〈重新思考有色族裔女性的工作與生活平衡〉一文[4]中指出：「從古至今，白人女性一直是利用有色族裔女性的勞動，來減輕自己的家庭負擔，解放自己，以便投身企業和公職。簡言之，非裔、西裔、亞裔美國婦女的勞動，提高了白人婦女的生活水準。所以若要談工作與生活的平衡，我們應該明確指出，許多有錢的白人女性是站在有色族裔女性的肩上達到那樣的平衡。」她指出，就業的黑人女性中，近二八％是從事服務業，那些工作一直是美國薪水最低的職業。她也寫道：「女性政策研究協會的報告指出，這個職業群組涵蓋範圍很廣，裡面的工作往往缺乏有薪病假之類的重要福利。」我們談到「母職的重要工作」時，可能偶爾在口頭上支持情緒勞動，但是當母親從事這些勞務時，我們顯然不想為這些實際的勞動支付高薪。我們不重視服務業的勞力，這種輕視反映了美國系統性的種族歧視，但除此之外，那種輕視也明顯反映出我們的文化對情緒勞動的態度。

這並不表示職業婦女就可以免於承擔情緒勞動，或過得比較輕鬆。職業婦女依然有許多情緒勞動是無法花錢請別人做的，她們必須在下班後繼續完成。很多情況下，職業婦女連上班時間也無法稍微擺脫情緒勞務。那負擔一直在等著我們扛起，有時甚至由不得妳回家再做。萬一孩子或伴侶發生了什麼事，我們總是隨叫隨到。我們必須在腦中惦記著所有的細節，以便隨時準備好從事情緒勞動，但當我們隨時惦記著那些事情時，難免有礙上班工作，也占用我們的大腦空間。更何況有些職業婦女跟我當全職媽媽一樣，有同樣的完美主義衝動和內疚感，或許她們還比我更嚴重，因為她們沒有那麼多的時間在家裡「做所有的事情」。職業婦女確實在上班時可以暫時抽離情緒勞動，但是那不表示她們的處境就一定比全職媽媽好。

在外工作的女性對這點再清楚不過了。有趣的是，二〇一二年《健康與社會行為期刊》

4 Kimberly Seals Allers, "Rethinking Work-Life Balance for Women of Color," *Slate*, March 5, 2018, https://slate.com/human-interest/2018/03/for-women-of-color-work-life-balance-is-a-different-kind-of-problem.html.

發表的一項研究發現[5]，有全職工作的母親其實比兼職或全職媽媽的壓力更小，但差異不在於是否有全職工作。有全職工作可以減少一些在家裡從事情緒勞動的時間，那種情緒勞動通常是最累人的，但是她們的差異其實是來自全職男性的觀感。那項研究指出，男性在家裡比較快樂，但女性上班時比較快樂，原因可能有兩方面。男性承擔著養家糊口的重擔，所以他們在職場上涉及的利害關係較高，家仍是他們的避風港，尤其他們在家裡還不需要承擔太多的情緒勞動。然而女性回家後通常面臨更多的工作，得為夫妻關係及家庭承擔情緒勞動。所以，原因不是女性在職場上沒有壓力，而是女性是家中唯一承擔情緒勞動的人。

不僅如此，從來沒有人問過男人「能否兼顧一切」，相反的，有數百篇文章探討女人能否兼顧一切。那個問題暗示了一個棘手的事實。我家合格嗎？孩子快樂嗎？婚姻幸福嗎？在盡可能發揮潛力的過程中，我們不僅想在職場上表現得完美，也想在家裡成為賢妻良母。我們感受到成為**最佳**母親、**最佳**配偶、**最佳**職業婦女的強大外在壓力，即使我們知道那些壓力正在傷害、打擊我們，使我們精疲力竭。

艾美．蘿斯諾（Amy Rosenow）目前在自己創業的公司裡上班，任何創業者都知道，新創事業會占用你所有的時間。她的行事曆排得很緊湊、詳細，令人望而生畏。她每天早上五點起床，寫五分鐘的日誌，做運動，陪兩個女兒，然後跟保姆交接任務，接著就展開忙碌的工作，包括密集地投入新創事業（其中包括開發一個APP，以幫助上班的家長平衡行事曆），或是去經濟俱樂部（Economic Club）聽歐巴馬總統演說。晚上七點保姆下班回家後，她接起家裡的第二輪班，開始照顧孩子，檢查家庭作業，繼續做白天沒完成的工作，直到午夜左右才結束一天。除此之外，她在家裡也從事大量的情緒勞動，包括周日為自己和先生安排接下來兩週的時間表。她負責管理他們的行事曆、旅行規劃。她也負責處理每件日常要務，而且這種事情很多，從兩個女兒的學校課程表，到需要支付的帳單等等都算在內。她知道，一個人要處理這些事情實在太多了，但她不知道還有什麼替代方案。她的先生是腦外科醫生，工時很長，工作要求也比較嚴苛。他總是把所有的情緒勞動託付給蘿斯諾來處理，所以蘿斯諾得去接孩子，填表格，報名參加各種活動（包括校內活動、露營、運動等等）。她也負責規劃共乘、三餐、去超市購物、參加學校的家長座談會、帶孩子看醫生，這些例子不勝枚舉。

蘿斯諾被問及為何馬不停蹄地工作時，她告訴女兒，她和先生這麼努力工作，是為

---

5 Adrianne Frech and Sarah Damaske, "The Relationship Between Mothers' Work Pathways and Physical and Mental Health," *Journal of Health and Social Behavior* 53, no. 4 (2012): 396–412.

了讓她們四處旅行，獲得需要的一切以及想要的很多東西。蘿斯諾想起大女兒曾對她說：「媽，那些旅行確實充滿樂趣，但轉眼就結束了，之後妳卻要長時間工作。」這樣值得嗎？對此蘿斯諾仍未想出滿意答案。她也明白她的行事曆很瘋狂，說她知道自己已經「快瘋了」。不過現在她的情緒勞動負擔看似還好，因為跟十年前第二個女兒剛出世時相比，現在的生活簡直平衡極了。

二〇〇八年經濟大衰退來襲時，蘿斯諾是一家投資基金的營運長。即使在公司裡擔任管理高層，她依然是家中的主要照護者。工作壓力達到新高之際，她的個人生活也跌至新低。她的母親住在千里之外，罹患癌症，生命垂危，需要許多照護，而她得負責安排。儘管她有弟妹，但身為長女，大家認為照顧生病的母親是她的責任。許多女性也面臨同樣的狀況，不管她們的工作狀況如何。美國絕大多數的無償照護者是女性，無論是照顧孩子，還是照顧年邁的父母（通常是兩者兼顧）。女兒擔負這個照護角色的機率遠高於兒子，不管提供照護涉及多少時間、跋涉多遠或牽涉到多少困難[6]。母親接受化療及居家照護的過程中，蘿斯諾為弟妹設計了一份照護總表，以便安排母親的交通和護理，以及醫療預約等等。蘿斯諾在辛苦工作後，每週會搭機去照顧母親。安裝醫療警報器？那是蘿斯諾的任務。預約專家看診？那也是她的任務。在醫院裡陪伴母親？當然也是她的任務。這種情緒壓力是我無法想像的，更遑論有孕在身又要照顧一個幼兒，還要兼顧一切情緒勞動的身心壓力。蘿斯諾生下第二胎不久，母親就過世了，所以她必須帶著新生兒和年幼的大女兒奔波，以便安排母親的葬禮。

蘿斯諾回憶道，二〇〇八年她所面臨的情緒勞動達到痛苦的顛峰。她說，那段經歷使她對現在的生活充滿感激，即便現在的生活依然繁忙，也令人沮喪。「我以前很愛的規劃活動，現在已經變成待辦清單上的項目，而不是快樂的源泉了，例如為旅行做事前研究。[7]」她的待辦清單上隨時都有數百項未完成的任務（她可以在自己開發的ＡＰＰ上看到所有未完成的任務），即使她的先生想幫忙，她也不知道該如何分擔。她惆悵地說：「他沒辦法兼顧那麼多事情。」

蘿斯諾顯然已經培養出這種同時兼顧許多事情的能力，所以她不需要在職涯上妥協。她的先生不需要在情緒勞務和事業之間做選擇，沒有人會要求他為了家庭或更好的平衡

---

6 Gail G. Hunt and Susan Reinhard, "Caregiving in the U.S.," report for the National Alliance for Caregiving and AARP Public Policy Institute, 2015.

7 二〇一七年十二月七日接受筆者訪問。

而犧牲職涯。蘿斯諾覺得她甚至無法要求先生分擔一些家務。她需要肩負起情緒勞動的重擔，為他們夫妻倆找到最佳的平衡點，那往往意味著來自家庭、同儕和自我要求的壓力大得出奇。如果她不努力開創職涯，處理情緒勞動會比較容易嗎？答案幾乎是肯定的。但為什麼她非得在工作和家庭之間取捨呢？為什麼只有她需要問：「這樣做值得嗎？」

不是每個人的生活都像蘿斯諾那麼忙碌，但多數的女性都能理解，犧牲自己去照顧太多人時那種不知所措的感覺。情緒勞動不管是什麼形式，主要是由女性承擔。無論是照顧新生兒或是年邁的父母，社會總是指望女性自動延後職業生涯去照顧周遭的人，讓他們感到舒適快樂。先考慮別人的需求，再考慮自己的需求。由於大家普遍抱持「女性必須透過情緒勞動來提供照護」的偏見，這也難怪蘿斯諾不想在職涯上妥協。我相信她跟許多人一樣，已經看到若在職場上妥協，最後往往演變成退出職場，之後再也找不到回歸之路了。

二〇一三年，茱迪絲．華納在《紐約時報》上發表〈選擇退出的世代希望重返職場〉一文[8]。該文在網路上廣為流傳，文中提到女性無法重返職場，至少無法以同樣的薪酬水準回歸職場。她描述一群女性離開高收入、高名氣的工作，回家照顧孩子，幾年後才意識到這樣做的後果。她們離開重要的工作崗位，離婚後才發現以前的美好工作並未等候她們，現在難以自立更生。那些為了母職而改做比較輕鬆的工作，或是乾脆離開職場、把重心放在家裡的女性，為職業生涯付出了很大的代價。選擇較少的女性（例如像我以前從事的零售工作沒有產假，生產就必須離職），則缺乏彈性的選擇。對很多女性來說，她們連在職涯上妥協都沒得選，但放棄情緒勞動也不可行。總是要有人擔負起情緒勞動，那份工作向來是落在女性肩上。無論女性做什麼（不管是在事業上全力以赴，或是在家庭上盡心盡力），女性似乎都面臨同樣的情緒勞動困境，必須做那種無形又累人的工作，而且永遠無法脫身。大家對女性的時間、心神、精力似乎有無盡的要求，而且還要求女性面帶微笑因應，只因為女性「先天」在這方面應該比較在行。但實際上這些事情沒有誰「先天」比較擅長，情緒勞動之所以變成女性的責任，是因為幾百年來這種社會建構一直未受到管控。這不僅傷害全職媽媽或職業婦女，不僅傷害女性而已，也傷害了所有人。

「情緒勞動是女性專屬領域」這個觀念已經根深柢固，導致男性很難承擔照顧孩子的角色。傅瑞丹在《第二階段》中注意到這個問題：男性開始體驗「男性迷思」，渴望擁有女性那種比較豐富的生活體驗，卻依然遭到排擠，無法充分地投入居家及養兒育女的領域。

---

8 Judith Warner, "The Opt-Out Generation Wants Back In," *New York Times*, August 7, 2013, http://www.nytimes.com/2013/08/11/magazine/the-opt-out-generation-wants-back-in.html?pagewanted%3Dall.

傅瑞丹寫道：「為了做到真正的取捨，家庭和居家屬於『女性世界』、工作（以及政治和戰爭）屬於『男性世界』這種鮮明的區隔必須重新劃分[9]。」近四十年後的今天，我們仍難以為了包容性而重新劃分這些分隔線。我們不僅讓大家依然預期女性承擔許多的情緒勞動，也導致男性忽視他們可以（也應該）在家中扮演的角色，以致於無法參與討論。

英國的全職父親兼部落客約翰·亞當斯認為，只把家務勞動和勞心傷神的事情視為女性議題來討論，是導致我們在追求平等過程中陷入長期僵局的錯誤之一。亞當斯在《每日電訊報》上發表〈「心理負擔」真實存在，但女權主義者如果以為只有女性才有感的話，那就錯了〉一文。他在文中描述身為全職父親需要操心的事情，並主張那是照護問題，而不光只是女權主義問題[10]。畢竟，他負責做很多無形勞務，包括訂購校服、為孩子的生日派對挑選禮物、寫電郵給親戚、安排事情等等。當我們忽略許多像他那樣的男性開始承擔的角色時，也強化了「那些事情都是女性任務」的概念，因此築起了一道障礙，阻止想要當主要照護者的男性那樣做。我覺得阻止亞當斯那樣的異數來參與情緒勞動的討論是錯的，但他之所以是異數，是因為男性需要有極大的勇氣，敢勇於示弱，才有可能擺脫目前的陽剛模式，之後他們必須以成人的身分從頭**學習**如何從事情緒勞動。我們整個社會並沒有積極地鼓勵男性扮演這種角色，對那些勇於反對傳統的人也幾乎沒有給予獎勵。亞當斯當然會對他承擔的情緒勞動隱於無形感到失望，畢竟他做的工作那麼辛苦，又遭到低估，社會不願承認那點傷害了所有的人。這個問題不僅是個人問題，也是政治問題。亞當斯說：「每次英國舉行選舉，總會有一些政客開始討論育兒議題。他們常把那個議題包裝成女性議題，但育兒是影響整個家庭的大議題[11]。」把它塑造成只會影響女性的問題，比較容易在政治上受到忽略，而且男性通常不會參與討論，這對每個人來說都是壞事。我們對情緒勞動的看法，帶有先入為主的文化性別歧視，這會以比較明顯的方式傷害女性，尤其是談論政策的時候。當我們始終無法提供平價的托兒服務時，大多只能靠母親犧牲自己去承擔情緒勞動。然而，這種貶抑情緒勞動的文化對男性也有害。當女性面臨追求完美的壓力，把情緒勞動發揮到極致時，男性也面臨把自我價值投入在工作上的文化壓力，這使他們的生活潛力得不到充分的發揮。

---

9 Friedan, *The Second Stage*, 111.

10 John Adams, "The 'Mental Load' Is Real—but Feminists Are Wrong If They Think Only Women Feel It," *The Telegraph*, June 7, 2017, http://www.telegraph.co.uk/men/fatherhood/mental-load-real-feminists-wrong-think-women-feel/.

11 二〇一七年十二月二十二日接受筆者訪問。

安—瑪莉・史勞特在著作《未竟之業》中指出了這項政策問題，並呼籲發起一場男性運動，以幫助男性（因此也包括女性）真正找到適合每個人的平等。她在書中寫道，說男性仍有開拓文化的使命，可能是很另類的主張；但「男性尚未征服的最大世界，是關愛他人的世界[12]。」

文森・安博（Vincent Ambo）與同性伴侶一起住在挪威，他認同亞當斯的觀點，覺得情緒勞動並非異性戀專屬的議題。他和男友都是軟體工程師，但安博總是在伴侶關係中承擔情緒勞動。他說，他先天比較有條理，比較願意在兩人關係中扮演這個角色，但他還是為此感到沮喪。他的伴侶也陷入許多異性戀男性和伴侶一起生活後所產生的習得無助感。

安博說：「他會做家事，但他只會為了現在想做的事情做最基本的事。例如，他需要一個杯子，但碗櫃裡沒有，他會從洗碗機裡拿一個杯子，但永遠不會順便把洗碗機裡的所有碗盤都拿出來。」當然，如果安博要求他把碗盤從洗碗機裡拿出來，他一定會做，但一定要安博先開口要求。安博認為這是他們之間的性格差異，但實際的癥結所在可能有更深入的原因。

他認為家庭生活中的情緒勞動並非異性戀專屬的議題，這觀點顯然毋庸置疑。崔徐・班蒂絲曾在《哈潑時尚》發表一篇文章，談論她在女同性戀關係中所面臨的情緒勞動。她寫道：「儘管同性伴侶或非傳統伴侶顛覆刻板的性別角色，但我們也常陷入傳統的窠臼中[13]。我們活在一個父權至上、異性戀主導的社會裡，他們決定伴侶關係該如何運作。即使你和伴侶都是女性或者都是男性，這個問題也不會消失，它只會以不同的特質或細微的差異展現出來。」班蒂絲描寫她在家裡遇到的挫折，就像我描述我的異性戀關係一樣。「女友把餐廳的收據和口香糖包裝紙隨意扔在我桌上，扔得到處都是，我看了就生氣。而且她從來沒問過，那些東西為何在她回家時就神奇消失了。有時她聲稱我們『總是在做我想做的事情』，因為我是訂計畫的人，我不訂計畫的話，就不會有任何計畫。聽她這樣講，我也很生氣。」顯然，不公平的分工在任何關係中都可能發生。不過有趣的是，儘管許多同性伴侶也認同我在《哈潑時尚》發表的那篇情緒勞動文章，但也有很多同性伴侶不認同。整體來說，同性伴侶更有可能閱讀我或班蒂絲的文章，並開誠布公地討論以促進改變，或者他們更有可能早就做過類似討論。多項研究顯示，同性或非常規性別遠比異性伴侶更容

12 Anne-Marie Slaughter, *Unfinished Business: Women Men Work Family* (New York: Random House, 2015), 139.

13 Trish Bendix, "I Live with a Woman—We're Not Immune to Emotional Labor," *Harper's Bazaar*, October 9, 2017, http://www.harpersbazaar.com/culture/features/a12779502/emotional-labor-lgbtq-relationships/.

易分擔情緒勞動，異性伴侶很容易在不加思索下就陷入父權規範[14]。也許因為同性伴侶或非常規性別已經面對許多性別規範，重新思考他們在家庭中的角色並不是什麼大不了的事。他們認為不該由性別角色來要求一個人承擔所有的情緒勞動，所以他們不必挑戰自己的身分，就能質疑情緒勞動的失衡。我初次訪問安博幾個月後又再次跟他聯繫。他坦言，他在同性關係中重新分配情緒勞動時也會產生摩擦，但那些摩擦遠比我以試誤法所產生的磨擦還少。當你不需要同時處理困擾異性關係的性別期望時，似乎更容易重新調整情緒勞動。沒有人指望安博先天就比較擅長維持居家清潔或替伴侶回應邀請函，他們可以打破一切先入為主的觀念，重建平等的基礎。

異性戀面臨的預期落差，是社會學家所謂「停滯的性別革命」的一部分。有職業的女人也必須照顧周遭的每個人，因為我們依然誤以為情緒勞動是女性身分的必要組成。不管誰是家庭的主要經濟支柱，照顧家庭和孩子的男人都算是例外，而非常態，因為我們仍然不覺得男人應該扮演這種角色。誠如奇瑪曼達·恩格茲·阿迪契在《我們都該做女性主義者》一書中所寫的：「性別的問題在於，它規定我們**該**怎樣，而不是肯定我們是怎樣[15]。」隨著愈來愈多的男性和女性在職業生涯中日益走向五五分的局面，兩性在情緒勞動上的不平等，正以前所未有的方式造成傷害。雖然這不是異性戀專屬的問題，但這是一個父權問題，我們需要摒棄「誰**該**承擔情緒勞動」的老舊觀念，因為答案是所有人都應該承擔。以適合每個人先天優勢的個人化方式來平衡情緒勞動，就是開啟一扇門，以通往最真實、最完整的自我。男性和女性在相同的文化中長大，但不同的角色觀念已經根深柢固在心中，那種傳統的兩性角色無法讓我們從人類體驗中得到應有的滿足。我們應該摒棄這種無法讓我們一起進步的角色，明白這些性別角色不僅傷害了我們的關係，也傷害我們體驗生活的方式。

14 Sondra E. Solomon, Esther D. Rothblum, and Kimberly F. Balsam, "Money, Housework, Sex, and Conflict: Same Sex Couples in Civil Unions, Those Not in Civil Unions, and Heterosexual Married Siblings," *Sex Roles* 52 (2005).

15 Chimamanda Ngozi Adichie, *We Should All Be Feminists* (New York: Anchor Books, 2014), 34.

7

溫馨微笑背後的冷酷現實

女性的情緒勞動應該是免費的，是女性為周遭人所做的無私奉獻。這是我們用來合理化低薪的女性勞動，以及讓情緒勞動維持無形、無償、無人關注的關鍵。

凱特琳．瑪拉琪絲（Caitlin Mavrakis）是手術全期護理師，她太瞭解情緒勞動的代價了。她描述自己的職業有如一種「持續的平衡表演」，一方面要滿足醫生的時間要求，另一方面又要為病人提供預期的照護。她告訴我，病人開始講述他們的「人生故事」時，她立刻感到疲憊不堪。她知道自己若是跟不上匆忙的時間表，上司會訓斥她。她哀嘆道：「你想表現出慈悲、體貼關懷的樣子，但你真的沒有時間。」目前的情況是，她總是面臨著遭到投訴的威脅。只要她沒按照病人的預期，在極其緊湊的時間內完成情緒勞動，就有可能遭到病人投訴。病人希望護士露出溫馨的微笑，提供賓至如歸的感覺，當得不到這些感覺時，病人便心生不滿。瑪拉琪絲的燦爛微笑變成她工作中的一種商品。病人覺得不管他們怎麼對待她，他們都有資格看到她的暖心笑容。

她覺得她做的情緒勞動，和霍奇查爾德描述的空服員深層扮演出奇相似，但更為強烈。因為不僅病人期待他們付出情緒勞動，上司也對他們的情緒勞動抱持高度預期。對護士來說，挨罵是家常便飯，冷酷無情的醫生常拿他們當出氣筒。她說，在她以前從事的護理工作中，常有人對她大吼大叫，說她是個糟糕的護士。那些言語折磨只是工作的一部分，是意料中的事。她說，聽到那些言語當然會很想哭，但妳不能哭。妳遭到言語攻擊時，還必須保持鎮定，接著妳還必須硬著頭皮幫病人服務，同時繼續保持鎮定。那份工作的要求極其嚴苛，絕對不能真情流露。瑪拉琪絲說：「妳必須確保每個人都很快樂，即使妳自己並不快樂。」

例如，某天她被一根用過的針筒刺傷了。她擔任洗腎護士時，一名病人突然把身體抽離，害她不小心被病人用過的針頭刺傷了。當時她服務的患者裡，常有感染ＨＩＶ和其他傳染病的患者。被刺傷的當下，她腦中立刻浮現萬一感染愛滋病的發展：她可能永遠無法生育，婚姻結束，一命嗚呼。那一針刺下去可能毀了她的一生，但是當下她甚至不能擅自離開房間，讓自己冷靜一分鐘。即使面對危機，工作依然優先於她的個人需要。她說，她永遠忘不了那名女性患者事後的表情：不是同理心，而是充滿矛盾，「彷彿在說：『那有什麼大不了的？繼續幹活吧！』我只能坐在那裡忍住哭泣，心想我完蛋了。」後來她不得不和病人坐在一起四個小時，假裝什麼事也沒發生。她不得不跟病人輕鬆地交談，還要記得面帶微笑。最後，她花了一些時間清潔傷口，花了約半小時填寫文件，之後才獲准接受測試，看是否遭到感染。直到那天輪班結束，坐進車裡，關上車門，她才終於釋放壓抑已久的恐懼、沮喪和淚水[1]。

瑪拉琪絲說當時她的先生難以理解她承受的壓力，雖然她偶爾會對他發洩，但大多時候她回到家，吃完晚飯就直接就寢了。她常在半夜夢到特別麻煩的病人，懷疑自己為他們做得不夠多，因此在半夜中驚醒。她說：「我感到身心俱疲。」她的情緒幾乎沒有恢復的空間，工作和生活之間的界限也很模糊。

＊＊＊

霍奇查爾德自創「情緒勞動」一詞時，她是指空服員的「商品化」情緒工作。她不僅研究了這項工作的內容，也研究了它最初存在的原因。當然，良好的顧客服務是航空公司用來留住顧客的好方法，但她看到的不僅是對顧客彬彬有禮的態度，還涉及更多的個人領域。空服員提供的情緒勞動，是為了提供乘客一個賓至如歸的空間。他們被塑造成宴會中的招待員，營造出溫馨又安心的氛圍，以幫助緊張的顧客忘記自己在機上。他們必須壓抑真實自我以扮演空服員的角色，保持態度始終非常友善，呈現關懷入微的柔美特質，讓人忘了危險或不適感。

這種勞動對空服員造成很大的負面影響。有些空服員表示，她連在現實生活中都無法收起臉上的微笑，或即使覺得很勉強，卻依然不斷地展現友好的態度。有些空服員覺得管理乘客是一種負擔，尤其是經常忍受可怕對待的同時，還要持續展現愉悅感。但多數從事這項工作的人都擅長情緒勞動，因為身為女性，她們先天就比較熟悉情緒勞動，在家裡及出門在外都需要做這件事。擔任空服員只是面對一種比較戲劇化的世界，那個舞台要求她們隨時為周遭人營造舒適的空間。這些女性擅長需要付出大量情緒勞動的工作，因為她們一直以來受到的訓練就是為了從事這種工作，奉獻情感以取悅他人。

在霍奇查爾德的研究中，空服員絕大多數都是女性，比例高達八六%。二〇一四年，這個數字已有變化，但變化並不意味著很快就會出現性別平等的比例分配：霍奇查爾德發

1　二〇一八年一月二十六日接受筆者訪問。幸好，瑪拉琪絲被針戳到不受影響。

表研究三十多年後，逾七五%的空服員仍是女性[2]。這個趨勢不僅發生在空服員上，也發生在一般的服務人員上，尤其是需要做大量的關懷照護及情緒勞動的服務工作。我們從種族的角度來看這些工作時會看到更大的差異：在情緒勞動密集的勞力中，有色族裔女性所占的比例更高。

需要以「客服」形式來展現情緒勞動的服務業，對女性來說尤其繁重，因為它們加深了那些互動中的權力不平等。霍奇查爾德在研究中指出，男性空服員的工作與女性空服員有明顯差異。雖然男性和女性都在服務業中從事情緒勞動，但我們私下對兩性的預期也界定了他們付出的情緒勞動。霍奇查爾德解釋：「女性比較可能是負責以『親切的態度』去處理憤怒和挑釁的狀況。對男性來說，社會認為他們應該積極對抗那些破壞規矩的人，這種社會觀感創造出他們必須處理害怕及脆弱感這種私人任務[3]。」男性習慣維持權威，女性習慣展現順從。對空服員來說，那表示女性常受到更苛刻的對待，而且難以執行規定，因為乘客不把女性視為權威人物，因此不尊重女性。客服業的男性不僅自然而然擁有較大的權威，大家也不會預期他們扮演傾聽顧客想法的關懷角色，無論是閒聊、談笑或聆聽抱怨。當然，這是他們工作內容的一部分，但大家並未期待男性從事情緒勞動，也不常硬逼他們做。我們通常是找女性提供慰藉，因為她們通常能以卓越的技巧，持續進行預期的情緒工作。在非常需要情緒勞動的地方，女性永遠堅守在前線崗位上。

* * *

「我之所以受到性工作的吸引，去當脫衣舞孃，原因之一在於那比其他服務工作享有更多的能動性。」曾擔任性工作者的自由撰稿人梅麗莎・佩特羅（Melissa Petro）對我這麼說[4]。她大量採訪了性工作者，說這是那個領域的普遍感受。從事性工作的女性能找到的其他工作（例如服務生或零售業店員等服務業工作），對員工的要求很嚴苛，包括工時缺乏彈性、低薪，還要付出情緒勞動。佩特羅表示：「在那些工作中，妳必須為每個人做情緒勞動，從上司到顧客都需要妳那樣付出。」妳一旦拒絕，就可能丟了飯碗。「相對的，性工作者則有權決定那樣做是否值得。有些奧客實在太麻煩了，我可以不接。但是在其他工作中，由不得妳選。」

---

2 Mona Chalabi, "Dear Mona, How Many Flight Attendants Are Men?," FiveThirtyEight, October 3, 2014, https://fivethirtyeight.com/features/dear-mona-how-many-flight-attendants-are-men/.

3 Hochschild, *The Managed Heart*, 163.

4 二〇一八年一月二十二日接受筆者訪問。

佩特羅說，雖然她有權決定付出多少情緒勞動就算超標，但性工作主要就是在從事情緒勞動，即使付錢給她的男人並未意識到這點。付費做愛的男性覺得自己有權獲得女性的時間和情緒勞動，他們沒有意識到其實那等於是付費做心理治療外加口交服務罷了。佩特羅描述，性工作者在工作上常以同情的心情聆聽男人抱怨前女友。「我喜歡跳舞，那部分很快樂。賣淫的體力勞動與無酬的性愛其實沒有特別不同，真正累人的是情緒勞動。」

既然性工作主要是情緒勞動，市場上對女性性工作者的需求遠比對男性性工作者的需求還高，這不是挺令人意外的嗎？在我的家鄉內華達州，截至二〇一三年共有十九家妓院，但只有四家合法的牛郎店[5]。為什麼市場對男性性工作者的需求不高，原因還不是很明朗，但佩特羅認為那可能跟情緒勞動有關（儘管她也指出，女性更容易獲得無酬的性愛）。這個假設並不奇怪，由於社會預期女性經常為他人提供情緒勞動，要求性工作者提供情緒勞動可能對女性沒有同樣的吸引力。

不過，一家名為男侍（ManServant）的公司則是抱持相反想法。這家總部位於洛杉磯的服務公司不提供性愛服務，但雇用充滿魅力的男公關來迎合客戶的需求，包括擔任護花使者、清潔人員、私人助理，或是傾聽客戶抱怨分手的心聲。那些男性是透過面試精挑細選出來的，然後接受培訓以培養ＥＱ及預期客戶的需求，亦即以情緒勞動作為服務的核心。該公司的共同創辦人達拉爾・卡賈（Dalal Khajah）接受《華盛頓郵報》的採訪時坦言，他們的服務是為了讓女性從情緒勞動中解脫出來，因為這種事由男性來做時，往往被視為一種沉溺的幻想。卡賈告訴《華盛頓郵報》：「我們可以明顯看出女性承受的精神負擔和情緒勞動，也可以明顯看出她們對男侍的需求。女人幾乎都明白這點，反而是男性聽完後通常會追問：『你確定這真的不涉及性愛嗎[6]？』」

然而，那種幻想並未減輕女性情緒勞動的實際負擔。大家覺得女性花錢請男性提供情緒勞動是一種新奇的行為，由此可見我們離真正的社會平等還很遠。男侍的廣告設計初衷是為了逗人發笑，因為男人如此認真地為女人做情緒勞動（而且還穿燕尾服）確實是個笑

---

5 Alison Vekshin, "Brothels in Nevada Suffer as Web Disrupts Oldest Trade," *Bloomberg*, August 28, 2013, https://www.bloomberg.com/news/articles/2013-08-28/brothels-in-nevada-shrivel-as-web-disrupts-oldest-trade.

6 Peter Holley, " 'What Do Women Want?': A Company That Lets Women Hire Attractive Male Servants Says It Has the Answer," *The Washington Post*, October 11, 2017, https://www.washingtonpost.com/news/innovations/wp/2017/10/10/what-do-women-want-a-company-that-lets-women-hire-attractive-male-servants-says-it-has-the-answer/.

話[7]。我想，如果一支廣告是由穿著誘人的女侍為一個男人端上一杯飲料或幫他打理壁爐，應該沒有多少觀眾會發笑。在這個場景中，沒有權力動態的顛覆，我們熟悉的劇本也未徹底改寫。將女性每天做的無償情緒勞動商品化，既無新意，也無「樂趣」可言。

撇開男侍不談，需要情緒勞動的工作中，很少工作不是以女性作為主要勞力，那是因為男性從事情緒勞動時，大家覺得是笑話或例外，而不是預料中的事。那不是他們身分的一部分，而且他們也不虧欠這個世界情緒勞動。大家從來不覺得（以後也不會覺得）男性的時間、情感能量、心思空間是一種公共資源。然而對女性來說，這就是大家對她們的預期。女性的情緒勞動應該是免費的，是女性為周遭人的利益所做的無私奉獻。這是我們用來合理化低薪的女性勞動，以及讓家中和職場的情緒勞動維持無形、無償、無人關注的關鍵。大家認為女性就應該**想要**做這種勞動，覺得那種勞動本質上很充實，是女性迷思的一部分。然而，我們忽略了「女性迷思」並不是以現實為樣版，而是用來創造社會想要及需要女性變成的樣子。這背後的冷酷現實是，我們把文明建立在女性的背上，當重擔壓得女性喘不過氣來時，大家卻視而不見。

* * *

在我成長過程中，我親眼目睹一種工作涉及非常繁重的情緒勞動。我母親從事幼教工作三十多年，在我出生之前，她擔任保姆，後來她開始經營家庭托兒服務，並持續至今。她認為自己是幸運的照護者，不僅因為這是她的熱情所在，也因為她所住的區域是少數肯為這種專業付出優厚酬勞的地方。她在北加州一個熱門地區經營家庭托兒服務，照顧一小群幼兒，每年收入七萬美元。那份工作令她疲憊，但回報也很值得。托兒事業的從業人員大多沒有那麼幸運，事實上，他們的收入中位數約是每小時十美元，像我母親那種家庭托兒服務的收入更少[8]。我之所以知道這點，是因為我親自嘗試過。

在展開寫作生涯之前，我決定像我媽那樣，善用我的情緒勞動技能來照顧孩子。我十幾歲的時候曾在她的家庭日托中心打工，我知道如何同時應付多名幼兒的時間表，也瞭解設計幼兒課程的訣竅。後來我取得執照，可以在家中經營小型的托兒服務，於是在照顧我

7 "Heartbreak ManServant," YouTube, December 7, 2015, https://www.youtube.com/watch?v=d-cFTVNqfLw.

8 Bureau of Labor Statistics, *Occupational Outlook Handbook* (Washington, DC: Department of Labor, 2016).

兒子之外，我也在不同的日子照顧四名幼兒。但是我做不到一年，就因為薪酬低、工作繁重、再加上我兒子經常生病，導致我必須投入更多的勞動而結束托兒事業。那時醫療費超過了我的收入，到最後我已經找不到持續營業的理由。

那份工作每天的工時超過十小時，毫無休息，除非所有孩子都在同一時間睡覺（那種情況非常、非常罕見）。我照顧幼兒時，運用的技能既先進又多樣。我研究了學前標準，以便把學習經驗融入孩子的日常活動中。甚至在孩子還沒學會說話以前，我們就利用積木來學習顏色，從科學角度瞭解天氣，利用麥片圈來學計數。托兒執照要求保姆必修一些健康和安全課程，我除了去上那些必修課程外，一整年下來也上了許多兒童早期發育課程。我迎合那些幼兒的情感需求，設計有效的日常慣例，列了一些身心清單以維持日常的順利運作。然而，每週五十幾個小時的托兒工作，卻只賺幾百美元的週薪，比最低工資還少，有幾週的時薪甚至只有三美元。要不是我先生有全職的工作，我永遠也無法養活自己，更何況是養活孩子。

托兒服務不是唯一薪酬低得可憐、使從業人員（女性為主）身陷貧困的照護型勞動。需要情緒勞動和照料，或是跟家庭生活有關的工作（例如女傭和其他的服務人員），大多是由女性擔任，尤其是有色族裔的女性，而且她們幾乎都不受重視。即使我們把社會中一些最重要的工作，如照顧病人、老人和小孩託付給女性，我們也不像其他國家那樣重視這些工作，因此給付的酬勞少得可憐。事實上，二〇一一年的一份報告發現，美國教師的工資在二十七個國家中排名第二十二位[9]。該研究比較有十五年以上教職經驗的教育工作者與其他大學學歷工作者的薪資，平均而言，美國教師的收入比同等學經歷的其他行業工作者低了六〇％。在許多國家，教師的薪資與同等學歷的其他行業同儕相當，這使得教學不僅是一種熱情，也是一種務實的職業選項。在美國，教學就像許多照護型的工作一樣，不僅需要情緒勞動的技能，還需要犧牲薪資。

既然我們知道情緒勞動對繁榮經濟如此必要，為什麼我們不願為了那些涉及情緒勞動的工作付費？一種簡化的說法是，關愛本來就是女性的任務，一直以來都是如此，從古至今，我們都不重視女性的貢獻。我們可能口頭上承認女性在家庭領域的工作很重要（主要是談及母職的時候），但這種情緒不能轉化為金錢。婦女在經濟中滿足了照護的需求，就像女性在家庭中所做的一樣，因為這很重要，因為女性不做的話，就沒有人做了；但這也是因為女性別無選擇。女性被迫擔任那些角色，主要是出於經濟必要，而不是熱情。需要付出情緒

9 Andreas Schleicher, *Building a High-Quality Teaching Profession: Lessons from Around the World* (OECD Publishing, 2011), http://dx.doi.org/10.1787/9789264113046-en.

勞動的工作之所以是女性的工作，不僅是因為女性比較擅長，也是因為女性無法進入其他的行業。當女性有能力轉行時，她們通常會轉換。而且女性爬得愈高時，愈有可能把自己的情緒勞動轉移給那些工資很低的女性。我們覺得這種勞動沒有文化價值，這點從社會低層到高層都很明顯，從我們付給托兒服務的低薪，到管理高層對情緒勞動技能的忽視都可見得。

社會對男性技能和特質的重視，一直以來都超越女性。女性占大宗的工作，通常是經濟中最低薪的工作。這並不是說以男性為大宗的工作（那些與情緒勞動無關的工作）就少有低薪狀況。農場工人、食品服務業的工人、場地維護的工人等等也是美國收入最低的族群，而且是以男性為主。但是如果你看收入的另一個極端，那些高薪的工作也是以男性為主，沒有一個高薪領域是以女性為主或情緒勞動密集的。女性為主或情緒勞動密集的領域，甚至連高薪的邊緣也搆不上。在家庭、職場、文化領域中，大家在有意及無意間覺得，女性的工作和技能沒那麼重要。事實上，連最近的女權著作《挺身而進》也建議女性，先配合男性對理想工作者所抱持的標準去調整，等達到一個轉捩點時，再做出改變。現實若是有那麼簡單就好了！由於女性的工作要求女性付出許多情緒勞動，又不重視那些技能，那個轉捩點根本遙不可及，我們的曾孫輩能看到那樣的平等就已經很幸運了。我們的社會對女性的情緒勞動技能不感興趣，只覺得那是讓大家感到舒適快樂的技能而已，不覺得那是有價值的勞動。

＊＊＊

布里安娜・波普萊博士（Breanna Boppre）決定把「爭取監獄改革」作為學術研究及職涯發展的方向，並把重點擺在性別和種族上，她知道這是很艱鉅的任務。她之所以決定這樣做，是受到父親的啟發。她年幼的時候，父親因毒品相關指控而入獄服刑。去監獄探視父親使她瞭解到監禁制度的問題，如今她正努力反抗那些制度，例如懲罰性的犯罪政策、缺乏矯治計畫等等。不過，波普萊博士的研究有一個更具體的關注點：監獄中種族、階級、性別的交集，或者更簡單地說就是，為什麼黑人女性遭到監禁的機率較高。這些問題很難解決。在充滿缺陷的制度中推動矯治計畫及揭露種族歧視現象是一場艱苦的奮戰，但是對波普萊博士來說，這工作很有成就感。她說，研究過程中遇到的女性對她產生深遠影響，這也讓她更加相信，她做這些事情是重要且必要的。為了寫論文，她對俄勒岡州西北部一群獲得緩刑和假釋的婦女，進行半結構式的採訪及焦點小組討論，這群婦女是由多元種族所組成（包括有色族裔及白人）。她們的故事顯示權力、特權、邊緣化如何透過種族和性別的交集，影響刑事司法的結果。因此，她們的經歷不僅受到個人環境的影響，也受到社會環境的廣泛影響。她們的故事不是為了佐證一個簡潔扼要的論點，而是為了拓展她的視野，幫她理解及描述司法結果中的種族差異。這類研究的最終目的，是要讓大家知道懲罰性的犯罪控制政策對婦女及其家庭產生的意外後果。

波普萊博士透過跨領域的女權視角來研究種族和性別差異。這是一個全新的研究領域，但進展速度遠不如她的預期。原因不在於缺乏研究，而是因為不受肯定。波普萊博士指出：「大家重視的是傳統那種男性化、量化的研究方法[10]。」學術期刊想要的是比較數據，而不是博覽實際的體驗。一般認為她那個研究領域所做的定性研究（以廣泛及相互關聯的觀點，來看刑事司法系統中有色族裔女性所面臨的問題）是軟性的，比較沒有價值。波普萊博士甚至因此面臨職涯挫折，因為她使用定性研究而遭到頂尖學術期刊拒於門外，那些期刊拒絕刊登採用那種方法的研究。學術研究和照護導向的研究是涇渭分明的，至少在目前男性為主的學術階級是如此。

然而，波普萊博士採用傳統的女性化研究方法（我會說那是「情緒勞動導向」的研究方法），並不是她在學術界面臨的唯一障礙。學術界是徹頭徹尾的老男人俱樂部，她已經親眼目睹女性在一個男性占多數的領域中必須付出的情緒勞動。她回憶起她攻讀博士學位之初發生的一件事，學術界預期她應該對男教授展現尊重，但她偏偏對教授提出質疑，結果整個學期，教授都拒絕跟她說話，而且毫無理由地調低她的分數。更糟的是，當時那位教授是博士學程的負責人，她若要留在那個領域發展，出頭的機會將會受阻，因為她並未付出大家期望的情緒勞動。

儘管當代女性不像一九五〇年代的女性那樣面對「妳不准做這份工作」的規定，但現在男性同儕仍握有許多削弱女性專業工作的潛藏手法。目前終身職位的授與，大多是由年齡較大的白人男性決定。這種權力格局使許多女性在學術界處於不利的地位。女性不僅在互動過程中必須從事情緒勞動，為了安撫系所裡的大老，她們還必須壓抑反對意見或質疑，甚至還得擔負起情緒勞動密集的角色。那些角色不僅對研究毫無助益，還耽誤研究的進行。波普萊博士指出，女性助理教授被要求擔任委員會主席的情況並不罕見，那些任務剝奪了她們寶貴的研究時間，耽誤她們取得終身職位。她最常看到這種體制對女教師提出的要求是擔任班導師。負責照顧數千名學生的任務，幾乎都是由女教師負責，因為大家覺得那個職位很適合擅長情緒勞動的人。女性想要拒絕是不可能的，或至少是不明智的，即使接下那些任務有礙專業晉升。在這種權力動態中，她們無法選擇只做她們想做的工作。

---

10 二〇一八年六月三十日接受筆者訪問。

這種問題不是只出現在學術界。儘管女性在職場地位上已經大有進展，在許多領域中打破了玻璃天花板，但專業領域的守門人大多仍是男性。二〇一四年，在標準普爾500指數（S&P 500）企業中，領導高層的前五大職位裡，女性僅占一四·二%。至於最頂端呢？在那五百家企業中，僅二十四位執行長是女性。問題不在於到達頂端，而是連接近領導高層的職位都很少看到女性。如果等著晉升管理高層的候選人才庫中沒有女性，女性幾乎不可能升遷到高層，部分原因在於男性預期女性在那個領域中付出很多情緒勞動。女性受到不同標準的規範，那套標準不僅要求專業，還要求傳統定義的女性特質。女性為了顧及周遭人的感受，講話不能像男性那樣直截了當，也不能毫無保留地表達個人觀點。那些想和她們交流想法的人占用了她們的寶貴時間，而且這種禮貌性的交流永遠得不到回報。大家預期她們為集體著想，占她們的便宜，使她們無暇為了進一步打破玻璃天花板而去做想做及必要的事情。在專業環境中，女性必須博取男性同儕和老闆的青睞，以一種她們非常熟悉的方式來拿捏情緒勞動的分寸，以免傷及任何人的自尊。提出任何要求時，都應該顧及男性的反應。妳的決定必須做到無可非議，不讓任何人懷疑那決定可能受到「女性伎倆」的影響。妳的舉止應該剛中帶柔，以免被貼上「令人不快」或「尖銳刺耳」的標籤。

一九七四年出版的一本法務秘書手冊建議，即使承受很大壓力或與老闆相處不愉快，女性仍應表現出愉悅的樣子。「較多高階管理者雇用秘書是看上其令人愉悅的性情，而不是漂亮的外表。誠如其中一位所言：『我需要的秘書是，即使我發脾氣、工作堆積如山、其他一切都出了問題，但她依然維持開朗[11]。』」即使現在女性的職場角色不再侷限於秘書工作，但大家依然普遍認為，女性遇到男性粗暴無禮時仍應和顏悅色，展現「女性特質」。不管那個男人是妳的老闆、還是同事，社會預期女性應該冷靜地迎合男性的情緒，因為那是女性身分應有的特質。

霍奇查爾德在《情緒管理的探索》中指出，當男性和女性都從事情緒勞動時，兩性之間總是存在著失衡現象。「身分地位愈高，就愈有資格獲得獎勵（包括情緒上的獎勵），也有更多強制要求獎勵的方法。女性的恭順行為——鼓勵的微笑；專注的傾聽；認同的笑聲；肯定、讚賞或關心的評論——看似平常、甚至融入個性中，而不是地位低下者常在交流中免不了要展現的行為[12]。」從男性的角度來看，女性所做的情緒勞動似乎是她們**天生**就

---

11 Robert B. Krogfoss, ed., *Manual for the Legal Secretarial Profession*, 2nd ed. (St. Paul, MN: West Publishing, 1974), 601.

12 Hochschild, *The Managed Heart*, 84.

會做的事情，而不是迫不得已。男性沒有察覺到那種明顯失衡的狀況，但女性覺得失衡現象昭然若揭，她們必須費盡千辛萬苦，在「領導特質」以及讓她們繼續穿梭職場的「恭順尊重」之間拿捏完美的平衡。那些付出都是無形的，為了向上爬，她們必須如此。

即便是今天，拒絕為男同事做情緒勞動也是不可能的。當女性不太在意自己的言行舉止和語氣對周遭人的影響時，很快就會被貼上「賤人」或「專橫」的標籤。一旦給人留下不討喜的印象，妳就無法翻身了。只要男人不想跟妳共事——而且男人在辦公室裡有很大的影響力——不管妳多有資格擔任某項職務，妳都得不到。儘管不分男女都需要先討人喜歡才能獲得升遷，但咄咄逼人、不講情理的男人比較少被人貼上「專橫」或「控制狂」之類的標籤，他們往往會成為大家眼中的強勢領導者，注重細節。但是對女性來說，想在職場上升遷，情緒勞動仍是一種必要之惡。然而，為了做情緒勞動，專業女性必須把明明可以用來工作的寶貴時間，拿去迎合周邊的人。

這種取悅他人的壓力，是職場女性的兩難。妳需要討人喜歡才能晉升，但討人喜歡往往意味著妳需要自我貶低到自我糟蹋的地步。大家對女性從事情緒勞動的預期，阻止了女性在領導崗位上行使權力，或阻止她們在不顧他人感受下完成工作。等到女性在事業上闖出一片天時，大家幾乎是馬上質疑她們的討喜度。桑德伯格在《挺身而進》中寫道，她親眼目睹這種對討喜度充滿性別歧視的評語：「每次有女性在工作上表現傑出，男性和女性同事都會說，她可能真的很厲害，但就是『人緣不好』。她可能『太強勢』、『不合作』、『喜歡耍點權謀，玩點心機』、『不受信任』或『很難搞』。至少這些形容詞都曾經出現在我身上，我認識的資深女性管理者也幾乎都被這樣說過[13]。」一般認為，一個女人若是成功了，就是因為她沒有投入必要的情緒勞動，所以是自私的或難以共事。大家要求女性在職場上付出的情緒勞動，導致女性身處在難以出頭的狀態，至少不像特質相似的男性那樣討人喜歡。

想在職場上晉升，妳不可能讓周遭每個人都感到舒適和快樂。這是女性在職場中卡在某個職級、難以升遷的原因。儘管很多書籍致力探討如何突破職級，攀登職涯的階梯，但多數方法歸結到底，都是建議妳先跟著「男性標準」調整，直到妳有能力重新定義標準為止。然而，這種建議掩蓋了女性在職場上面對的情緒勞動要求。社會告訴我們，女性可以在這個以男性標準為準則的世界裡成功，但仍要求女性付出情緒勞動。沒錯，成功是有可能的，但妳非得費盡千辛萬苦不可嗎？

13 Sandberg, *Lean In*, 41.

太情緒化而無法領導？

女性在情緒勞動上的經歷，使她們特別擅長解決問題。女性懂得隨時觀察所有正在動的東西，然後仔細思考可讓自己及周遭人處於最有利地位的選擇。

一九九二年柯林頓競選總統期間，大家一再把焦點轉向一個同樣困擾美國人民及其對手的議題：他的妻子。希拉蕊早在認識柯林頓以前就已經是職業婦女，在柯林頓擔任公職後，她並未放棄事業，而是繼續全力經營自己的律師事務所，持續追求專業成就，不願當第一夫人那種拘泥於儀式的角色。在一次特別令人鬱悶的選舉辯論中，州長傑瑞．布朗（Jerry Brown）花大部分的時間，指控柯林頓私下把一些有利的案子送給希拉蕊的事務所。辯論結束後，希拉蕊做出反擊，因為她已經受夠了。

「我想，我大可待在家裡烤餅乾、喝茶，但我決定在事業上衝刺，而且我在外子從事公職以前就已經踏入職場了[1]。」

她如此回應的脈絡並不重要，因為這不是

大家想聽的答案。這番話一出口，希拉蕊後來不得不花好幾週的時間滅火，以期挽救那番話所造成的傷害，解釋她的立場，讓大家明白她也非常尊重全職媽媽。儘管如此，憤怒的信件依然像雪片般湧向《時代》雜誌，其中包括紐澤西州的選民君恩．康納頓（June Connerton）的投書，她寫道：「即使我曾經想要投票支持柯林頓，但他老婆的說法實在有夠賤，已經扼殺了我投票的念頭[2]。」後來希拉蕊到底花了多少功夫才平息眾怒？她答應和前第一夫人芭芭拉進行一場烘焙比賽，並把過程刊登在《家庭圈》（*Family Circle*）雜誌上。她烤的巧克力片燕麥餅乾贏了烘焙比賽，柯林頓連任成功，但大家永遠沒忘記她曾說過那番話。

多年來，那番引發眾怒的說法一直跟隨著希拉蕊。從她的先生一九九二年競選總統，到二〇〇六年她自己競選總統，那段話始終緊跟著她不放。二〇一六年，她的餅乾食譜再次登上《家庭圈》的烘焙大賽，就像多年前一樣，但這次的標題是「希拉蕊的家庭食

---

1 Michael Kruse, "The TV Interview That Haunts Hillary Clinton," *Politico Magazine*, September 23, 2016, https://www.politico.com/magazine/story/2016/09/hillary-clinton-2016-60-minutes-1992-214275.

2 Daniel White, "A Brief History of the Clinton Family's Chocolate-Chip Cookies," *Time*, August 19, 2016, http://time.com/4459173/hillary-bill-clinton-cookies-history/.

譜」，因為這次她不是以第一夫人的身分現身。如今，她的職涯（已發展數十年）以及**性格**依然令美國人擔憂。大家覺得她野心太大，太理直氣壯。她決心照著自己的方式過日子，這使很多人深感不安。一直以來，她為了平撫這種不安而付出的情緒勞動始終不夠，未來也永遠不會足夠。

對女性來說，政治一直是很棘手的競技場。她們必須克服因性別而讓人覺得她們不適合擔任領導人的刻板印象，同時也必須刻意展現女性特質，好讓選民持續感到放心和快樂。就很多方面來說，競選公職簡直是一場人氣競賽。妳不能為了政策而忽略了討喜度，尤其妳是以女性身分身處在一個男性為主的世界裡。女性在領導階層中爬得愈高，需要付出的情緒勞動愈多。當妳抵達最高層時（就像二〇一六年希拉蕊競選總統那樣），那些要求已經多到不可思議。到了那個時點，妳必須選擇如何從事情緒勞動，好讓自己盡可能處於最佳位置。這裡不得不再次強調：想要晉升到頂端，妳不可能讓周遭的每個人都感到舒適快樂。

希拉蕊決定競選總統時，已經有很多人感到不滿了。有人說她不夠女性化（她只穿褲裝，甚至沒有裝扮讓我們品頭論足一番！）；說她冷漠、精於算計；說她太有主見，說她不「平易近人」。但另一方面，二〇〇八年新罕布夏州初選之前，她差點掉淚也遭到批評。一些不懂六十九歲女性生理結構的政治名嘴質疑，她那不可預知的荷爾蒙系統是否有礙其領導力。總之，她太接近男性標準了，令人不安；但她又太女性化了，無法成為美國的領導人。在這種動輒得咎的情況下，她能走到今天，可見其政治才能不同凡響。

希拉蕊的整個職涯發展，有賴她從事情緒勞動的能力。她努力成為堅強、精明的政治領袖時，必須比對手更努力地展現溫和、討喜的特質，當然更不能給人潑婦的感覺。競選總統失敗後，她坦言：「也許我過度學習了如何維持冷靜，例如咬緊舌頭，把指甲壓進緊握的拳頭中，一直面帶微笑，一心只想向世界展現一張鎮靜的臉孔[3]。」然而我們不禁想問，她還有其他選擇嗎？她的男性對手沒必要那樣戰戰兢兢地管理媒體及潛在選民的高度預期。和希拉蕊同圈子的男性政客，可以像我家兩歲小孩一樣發脾氣，也沒有人會苛責。相反的，政壇的女性從來沒有那種選擇，尤其像希拉蕊那樣有權勢的女性更沒有。她必須以多種方式包裝其政治抱負，掩藏任何怨恨的情緒，無視明顯的性別歧視，甚至以新科參議員的身分幫資深的男性參議員倒咖啡[4]。即使是那些不認同其政治立場的人也不能否認，面對如此明顯的雙

3 Clinton, *What Happened*, 136–37.

4 oshua Green, "Take Two: Hillary's Choice," *The Atlantic*, November 2006, https://www.theatlantic.com/magazine/archive/2006/11/take-two-hillarys-choice/305292/.

重標準，她在拿捏大家的預期方面表現得可圈可點。

我們無法假裝大家對兩性預期的差異不明顯。事實上，一九七九年《紐約時報》的調查發現，所有的受訪者都能察覺到政治上對兩性有雙重標準。紐約州威爾斯學院的校長法蘭西絲．法倫侯（Frances Farenthold）描述過一種情況，那種情況彷彿是充滿先見的預言：「身為政壇女性，妳會確保自己不亂發脾氣。季辛吉則可以為所欲為。大家還記得他在薩爾斯堡的表現嗎？但是對女性來說，如果妳不能控制情緒，就會被貼上情緒化、不穩定的標籤，以及所有常用來描述女性的詞彙[5]。」法倫侯描述的情境，是季辛吉在奧地利的薩爾斯堡召開記者會，揚言辭去國務卿一職，以回應外界指控他涉及竊聽計畫。相較於二〇一六年總統大選期間大家司空見慣的場景，季辛吉面臨的情境似乎沒什麼大不了。不過驚人的是，大家在管理情緒上對兩性的預期依然有明顯的雙重標準，如今近四十年過去了，改變仍不夠多。

希拉蕊在選後出版的《何以致敗》一書中，談到她一方面必須在大眾面前付出情緒勞動，另一方面又必須在競選過程中展現出抱負、強硬的形象，在兩者之間拿捏平衡對她來說是一場苦戰。她似乎永遠抓不到使人放心的中庸之道。她上台演講時，沒有給人溫馨自在的感覺，沒有化身為令人愉悅的女主人角色，努力讓每個人感到舒適快樂。當然，其他候選人也沒有那樣做，但他們沒有義務那樣做。那些跟她同台競選的男性對手，不受同樣的情緒勞動所束縛。他們不需要戰戰兢兢地難捏分寸，努力地討選民歡心，他們可以隨心所欲地忽略或打破那些限制。

眾所皆知，希拉蕊的競選活動常引人詬病的一大問題是「討喜度」。她與候選人川普進行某場關鍵辯論之前，多家新聞媒體的名嘴都指出「笑容可掬」有多重要。但辯論之後，《大西洋月刊》（*Atlantic*）的編輯大衛・弗倫批評她：「笑得像在孫女的生日派對一樣。」即便是最細微的動作，希拉蕊也是動輒得咎[6]。

她在書中提到，大家對政壇男性暴露及掩飾情緒所設的門檻很低，字裡行間難掩其失望之情。男性候選人可以大吼大叫，展現「熱情」及多變的性情，說那是他們致力投身政治的象徵。身處同等地位的女性若是展現同樣的行為，只會遭到猛烈的抨擊。她們的

---

5 Leslie Bennetts, "On Aggression in Politics: Are Women Judged by a Double Standard?," *New York Times*, February 12, 1979, https://www.nytimes.com/1979/02/12/archives/on-aggression-in-politics-are-women-judged-by-a-double-standard-one.html.

6 David Frum (@davidfrum), Twitter post, September 26, 2016, https://twitter.com/davidfrum/status/780580701422755840.

聲音稍微高昂一些，就會被貼上「潑婦」的標籤，美國對音色尖厲的女性很有意見。堅定自信原本是一種領導特質，但是換成女性在台上展現自信時，那突然又變成情緒不穩的象徵。有人說希拉蕊展現的沉著鎮定看來有所保留，似乎瞻前顧後。對於這種說法，希拉蕊在書中解釋：「我說話之前會先三思，不是想到什麼就脫口而出……但這樣做有什麼不對嗎？難道我們不希望參議員和國務卿，尤其是我們的總統，審慎發言、重視言語的影響力嗎[7]？」

誠如前述，她所描述的情況並非競選活動中獨有的現象。女性善於控制自己的言語，在開口前先三思，這是一種保護自己及確保和睦的方式。許多男性也擅長這個領域的情緒勞動，雖然他們並未被同等要求，但這是可以輕易磨練及善加利用的技巧。男人懂得說話前先三思，以便管控周遭人的情緒時，他做起事來往往是有條不紊，小心謹慎的。希拉蕊所描述的那種鎮定，如果不是從評斷女性的觀點來看，很可能是一種優勢，歐巴馬就是很好的例子。

歐巴馬總統是個非常鎮定的領導人，說起話來總是非常小心謹慎。他似乎很瞭解他的言語分量，所以用字遣詞特別用心。他講話時會適時停頓，但大家不會因此批評他冷酷、精於算計。他偶爾會不禁落淚，但大家不會因此批評他情緒化、不穩定。他可以毫不掩飾地展現關懷，不必受到同樣的仔細審視。他首度競選總統的對手約翰・馬侃（John McCain）也是如此，他的審慎言辭和政治舉動依然獲得兩黨人士的尊重。我們喜歡沉著的男人，卻不信任沉著的女人。

管理周遭人的情緒，並不是競選活動中唯一的情緒勞動。事實上，希拉蕊在《何以致敗》一書中花了很多篇幅談論她在二〇一六年總統競選期間，不僅在公共場合需要投入情緒勞動，連在私下與家人、朋友、工作人員相處時也是如此。即使妳是在競選美國總統，妳還是得關心所有細節，以及受到那些細節影響的人。「我確保每個人都吃飽了。如果我們是在烈日下進行活動，我也會確保工作人員都搽了防曬乳。與我們一起出國的記者生病或受傷時，我會送他們薑汁汽水和蘇打餅乾，並請國務院的醫生帶著抗生素、止吐的藥物去旅館房間看他們。」[8]雖然她坦承，在情緒勞動方面，她有很多事情是花錢請人幫助解決（例如，幾十年來，她已經不需要為了家裡牛奶喝光而匆匆跑去超商購買），但她仍是家裡負責情緒勞動的人。「我負責安排探親、度假、與朋友共進晚餐等行程。比爾有許多優

---

7 Clinton, *What Happened*, 122.

8 Clinton, *What Happened*, 134.

點，但管好家務的後勤細節不是他的強項[9]。」

希拉蕊顯然對女性承受不公平的情緒勞動要求感到遺憾，但她跟多數女性一樣，瞭解這類勞動的價值。她看到女性負責選民服務、打電話、寫信、組織研討會、協調任務。「我們不僅操心家務，也操心國事[10]。」現在是我們開始把那些心力視為重要特質的時候，女性不是只會操心，我們更懂得關懷入微。

情緒勞動的價值，以及我們為了讓周遭人感到舒適快樂的技能，不僅在家裡或在照護角色上有價值而已。在商業談判、國家政治、家庭政治中，女性視角對細節及大局的關心和關注更是寶貴。在各個層面善用情緒勞動的技巧，是有百利無一害的事。懂得關懷的領導者是賢明的領袖，他們的團隊、子民、同儕會更有動力為他們效勞。他們不只關心小我，也關心大我，因此成為大家的榜樣。他們的解題方式更為全面，也更符合大局。我們應該期望社會頂層的人更深入關懷下面各層級的舒適與幸福，讓所有人一起邁向更美好的未來。

女性在情緒勞動上的經歷，使她們特別擅長解決問題。女性從小受到的訓練是，隨時觀察所有正在動的東西，然後仔細思考可讓自己及周遭人處於最有利地位的選擇。這種技能可以直接套用在商業上，女性這種相互連結的觀點可以細探怎樣解題最好，又可以讓所有的人開心。

事實上，二〇一六年彼得森國際經濟研究所的研究發現，管理高層的性別多樣性增加時，可使利潤成長一五%[11]。公司把女性排除在管理高層外時，也損及了自身淨利，這不僅是因為它們放著全球的半數人才不用，也因為女性有截然不同的視角，可為企業增添具體的價值。然而，儘管女性董事與更高獲利之間存在著上述關聯，受訪的二萬一千九百八十家公司中，有近六成的公司董事會裡沒有女性董事，超過半數的公司沒有女性高級主管。獲利增幅最大的公司，是那些管理高層有較多女性的公司；獲利增幅排第二的公司，是董事會裡有女性的公司。此外，該研究也發現，女性執行長對公司的整體業績幾乎沒有影響，這個結果突顯出增加管理高層中女性比例的重要性，而不是只把單一女性放在最高層。

不過，那些隻身孤影待在管理高層的女性，也不是毫無正面影響力。二〇一二年《哈

9 Clinton, *What Happened*, 133.

10 Clinton, *What Happened*, 134.

11 Marcus Noland, Tyler Moran, and Barbara Kotschwar, "Is Gender Diversity Profitable? Evidence from a Global Survey," Peterson Institute for International Economics Working Paper Series, February 2016, https://piie.com/publications/wp/wp16-3.pdf.

佛商業評論》的調查發現，儘管女性領導者有如鳳毛麟角，但是在定義領導楷模的每個領域中，她們幾乎每項得分都高於男性領導者。例如，在與「培育」有關的每項領導特質中（例如打造團隊、激勵、培養他人、協作和團隊合作），她們一如預期得分較高。她們在其他領域的得分也高，例如積極主動、追求結果、善於溝通和解決問題[12]。只要想想女性私下做的情緒勞動，就會覺得她們具備這些技能根本不足為奇。在生活中，女性不得不擅長交派任務，像是透過仔細的溝通，以注意及有效地解決家裡的問題。我們必須隨時掌握生活的現況：妳不主動規劃假期、為孩子報名夏令營或決定家中每週菜單的話，誰會做呢？女性很擅長解決問題，打造完善的組織系統，好讓全家人即使行事曆各不相同、甚至時間衝突，也可以過得很平順。女性培養人際關係，花時間和精力讓周遭的人感到舒適快樂。女性以最高的標準要求自己，在追求「兼顧一切」的同時，也在職場和家庭中努力追求超乎預期的結果。

然而值得注意的是，男性和女性領導人的差距很小，例如在女性得分較高的項目中，「積極主動」排在前面，女性得分約比男性高出八％，但絕大多數的領導特質中，女性得分比男性高出二％至六％。我覺得這些結果不見得就表示女性一定比男性更擅長領導工作，或女性做事的方式一定是最好的新方法。然而它確實顯示，男性和女性所帶來的技能價值大致上是相等的，所以當我們把女性排除在領導高層外，或要求她們配合男性標準來調整自己以便在專業上出頭時，我們並未善用女性的潛在價值。我們應該開始重視那些與女性的情緒勞動經驗密切相關的技能，並把那些技能看得跟男性的技能一樣重要，以便在全球經濟和文化領域中獲得更大的成效。我們必須讓女性運用這些技能來追求最高的目的，而不是只用來維持辦公室的愉快和舒適。這一切應該從肯定情緒勞動技能是一種領導特質開始。

在家庭生活中，大家覺得父親和先生付出情感勞動是一種進步，女性做同樣的事情卻只是盡本分。有些特質也是如此，在男女身上有不同的評價，尤其是在領導角色上。事實上，在男性領導者身上獲得讚賞的特質，一放到女性領導者身上，往往會產生負面的意涵。大家覺得善用情緒勞動的男人是體貼入微、充滿關懷、有條有理、懂得團隊合作的，但覺得從事情緒勞動的女性愛嘮叨、控制欲強、完美主義、杞人憂天、逆來順受。男女面臨的任務可能一樣，採用方法可能也一樣，但大家看待他們時是透過不同的性別角度，因

---

12 Jack Zenger and Joseph Folkman, "Are Women Better Leaders Than Men?," *Harvard Business Review*, March 15, 2012, https://hbr.org/2012/03/a-study-in-leadership-women-do.

此產生不平等的觀感。

二〇〇三年，哥倫比亞商學院做了一項實驗，以衡量學生對領導力的觀感是否因性別而異。研究人員讓學生看一個真實企業家海蒂・羅伊森（Heidi Roizen）的案例。海蒂是成功的創投業者，她善用外向的性格及龐大的個人與專業人脈，在創投業裡闖出了一片天。不過在實驗中，一半學生閱讀的案例是植入不同的名字：浩爾（Howard）。接著，研究人員訪問學生對海蒂／浩爾的第一印象。學生都很佩服海蒂和浩爾的成就，但是他們對兩人的看法則有差異。浩爾深受喜愛，但海蒂正好相反，大家覺得她很自私、沒什麼人緣[13]。男性可以在不得罪他人下達到事業顛峰，因為他們的成就是自己的。然而大家預期女性應該為集體努力，也就是總是迎合周遭的人，不能只為自己的成就努力。所以，女性晉升到領導高位時，大家「覺得她們欠缺培育及敏銳關懷的集體特質」，誠如海蒂／浩爾的研究所示[14]。

因此，從企業的管理高層到政府的各級單位，我們始終很少看到女性身居高位也就不足為奇了。在美國，女性在眾議院和參議院只占二〇%的席次，而且那個比例已經是歷史新高[15]。世界上的多數國家尚未出現女性領導人。皮尤研究中心的資料顯示，美國人對於女性在政壇及充滿權勢的職業中為什麼難以晉升到高位有諸多的看法：大家對女性要求的標準較高，社會還不願意正視她們的才華，大家仍要求她們要兼顧工作與生活[16]。這些問題都是源自於公共和私人領域中兩性情緒勞動的失衡。有些議題可以藉由立法來改善，所以如果我們想在文化和經濟領域中，看到大家對情緒勞動的看法出現明顯變化，就應該團結起來，讓政府中出現更多元化的代表。然而，許多女性政治人物也發現，大家對女性公職人員的情緒勞動要求特別多，對男女公職人員的情緒勞動要求也有兩種截然不同的標準：要求男性持續展現強勢和魄力，但要求女性展現關懷及順從。女性只要稍微逾越界限，無法

---

13 Sonia Muir, "Heidi versus Howard—Perception Barrier to Be Hurdled," *Agriculture Today*, March 2012, https://www.dpi.nsw.gov.au/content/archive/agriculture-today-stories/ag-today-archive/march-2012/heidi-versus-howard-perception-barrier-to-be-hurdled-commissioner.

14 Madeline E. Heilman and Tyler G. Okimoto, "Why Are Women Penalized for Success at Male Tasks? The Implied Communality Deficit," *Journal of Applied Psychology* 92, no. 1 (January 2007): 81–92, https://nyuscholars.nyu.edu/en/publications/why-are-women-penalized-for-success-at-male-tasks-the-implied-com.

15 Drew DeSilver, "Despite Progress, U.S. Still Lags Many Nations in Women Leaders," Pew Research Center, January 26, 2015, http://www.pewresearch.org/fact-tank/2015/01/26/despite-progress-u-s-still-lags-many-nations-in-women-leadership/.

16 "Women and Leadership: Public Says Women Are Equally Qualified, but Barriers Persist," Pew Research Center, January 14, 2015, http://www.pewsocialtrends.org/2015/01/14/women-and-leadership/.

順著政界的嚴苛要求行進，就會遭到嚴苛的抨擊，也可能危及後勢發展。

我的目的不是在這裡討論政治，也不是在主張希拉蕊當初若是更小心地處理情緒議題，就能贏得二〇一六年的總統大選。那些議題既不是我的專長，也不是我的興趣所在。她在烘焙餅乾或笑容方面所引來的批評，還涉及許多其他因素。不過我覺得，在定義政壇男性和女性的領導力方面，我們抱持的雙重標準以及那些預期對女性的限制，確實值得注意。因為，當大家預期女性應該持續投入情緒勞動，好讓周遭的人感到舒適快樂時，這種預期所衍生的後果不只影響我們對女性的觀感（懷疑她們領導世界的能力），或阻礙人際關係的進展（懷疑她們在家裡的領導力）而已。大家對女性情緒勞動的要求，還包括要求她們盡量壓抑自己（把自己變得更渺小、更安靜），不要搗亂（連批評那些冤枉或誤解女性的男性，也被視為搗亂）。

大家對情緒勞動的要求，導致問題出現時，女性無法暢所欲言，因為女性缺乏和男性一樣的立場。女性只要批評男性老闆、男性同事、男性伴侶，任何男性，就有人質疑我們別有用心，居心叵測，因為那樣做破壞了周遭人的舒適，違反了社會規則。當女性不像預期那樣在家裡展現順從時，就有可能引發紛爭；在職場上，則可能導致事業受挫。若是在外面的世界，在街上深夜步行回家，不展現順從還可能導致更糟的後果。即使女性不是在人際關係中運用情緒勞動來提升地位，或是在職場上運用情緒勞動來幫助升遷，她們也需要運用情緒勞動來求生。

9

沉默的代價

女性常處於受虐關係或隱瞞過去受虐的事實，也許並不令人意外。她們已經習慣把他人的舒適和幸福擺在個人之上。這種習慣與恐懼交織在一起，便導致沉默。

「我也是。」這是女性主動找我分享情緒勞動的經驗時，我很常聽到的一句話。

「我也是。」這是我的故事，我媽的故事，我姊的故事，我好友的故事。後來，我那篇文章發表不久，「我也是」（Me too）那幾個字在哈維・溫斯坦被指為性侵累犯的消息曝光後，迅速竄紅。女演員艾莉莎・米蘭諾（Alyssa Milano）讓＃metoo標籤再度廣為流傳，那原本是二〇〇七年由青年行動分子塔拉納・伯克發起的草根運動，目的是讓有色族裔的年輕女性知道，她們不是唯一遭到性騷擾和虐待的人。米蘭諾則是在社群媒體上鼓吹，只要每位經歷過性騷擾和性侵的女性都能簡單地寫下me too兩字，並把那兩字放在每個人都能看到的地方——網路上——或許世界就能瞭解性騷擾和性侵的嚴重性。

幾天下來，我的臉書和推特充斥著 me too 這兩字。我除了自己貼出來以外，心裡也想著我只跟幾位閨蜜講過的故事。幾天前，我獨自走路回家，途中一個男人才對我說：「笑一個！」我數不清自己曾遇過多少次陌生人站在我面前，要求我為他們做這種最基本的情緒勞動：微笑。我也數不清有多少次從那種情境中不安地走開，回頭一瞥，接著匆匆趕路。而且，要求妳「笑一個！」還算是無傷大雅的要求，還有許多更糟的情況，例如跟隨妳、威脅妳、觸摸妳。當然，我遇過性騷擾，那不是每個女人都遇過的事嗎？我差點沒發 #metoo 貼文，因為我覺得類似事情太多了，無需公告周知，就像說「天空是藍的」一樣多餘。然而，這場運動所掀起的怒吼清楚又響亮地顯示，發起這個訊息以打破許多人長期以來忍受的痛苦沉默是必要的。美聯社報導，二十四小時內臉書上就有超過一千兩百萬條 #metoo 貼文、評論和反應[1]。沉默使我們暗暗地承擔了許多痛苦。

許多女性主動分享的故事嚇了我一跳，不是因為我不熟悉那些故事，而是因為那些故事太露骨及情緒化了。她們為了讓其他瞭解及相信她們的女性看到那些故事，毫無保留地

---

1 "More Than 12M 'Me Too' Facebook Posts, Comments, Reactions in 24 Hours," CBS, October 17, 2017, https://www.cbsnews.com/news/metoo-more-than-12-million-facebook-posts-comments-reactions-24-hours/.

和盤托出。那些故事也赤裸地呈現在所有男性面前，因此營造出一個時刻，讓那些真正想成為盟友的人重新評估他們以前一直視為正常的現象，以及他們的一無所知讓女性付出的代價。有的故事涉及強暴和虐待，有的故事是童年的恐怖經歷及男性朋友辜負了女性的信任。有的故事是老師、同事、親戚、陌生人強迫女性處於各種情況，從不舒服到身心受創都有。我注意到，這些故事都有一個共同的主題：情緒勞動。

對女性投入情緒勞動的預期，要求女性付出情緒勞動，都嚴重助長了強暴文化。男性大膽地逾越了一條線，接著又跨過另一條線，因為他們預期女性不會做或說出任何事情來破壞他們的舒適感。說到性騷擾，女性為了預測騷擾者的反應及管理騷擾者的情緒，不得不動用情緒勞動。這樣做不再是因為首要之務是維持和睦，而是因為這攸關她們的人身安危。這是一種危險的迴圈，社會對情緒勞動的要求助長了強暴文化，而強暴文化又強化了大家對情緒勞動的要求。

女性面臨性騷擾時，她們因應的方式跟面對所有情緒勞動的方式一樣：自問怎麼做才能讓他人感到舒適和安慰？怎麼做才能避免對方發怒、攻擊、報復？怎麼做才能減輕已經對我造成的傷害？此外在我們的文化中，男性不需要學習那些有助於減少男性有害特質的情緒勞動工具，這點又進一步加重了女性的負擔，以致於究責、解決問題、維持和睦等責任都落在女性身上。

《打破企業沉默》（*Breaking Corporate Silence*）的作者羅伯．柏格襄博士（Robert Bogosian）指出，職場發生性騷擾時，女性的腦中會迅速閃過許多因素。他說：「防禦性的沉默是源自於恐懼。」在內心的對話中，女性正在思考結果，因為她們知道自己是承擔後果的人。「『我可能因此丟了飯碗，被貼上標籤，遭到排擠，被邊緣化，我不能讓這些事情發生在我身上。』所以，想在這裡安全地生存下來，最好的辦法就是絕口不提[2]。」這種防禦性的沉默讓每個人都感到放心，這是女性不自找麻煩，避免遭到責怪及貼上標籤的方法。柏格襄指出，女性特別害怕被貼標籤，賤人、潑婦、怨婦、騙子等標籤會進一步孤立受害者。所以女性環顧四周，發現這是大家接受的文化時，只能隱忍不發，心想：「其他人似乎都不在意，我想我也應該如此。」

柏格襄博士所描述的是一種「容忍的文化」，那是為惡行預先設下先例的寬恕。我們不譴責性騷擾，而是把它描繪成一種可接納的男人性格。「哦，哈維本來就是那樣。」、「拜託，他不是那個意思。」、「放輕鬆點，他對每個人都是那樣。」基本上大家是抱著「男

2　二〇一七年十二月四日接受筆者訪問。

人嘛，江山易改，本性難移」的態度，這些輕忽的言論造就了沉默的文化。他們把這種行為正常化，把傷害變成無足掛齒的事情，強暴文化正是如此。這促成了一個嚴重有害的職場環境，把大量的情緒勞動和情緒壓力強加給女性，強迫女性非承擔不可。誠如查理．羅斯（Charlie Rose）的受害者投書《華盛頓郵報》所言：「妳知道妳不按照某種方式行事的話，有人會在妳背後緊盯著[3]。」對階級地位較低的人來說風險較大，這也是為什麼女性不得不硬著頭皮因應，以符合外界對她的情緒勞動所抱持的期待。她們的生計，甚至生命，都有賴她們恭順地符合要求。

雖然柏格襄博士的研究領域是企業文化，但是在要求情緒勞動的服務業中，逼迫女性承受性騷擾的壓力可能更大。柏格襄博士談到每個行業的「大老」通常都不需承擔任何責任。例如餐廳業者肯．傅利曼涉嫌性侵女員工多年都無人揭發，只因為他在餐飲業的地位很高。曾在傅利曼的餐廳擔任服務生的崔徐．妮爾森（Trish Nelson）告訴《紐約時報》，她遭到性騷擾多年及一次可怕的性侵，後來即使她離職了，她依然不敢站出來揭露惡行。「我不敢告訴任何人原因。」她說：「傅利曼一直吹噓，他可以讓妳在業界混不下去，我們親眼目睹過那種事情發生[4]。」當妳的社會地位較低時，不需要太高的地位或金錢就能營造出有害的文化。女服務生或女店員的地位幾乎都比同職場的每個人低，這使她們很容易變成性騷擾的目標。相對的，身處管理高層的女性較少有相同體驗。然而，不管是地位低下的女服務生，還是位居高層的女高管，她們為了熬過每一天都必須運用情緒勞動的技巧，從表層扮演（假裝一切都很好）到深層扮演（欺騙自己這些事情無所謂）皆有可能。

這種自我保護的情緒勞動，多數女性都非常熟悉。即使我們的工作環境不容忍騷擾，我們也無法完全與外界隔絕。幾乎每位女性都曾遇到底下這種不舒服的情境：走在街上聽到陌生人對妳大喊猥褻的言語，心裡開始評估回應的話可能引發什麼危險。那些男人叫妳「笑一個」時，妳會微笑回應嗎？還是妳會一直走，彷彿什麼事也沒發生？妳敢大聲回嗆，打破沉默守則嗎？我們運用情緒勞動的技巧來找出適當的反應，因為每種情況都是獨一無二的。雖然街頭騷擾讓人很想大聲回嗆，但我們都聽過有些女人在錯誤時刻勇於反駁後的

---

3 Irin Carmon and Amy Brittain, "Eight Women Say Charlie Rose Sexually Harassed Them—with Nudity, Groping and Lewd Calls," *The Washington Post*, November 20, 2017, https://www.washingtonpost.com/investigations/eight-women-say-charlie-rose-sexually-harassed-them--with-nudity-groping-and-lewd-calls/2017/11/20.

4 Julia Moskin and Kim Severson, "Ken Friedman, Power Restaurateur, Is Accused of Sexual Harassment," *New York Times*, December 12, 2017, https://www.nytimes.com/2017/12/12/dining/ken-friedman-sexual-harassment.html.

下場。妳不知道哪個男人會因為妳的反駁而閃開，因妳的責罵而羞愧，或是跟著妳回家。

我訪問梅麗莎．佩特羅（Melissa Petro）時，她說她在咖啡館中，已經多次遇過男人想要侵犯她的私人空間、時間，占用她的情緒勞動。她特別提到某次經歷，她和一位朋友坐在公園的長椅上，一個陌生人走過來，不僅坐下來，還硬生生地插入她們的談話。幾分鐘後，她的朋友轉向那個人，坦白地說：「我們不想跟你說話。」她不僅對朋友的「無禮」回應感到震驚，也對那個男人真的因此離去而感到震驚。她心想：「妳可以那樣做嗎？」當然，她知道事情沒那麼單純，至少那樣做所涉及的風險可能高過奪回個人時間的效益。佩特羅說，儘管她的朋友為她樹立了勇敢的榜樣，她依然縱容那些覺得有權享受其情緒勞動的男人，因為那種禮貌的回應可以給她一種安全感。她說：「即使禮貌地回應沒有別的好處，至少不會有人隨便叫我婊子。」那是阻力最小的路徑，也是心理壓力最小的路徑。這種熟練的情緒勞動，無疑是她多年來磨練出來的，就像許多女性一樣。我們不是先天就知道如何在這些情況下因應，但我們都會及時學會。

小時候，我的個性向來潑辣。在學校走廊上，遇到刻意吃我豆腐的男同學時，我會以手肘狠狠地撞他。有一次一群男生在擁擠的商場內上下打量我，說我是「性感小媽」，我當眾痛罵了他們一頓。當時還有許多同儕和成年人在附近，感覺很安全。危險很小，求援也容易。當時我不明白，為什麼沒有更多的女生像我一樣反擊。直到我十四歲萬聖節那天，我才知道原因。

我和一群朋友會合，一起到一個女孩住的封閉社區，準備玩「不給糖就搗蛋」的遊戲。那時感覺很安全：我們約有十人，沿途有很多街燈，很多孩子自己出來玩。然而還沒不到深夜，就有一群大男孩開始跟著我們。我們都注意到了，迅速從一條街走到另一條街。那群男孩開始對我們大吼大叫，要我們跟他們一起走，還問我們在害怕什麼。我不記得當時我說了什麼，可能是中學生常拿來罵人的一些話吧，也許是「滾蛋」之類的。一位女性朋友聽到我這樣說時，驚恐地看著我。

「妳不能那樣說！」她對我大叫，接著拉著我的手跑開。我不知道那群男孩是否追過來了，但她的動作是本能反應，源自於我尚未擁有的處世知識。

那群男孩追著我們跑，而且跑得很快。我可以聽到他們向我們逼近時，鞋子大力踩踏在人行道上的聲音。我不能回頭看，我們都不能回頭看。我們很幸運可以提前跑，但後來不得不兵分數路，朝著不同的方向逃開。後來我是在一個三人小組中，我們一起躲進社區游泳池附近的灌木叢裡，看著那群男孩往前繼續跑。我們不知道其他女孩怎麼了，她們是往那個方向跑嗎？我們該怎麼找到她們？我們找到她們時，她們會是什麼樣子？

我不知道我們躲在那裡哭了多久，感覺好像過了好幾個小時，雖然可能沒那麼長。最後，我們終於發現所有人都安然無恙，那晚我們都很幸運。直到長大以後，有更可怕的事情發生在我及我愛的人身上，我才意識到當時的我有多幸運。

那晚之後，我學會了不要跟命運開玩笑。現在我走在街上，即使我帶著孩子，遇到有人叫我「笑一個」時，我也會不由自主地微笑。我知道何時該有眼神交流，何時可以繼續低著頭或佯裝心不在焉。隨著年歲見長，我逐漸學會如何一邊隱藏恐懼，一邊因應那些騷擾者的情緒。那是一種自保的工具，但無論你多麼擅長運用情緒勞動，往往還是不夠。

這也是為什麼即使女性已經盡力，但性侵依然發生時，我們常向受害者、而不是向犯罪者尋求解釋。多數的強暴案是由受害者認識的人所犯下，在那些案子中，大家往往會問受害者，她是否有引導他（她展現的情緒勞動是否太親密）。大家也會問受害者，她有沒有做什麼以阻止這種事情發生（她是不是原本可以更小心地拿捏分寸？）。大家還會問受害者當時穿什麼衣服（她的打扮合宜嗎？）。我們仔細檢視受害者所做的情緒勞動，因為批評受害女性的行為比批評犯罪男性更容易被社會接受。強暴文化的這個面向正是讓受害者一開始就不敢說出受害經歷的原因。

受害者都很清楚，受到侵犯後主動站出來舉報時，會遇到很多問題。大家往往不相信她們的說法，司法系統也令她們失望。全國強暴、虐待和亂倫網路（RAINN）的資料顯示，每一千件強暴事件中，僅三百一十件向警方報案，只有五十七件報案促成罪犯被捕，其中僅七件被判重罪，真正服滿刑期的人更是少之又少[5]。我們一再看到，法官覺得強暴犯的「光明前程」比受害者的痛苦更重要，誠如布羅克．特納（Brock Turner）的個案所示，法官認為這位年輕的強暴犯大有可為的游泳生涯，比受害者的身心創傷更有價值。特納以五項性侵及強暴罪名遭起訴後，只獲判六個月的監禁，而且真正服刑的時間只有一半。儘管二十二歲的受害者艾米麗．多（Emily Doe，這是代稱，受害者仍保持匿名）在提出指控時忍受了種種的恐怖和繁重的情緒勞動，司法為她伸張的正義卻少得不成比例，令人遺憾。

很多時候，有些人會告訴受害者，現在「不是討論這個問題的合適時機」。以紐約州總檢察長艾瑞克．史奈德曼（Eric Schneiderman）為例，他在#metoo運動期間高調地支持女性權益，但外界阻止那些遭到他施暴的女性公開其暴行，以免這位爭取女性平權的「盟友」丟了工作。史奈德曼的一位前女友回憶道，她和史奈德曼分手後，曾跟一些朋友提起他的暴行，結果朋友反而告訴她，史奈德曼「是民主黨倚重的政治長才，不容失去」、「別

---

5 "The Criminal Justice System: Statistics," RAINN, https://www.rainn.org/statistics/criminal-justice-system.

把那件事情張揚出去」[6]。

即使受害者沒有公開揭發施暴者的惡行，她們向家人和朋友傾訴時，也可能打開潘朵拉的盒子，導致受害者為此付出更多的情緒勞動。在家暴案例中，親友常叫受害者思考，若是公開受虐的事情可能對家庭造成什麼樣的傷害。受害者一再被提醒，控制自己的情緒並顧及自己對周遭人的影響（包括攻擊者）是她們的責任。

蘿拉從小在暴力家庭中長大，很早就開始接受情緒勞動的訓練，而且風險很高。她不得不隱瞞家暴這件事，因為她不想因揭露暴行而讓施暴者感到痛苦。隨著年齡成長，她發現自己很容易跟有強烈控制欲及暴力傾向的人交往，但她依然隱瞞受虐的事實，只因為她無法回答「妳為什麼不離開他？」這個問題。最後，她也不讓孩子知道自己是家暴受害者，以免孩子看著母親受虐而感到痛苦，也避免孩子承接了受虐的角色。「我有責任把一切內疚、羞愧、痛苦和尷尬埋在心底。」她說：「我無時無刻都扛著一個裝滿暴力、創傷、痛苦的包袱，裡面也裝滿了別人的問題，這樣一來，別人就不必承擔了[7]。」她必須承擔所有的痛苦，並把那些痛苦隱藏起來，好讓大家過得更舒適，這也表示她無法化解任何痛苦。她說，大家常說她很堅強或堅忍，但實際上她是為了大家而故做堅強。「我不想知道給別人造成那種痛苦是什麼感覺，雖然那樣做可能會保護到虐待我的人。我還沒找到別種生存方式。」

女性常處於受虐關係或隱瞞過去受虐的事實，也許並不令人意外。她們已經習慣把他人的舒適和幸福擺在個人之上。在受虐的情況下，這種習慣與恐懼交織在一起，便導致沉默和默許。就某種意義上來說，在一段受虐關係中，受虐者也容易「習慣」特定的情緒勞動模式，而不去處理情緒勞動的加劇及逃離施虐者的危險——那危險可能危急生命。在家暴案件中，逾七〇%的謀殺是發生在受害者離開**之後**。家暴回憶錄《瘋狂的愛》的作者萊斯里・摩根・史坦娜指出，殺死受虐者是家暴模式的最後一步，因為到了那個時點，施虐者已經無所顧忌。史坦娜在書中描述她逃離試圖殺死她的先生後發生的事：每次鎖門她都會再三確認；申請禁制令後，她發現先生有好幾晚站在她公寓的窗外。任何事情都有可能發生[8]。

---

6 Jane Mayer and Ronan Farrow, "Four Women Accuse New York's Attorney General of Physical Abuse," *The New Yorkr,e* May 7, 2018, https://www.newyorker.com/news/news-desk/four-women-accuse-new-yorks-attorney-general-of-physical-abuse.

7 二〇一七年十一月九日接受筆者訪問。

8 Leslie Morgan Steiner, *Crazy Love* (New York: St. Martin's Press, 2009).

史坦娜的TED演講〈為什麼家暴的受害者不離開〉有很高的點閱率。她在演講中簡要地談到，大家不斷地追問「為什麼她還留下來？」為何令人沮喪，彷彿那是一種被動的選擇，不是受害者每天無時無刻都在仔細權衡的問題似的[9]。大家似乎都在指責受害者沒有把所有心力都花在防止下一次家暴上。她在回憶錄中提到，她和未婚夫入住新公寓的第一晚，未婚夫就大發雷霆。但她沒有離開，而是自問該如何改變結果：她該如何把情緒勞動做得更好，以避免他再度發飆。「康納是對同居感到恐懼嗎？」她寫道，「他是因為太恐懼才那樣痛打我嗎？為什麼我沒有冷靜一點？我本來可以、也應該可以一笑置之。告訴他，我愛他勝過世上的任一個男人[10]。」多年後她才明白真相：想要防止家暴發生，根本沒有任何準則可循。無論她做什麼，都無法構成他施暴的理由。無論她怎麼做，都無法遏止暴行。

她也提到為了保守這個可怕的秘密所付出的情緒勞動，以及她向摯友透露先生打她時的內疚感，因為她實在不想讓任何人因為知道這件事而替她擔憂。她覺得自己太在乎別人（對她動粗的先生及關愛她的人）怎麼想了，因此無法看清這些情緒勞動最終將如何置她於死地。

回憶錄《我是你的》（*I Am Yours*）的作者雷瑪．扎曼（Reema Zaman）指出，她之所以步入那段受虐關係，是因為感覺很熟悉，也因為相似的原因而遲遲沒有離開。她的父親脾氣暴躁，難以預料，又有強烈的攻擊性。她從小看著堅強又聰明的母親在父親面前驚魂未定，蜷縮著身子。她說，母親承擔了家裡所有的情緒勞動，包括承接父親的情緒爆發，所以她也學會這樣做。「自始至終，我母親持續地展現寬容、善良、耐心、同情、安靜、體貼、順從、恐懼、恭敬和溫順[11]。」扎曼二十五歲時嫁給一個比她大十一歲的瀟灑男子，她也是如此對待先生。童年的耳濡目染使她不僅容易受到渣男的吸引，也使她成為渣男最愛鎖定的女性類型。

她就像每個身處在受虐關係中的女性一樣，知道如何做好情緒勞動。那是讓那種關係蓬勃發展的唯一方法。然而，儘管她付出了那麼多，她的先生總是索求更多，直到她耗盡心力，精疲力竭，而且她的先生還會採取一些方式，把她進一步束縛在虐待關係中，使她無法脫身。

「在實體上及情感上，我先生都設法讓我們遠離親友。」扎曼說：「他占用了我太多的

9 Leslie Morgan Steiner, "Why Domestic Violence Victims Don't Leave," TEDxRainier, November 2012, https://www.ted.com/talks/leslie_morgan_steiner_why_domestic_violence_victims_don_t_leave

10 Steiner, *Crazy Love*, 93.

11 二〇一八年二月四日接受筆者訪問。

心神，以至於我已經沒有心力去理會其他人，而跟親友完全失去聯繫。我們住在紐約北部的一個小鎮深處，那裡非常偏僻，甚至收不到手機訊號。」她每週都把收入交給先生，還會留意先生不喜歡她做的事情，例如改變鋪床方式、改變穿著打扮和化妝方式等等。「我們的婚姻之所以『能夠維繫下去』，是因為我確切知道怎麼應付他的脾氣，如何在他暴跳如雷時閃避，如何運用言語、性愛、分散注意力、幽默、食物來安撫他，如何化解他和妹妹、母親、朋友、老闆之間的衝突。」

即使是不曾受虐的女性，也會把這種熟練又巧妙的情緒勞動帶入感情關係中。雖然我們和伴侶互動時不必特別小心翼翼，但還是會好好地拿捏分寸。我們迅速適應了伴侶的行為模式，並努力維持關係的和睦。許多男性辯稱他們也會這麼做，但他們的作為並不是源自於同樣的內在動機。誠如瑪格麗特．愛特伍的犀利論點所述：「男人怕女人嘲笑他，女人怕男人殺了她[12]。」我們那些溫和反應的背後，總是蘊藏著幾分自我保護的意涵。我們活在一個無法自在漫遊的世界裡，我們深諳這點。

不過，對許多女性來說，我們更在乎的不是危險，而是失望。我們不想惹事生非，打亂生活，付出不必要的情緒勞動。雖然我們在人際互動中投入的情緒勞動不是基於恐懼，但仍是為了自保。我們為了讓每個人感到舒適及事情順利進行，已經花了大量精力，所以遇到衝突時，小心翼翼地回避往往比直接面對更有意義。這也是為什麼我花了十三年時間才跟我先生提出這個問題。在我達到臨界點之前，我覺得這種事情根本不值得拿出來談。對我來說，那個擱在儲藏室中間、看似無害的塑膠儲物箱正好是我的臨界點。對扎曼來說，她意識到她絕不能把孩子帶進那段受虐關係中，正好是她的臨界點。

無論是在家裡還是外在世界，女性似乎都開始達到那個共同的臨界點。「我也是」運動所獲得的壓倒性支持，以及我們現在嚴肅看待性騷擾及家暴指控的態度都令人振奮。這些變化顯示，女性已經準備好向前邁進，並正視不平等為何持續存在。女性不該再以對自己不利的方式從事情緒勞動，或只是為了維持現狀而從事情緒勞動。女性應該深入探索如何改變情緒勞動的平衡，以便幫自己及周遭的人過更好的生活。現在是我們重視女性的技能、勞動、心聲的時候。

二〇一八年，歐普拉獲頒金球獎終身成就獎時，在動人的得獎感言中提到：「今年，我們成了故事的主角。」她是指女性和「我也是」運動。「長久以來，當女性鼓起勇氣說出受到男權壓抑的真相時，往往沒有人傾聽或相信她們，但現在那些男人大限難逃了！」說

---

12 Margaret Atwood, *Second Words: Selected Critical Prose 1960–1982* (Toronto: House of Anansi, 2000), 413.

這是一段充滿希望的聲明，或許仍言之尚早，但確實引起了共鳴。當我們看到那麼多有權勢的男人遭到公開譴責，如哈維・溫斯坦、主播麥特・勞爾（Matt Lauer）、藝人路易・C.K.（Louis C.K.）、主持人查理・羅斯（Charlie Rose）、記者萊恩・力扎（Ryan Lizza）等等，他們的毀滅不再是不可能的事。即使他們不是大限將至，至少當我們乘著這股女權新浪潮進入歐普拉展望的未來時，他們的勢力會逐漸萎縮。歐普拉在演講的最後，勾勒出一幅現今的年輕女孩可以展望的世界樣貌，為那場動人的演講作結。「新的一天即將到來！等那天終於降臨時，那是因為許多卓越的女性以及一些了不起的男性努力奮鬥，以確保他們引領大家走向一個再也沒有人需要說出『我也是』的時代。」

10

妳有必要包辦一切嗎？

男人可以同時擁有成功的事業和美好的家庭，因為女人運用情緒勞動來幫他達到那個境界。他們不需要渴望「一切」，因為他們根本不缺。

一九五七年，即將成為女權運動領袖的傅瑞丹和史密斯學院（Smith College）的同學一起開畢業十五年的同學會，當時她對同學進行了一項調查。她發現許多原本前程似錦的年輕女性，在畢業十五年後過著不滿意的生活，她們成為家庭主婦後，從大學學到的技能大多毫無用武之地。傅瑞丹開始採訪其他郊區的家庭主婦，她很想知道為什麼這些聰明、健康、受過大學教育的女性即使實現了所謂的「美國夢」，依然過得不快樂。她們有房子，有先生，有孩子，享受著現代生活的舒適設備，卻有一種難以言喻的失落感，傅瑞丹開始稱這種失落感為「難以名狀的問題」。那個議題促使她寫了《覺醒與挑戰：女性迷思》，該書被譽為引領第二波女權熱潮的經典。

傅瑞丹採訪的女性中，沒有一個人能夠確切

指出問題所在，尤其社會文化告訴她們，賢妻良母的生活絕對可以讓女性獲得滿足。傅瑞丹注意到，這些家庭主婦談及那個「難以名狀的問題」時，聽起來就像在描述日常生活一樣。傅瑞丹寫道：「她的一天是支離破碎的，她匆匆地從洗碗機轉向洗衣機，再去接聽電話，接著又轉往烘衣機，然後開車去超市，載著兒子強尼去少棒聯盟的球場，載著女兒珍妮去上舞蹈課，把割草機送修，然後趕在六點四十五分回家。她在任一件事情上投入的時間都不能超過十五分鐘。她沒有時間讀書，只能翻翻雜誌。即使她有時間，她也失去了集中注意力的能力[1]。」她在整本書中主張，「難以名狀的問題」是女性迷思造成的。所謂女性迷思，就是文化長久以來灌輸我們的理想：所有的女性都可以、也應該從母親、妻子、家管的身分中獲得滿足。女性致力投入家務和孩子的課外活動，追求女性迷思所承諾的滿足感，但她們依然面臨很大的身分危機。她們覺得自己彷彿不存在，或者她們只有妻子和母親的身分，毫無個人身分可以依靠。那些家庭主婦不知道如何表達她們的失落感，覺得「即使她試圖告訴先生，他也聽不懂她在說什麼。連她自己也不是很明白[2]。」坦白講，這聽起來很像我試圖向羅伯解釋，我身為家務和情緒總管所產生的失落感。我不知道該用什麼詞彙來直接表達我做的一切情緒勞動，當時我還不明白那不只涉及實體的家務勞動而已。也許那是一九六〇年代初期女性同感失落的一部分：女性迷思是比較明顯的罪魁禍首，因此掩蓋了真正的癥結所在——情緒勞動。

傅瑞丹從未幫那個「難以名狀的問題」命名，雖然我懷疑情緒勞動應該占其中很大一部分。她唯一提供的解決方案是，女性需要多參與世事，她們需要運用技巧和智慧去體驗滿足感，從而變成更全面的個體。她指出「養兒育女、室內裝潢、三餐規劃、預算、教育、娛樂活動之類的基本決策確實需要智慧」[3]，但她並未花太多時間探究那些任務對情緒和心神造成的負擔。她和其他的家庭專家一致認為，女性的時間大多花在實體家務上。情緒勞動反而是家庭主婦生活的亮點，因為情緒勞動使用的技巧與能力跟地板打蠟不同。總之，在開拓一條更重要的前進之路時，傅瑞丹並未深入探索情緒勞動。一般認為《覺醒與挑戰：女性迷思》是啟動一九六〇年代和一九七〇年代婦女解放運動的開山鼻祖。女性開始更全面地投入生活、職涯和家庭，大家覺得老舊的女性迷思大致上已經消失了，女性終於出頭了。

---

1 Betty Friedan, *The Feminine Mystique* (New York: Dell Publishing, 1963), 30.

2 Friedan, *The Feminine Mystique*, 19.

3 Friedan, *The Feminine Mystique*, 50.

然而數十年後的今天，最初那個「難以名狀的問題」仍有一部分尚未消失，也就是情緒勞動所造成的失落感。如果說以前女性的角色缺乏挑戰且無足輕重，那麼女性現在承受的挑戰及負擔則是高得令人窒息。其實，老舊的女性迷思並未消失，多年來賢妻良母的理想形象可能略有改變，但並未消失或過時，而是疊加在女性現今於外界及職涯中扮演的新角色上。

如今，女性在職場上必須應對男性為理想工作者設定的標準，回到家還必須在短時間內完成家庭主婦和母親的角色。所有的情緒勞動、大部分的體力活、以及家庭以外的優先要務都屬於女性的領域。我們非但沒有認清這種令人應接不暇又嚴苛的改變，還相信一種新的女性迷思：女性可以、也應該想要「兼顧一切」。我們可以同時擁有家庭和事業，既是模範母親又是模範勞工。理論上，這是一種兩全其美的狀態，但實際上，兼顧一切意味著妳扛了太多的事情。脫口秀演員蜜雪兒・沃爾夫（Michelle Wolf）在她為HBO特別錄製的脫口秀節目〈Nice Lady〉（二〇一七）中，調侃了「兼顧一切」這個荒謬的概念。她說兼顧一切是糟糕的想法，如同沒有人在吃了「吃到飽」自助餐後，會覺得自己做了最好的選擇。她也指出，男人對於「兼顧一切」（或兼顧很多事情）並沒有相同的渴望，她說：「男人才不會想要兼顧一切呢！他們會說：『我有一份工作和一個三明治就好了。我老婆說，我再乖乖守規矩一年，她會在車庫裡為我騰出一區，讓我坐在那邊……我喜歡坐著。』」這是玩笑話，卻和那些覺得有壓力需要兼顧一切的女性形成了鮮明對比。那些女人不敢幻想自己坐下來放鬆，因為她們休息時，沒有人會接手完成工作。男人不會想要兼顧一切，不僅是因為他們沒有那種追求完美的社會壓力，也因為女人讓他們不用努力就能「擁有一切」。男人可以同時擁有成功的事業和美好的家庭，因為女人運用情緒勞動來幫他達到那個境界。他們不需要渴望「一切」，因為他們根本不缺。家庭和事業之間的平衡，已經有努力想要兼顧一切的女人幫他們打理好了。

這也是達拉·海莉克在臉書上發表長文，談論她對情緒勞動的失望時，直接質疑「兼顧一切」這個錯誤概念的原因。她寫道：「覺得女性必須『兼顧一切』的心態，不僅是男性傳播的，女性也是共犯。我成長過程中，父母都有全職的工作。事實上，他們有各自的職業生涯。我母親是優秀的銀行經理，但她下班回家後，仍為我父親做飯及上菜，沒有人幫她做那些事情。她是為了愛而做那些事，她想要照顧他，但經常感到疲憊。她在工作上不會比同職位的男性輕鬆，但下班後還必須趕回家餵飽家人，打掃『她』的房子，但做了那麼多的事情卻不值得擁有任何頭銜。有時她希望先生照顧她，為她上菜或摺衣服。大多時候，她希望獲得尊重和感謝。我之所以知道這些，是因為我也過著與我母親同樣的生活。我努力迎合我愛的男人，無怨無悔，但往往有滿腹委屈[4]。」她描述從小到大接觸許多以性別來劃分的家務，母親承擔了所有的情緒勞動，父親只要當「康樂」家長就行了。她親眼看到這種分工對母親的影響——母親因此精疲力竭——現在海莉克對那種感覺再熟悉不過了。她最後以一句話來總結她的看法：「我可以包辦一切，但那一切不全然是我的分內工作。」那篇文章在幾天內迅速轉發爆紅，《都市日報》刊出一篇文章，說海莉克那句聲明是一首新的女權主義讚美詩[5]。沒錯，我們可以包辦一切，但我們需要質疑我們有必要包辦一切嗎？難道一切都是我們的責任嗎？

為什麼注意到有事情需要完成總是我的責任？為什麼我要負責分派工作，不然就得自己做？為什麼我要一遍又一遍地嘮叨，付出情緒勞動，並引導我先生怎麼做（這個動作本身就需要付出許多情緒勞動）？女性繼續從事情緒勞動，完全看不出任何平衡或回饋，久而久之便轉化成嚴重的性別不平等，難以撼動。女性無法單方面地改變這種動態，需要從和伴侶分擔責任開始做起，讓伴侶真正瞭解分擔情緒勞動的意義，才能向前邁進。我們需要伴侶自己承擔任務，真正成為他們宣稱的夥伴——女權主義者的盟友。如果我一直為他承擔所有的重擔，他算幾分的盟友？

我並不期待先生對情緒勞動的理解跟我相同，但我確實希望他花更多心思去深入瞭解，並在有疑時提出正確的問題；也希望他**想**為自己、我倆的關係，我們的孩子、未來的親子關係而努力這樣做。如果他不這樣做，那些要求我持續付出的情緒勞動，會使我們永遠在原地打轉。在男性有意願扮演盟友的角色，並開始討論如何讓情緒勞動在兩人關係中發揮作用以前，我們永遠不可能看到真正的進展。因為我們的文化之所以要求女性肩負大部分的情緒勞動，是為了一件事：維持現狀。那可以讓男性感到舒適，並維持他們的權力地位及被動心態。他們可以這裡改變一點，那裡改變一些，例如洗一些衣服，承擔一些晚餐的任務，或是洗碗，但所有的情緒勞動還是落在女性身上。女性必須不厭其煩地以柔和的語調解釋，回應也必須小心翼翼，以免男性覺得女性對他們**已經**付出的努力不知感恩。女性必須確保溝通的方式不會讓伴侶感覺他們受到攻擊或指責。雖然女性地位在過去一百年間已大幅提升，但依然不如男性的一大原因在於：大家要求女性付出情緒勞動。這也是為什麼如今仍有那麼多女性不願給自己貼上女權主義者的標籤：她們擔心「女權主義者」

4 Darla Halyk (New World Mom), Facebook post, February 8, 2018, https://www.facebook.com/NewWorldMom/posts/1827440660622445.

5 Miranda Larbi, " 'I Can Do It All, but All of It Is Not Mine to Do' Should Be the Feminist Anthem of 2018," *Metro*, February 18, 2018, http://metro.co.uk/2018/02/18/can-not-mine-feminist-anthem-2018-7321935/.

那個詞的寓意更甚至於它的實際意義。

高中時，我就是那種女生。我把「女權主義」與那些痛恨男人、家庭、高跟鞋、烘焙等事物的「憤怒女性」形象緊密地聯想在一起，所以當時我積極地譴責女權主義。我喜歡聽到別人說我是傑出的「酷女孩」，說我「不像其他的女孩」，那種態度是源自內心深處的厭女情結。當時我並未意識到，女權主義只是認為男女應該享有平等的權利，而這是為了讓女性有權選擇適合她們的生活，而不是為了去貶損那些化妝或想在家裡帶孩子的人。然而，即使我後來瞭解女權主義的基本通用意義，我還是覺得那是一個難以接受的標籤。想要提出任何屬於女權範疇的議題，都需要仔細地拿捏分寸，投入大量的情緒勞動，尤其是有男性參與討論時。我覺得我好像必須不斷地證明，我不是「憤怒的女權主義者」。為了讓別人把我的說法納入考量，我必須先證明我夠安靜，夠冷靜，夠理性，值得納入考量。

這類情緒勞動的要求不僅抑制了改變，也破壞了改變，因為判斷這些互動中哪些作法「合理」的人，正是那些權力受到質疑的人，亦即男性。他們認為女性的憤怒可能顛覆現狀，所以不准女性發怒。他們也覺得女性的意見不能太直率、太極端，因為那干擾了其他人的舒適。這種對情緒勞動的要求也延伸到女權運動之外，在更邊緣化的族群中以類似但更強烈的方式來維持現狀。那些邊緣化的族群裡，還有權力層級的考量，以及更多的聲音要求那些族群保持安靜和冷靜，並注意誰掌握正規的文化。

艾蓮娜・莉瑞（Alaina Leary）是身障人士，她覺得自己常在所有的人際關係中付出情緒勞動。她罹患鬆皮症（Ehlers-Danlos Syndrome，簡稱EDS），她說那是先天性結締組織異常症候群，症狀極其複雜。由於全身都有結締組織，EDS可能影響身體多個部位。她可以過度變形（「意思指可以自然地延伸身體某些部位，超出一般人可延伸的範圍，但是那很痛苦，會導致關節受蝕」）。她的協調力很差，容易擦傷及受傷。她有慢性疼痛，容易感到疲勞（類似慢性疲勞症候群或纖維肌痛症的患者所感受到的腦筋遲鈍和疲倦）。她的肌肉張力很差，姿勢也不好。當她不想要大費唇舌向好奇的記者和親友解釋這一切時，她需要付出大量的情緒勞動，以避免他人注意到她的殘疾。「光是規劃活動以及跟某人外出，就需要投入許多情緒勞動。」莉瑞說：「通常我必須負責瞭解我可不可以去參加某場活動，並事先做很多幕後的偵探工作（例如評估活動地點、瞭解那裡距離公共運輸有多遠、附近有沒有停車場、瞭解需要站多久或排隊多久，查座位資訊、查閱詳細的菜單等等）。在我們一起出門之前，我必須持續做準備工作[6]。」如果她不事先把一切安排妥當，可能得承

---

6 二〇一八年二月二十八日接受筆者訪問。

受劇痛或甚至達不到目的地。為了在外界順利運作，她需要投入大量的情緒勞動；在此同時，她也努力避免那些情緒勞動影響到周遭的人。「我不希望那些聚會場合把焦點放在我身上、我處理的事情上，或我參與那些活動的需求上。」她常擔心自己「給人添太多麻煩」，她說這個問題是源自於內化的殘疾歧視。她知道這個世界不是為了通融她而設計的，甚至不是為了讓她接觸而設計的，所以她覺得自己有必要過度補償，在某種程度上證明自己，而她是依靠卓越的情緒勞動技巧做到這點。她告訴我：「即使是立意最良善、最要好的非殘疾朋友，也不太明白我的生活是什麼樣子。」教大家理解並投入情緒勞動，獨自承擔所有的重擔，好讓親友、陌生人、整個現狀得以維持舒適是她的任務。

娜欣．詹尼亞（Naseem Jamnia）也覺得跨性別者需要為自己的身分付出大量的情緒勞動，尤其是面對家人時。他說：「我總是決定不要解釋，也不要跟家人談這件事，因為經驗告訴我，那樣做不值得[7]。」他的母親偶爾會試圖理解，但詹尼亞表示，說到底，她其實**不想**理解。詹尼亞說：「我試著跟她討論如何使用我的代名詞（波斯語本來就沒有性別代名詞），但她總是推託，說她常搞混代名詞，為何那很重要？我說，那很重要是因為她把我當成女兒，是一個女孩；我把自己視為她的孩子，是一個無性別的人。」詹尼亞說，身為跨性別者，面對朋友和陌生人比較容易，因為他們不像家人那樣跟你有一段歷史，對你有所預期。每個人在家中都需要因應情緒勞動的預期，但是處理性別認同和跨性別議題時，需要付出的情緒勞動會一舉提升到一個全然不同的等級。詹尼亞說，跨性別者意識到他們每次和父母在一起時得付出多少情緒勞動，就更加洩氣。「每次和爸媽在一起，就感到筋疲力竭。我意識到自己的所作所為及投入的精力，但他們對我的付出毫無體會，甚至毫無意識。我們的關係之所以維持不變，是因為我盡我所能避免招惹是非。相較於試圖改變他們，對我來說，維持不變比較沒那麼累人。」

要求平等，指出明顯的種族歧視和其他的不公平，都需要窮極情緒勞動，更遑論其負面影響。事實上，我為本書採訪的一位女士要求我採用化名，因為連談論她身為黑人女性所承受的情緒勞動，都可能在她打造平台和事業時傷害到她。身為三個孩子的母親，她解釋，情緒勞動對她的影響遠遠超出了她的人際關係或家庭管理，幾乎融入生活的各個領域。她得經常回應一些無知、直白的種族歧視問題，或是遇到白人明明可以主動去學習種族議題、卻預期由她來負起教育對方之責。外界預期她容忍一些輕微的歧視舉動，裝出若無其事的樣子。她也被迫面對周遭人對其生活經歷的質疑（「妳確定妳描述的種族歧視真的

7 二〇一八年三月十六日接受筆者訪問。

跟種族有關嗎？」），還得自我調整，假裝情況不是那麼氣人。

她告訴我，最近她帶著孩子和年邁的母親去州立公園遊玩的事。他們只停車下去玩了幾分鐘，她的母親留在車內。她回到車子時，一名警官上前問她，為什麼不付八美元的停車費。她指出，那輛車子並未熄火，她的母親一直待在車內，他們只是暫停幾分鐘。我覺得這個說法很合理，換成是我的話也會提出相同說法，但我永遠不必預料接下來的事情發生在我身上：警官把手移放到手槍上。這個故事本身已經夠恐怖了，但她後來告訴一位白人朋友時，朋友還站在警方那邊，堅持那種互動與種族無關，說她過於敏感。

「我遇過這種情況無數次了。」她告訴我：「到最後，妳會乾脆避而不談，因為妳已經厭倦了妳還要為這種事情算不算種族歧視而辯解。如果我長得像我鄰居，如果我是戴著眼鏡的嬌小白人女士，早上十一點開著小包車，載著三個小孩和七十五歲的母親去州立公園……如果我是金髮，警官就不會把手放在手槍上了[8]。」她說，這個世界裡，有些人為了維持讓他們感到舒適的世界觀，而否定妳的生活經歷。活在這種世界裡令人沮喪。

外界不只要求她付出情緒勞動而已，更糟的是，她看到外界也要求她的孩子展現出某種程度的順從。她回憶道，有一次她去白人社區的游泳池，她明確地告訴孩子，不能太大聲或太吵鬧，基本上就是不能太像孩子。「你不能像白人孩子那樣展現孩童本色。」她說：

「我不僅改變了我的行為，也改變了孩子的行為。我限制了他們。」她不得不那樣做。這是因為她知道，白人談論黑人兒童的行為時，所用的是一種經過包裝的用語，以便把種族歧視加以合理化。她和她的孩子必須確保每個人（尤其是周遭的白人）感到舒適。「最終，妳是活在一具大家認為有威脅性的軀體裡，妳的存在本身就是一種威脅。」她必須付出大量的情緒勞動來抵銷那種影響，而那種勞動付出很少獲得肯定或重視。

雖然有色族裔女性的情緒勞動常遭到濫用，但她們也因為經常付出較多的情緒勞動，而有能力領導變革及解決問題，並展現卓越的效果。瑞安儂・柴爾茲（Rhiannon Childs）是俄亥俄州女性大遊行（Women's March）的社群組織者，也為美國計畫生育聯合會（Planned Parenthood）從事宣傳工作。目前，她正準備把一些組織經驗運用在地方選舉上，同時大力宣導婦女的生育權利。她在上述領域中的表現相當出色，儘管她是二〇一六年大選後才開始從事宣傳工作。在那之前，她在醫療照護領域工作了二十年，並在美國空軍服役。她告訴我，這次總統選舉讓她回想起以前在軍中遇到的許多厭女和種族歧視經歷，促使她改變職業生涯。她指出，在競選過程中，性別歧視的現象昭然若揭。「看到世

8　二〇一八年三月十二日接受筆者訪問。

界上最有權勢的女性之一（希拉蕊）經歷著一些我年輕時一直保持沉默、從未正視過的相同事情，實在令人震驚[9]。」現在她不再沉默了，她不能讓女兒在一個告訴她「妳不夠優秀」的世界裡長大，她不想讓女兒也經歷相同的一切。

柴爾茲的成功當然可以歸因於多種生活經歷和性格特質，但她身為黑人女性所累積的情緒勞動經驗是主因。她知道如何為周遭人的盲點帶來光明，如何對他人展現同理心，以及如何體諒和理解他人（她說這是一種近乎與生俱來的能力）。「這就是為什麼我們常說，要信任黑人女性並以她們為中心。」柴爾茲說：「我們面臨那麼多層級的壓迫，我們理解世事，理解多數觀點和逆境。我們不會錯過任何事情，不會錯過任何聲音。身為組織者，我在規劃一件事情時，會想到**每個人**。我不會遺漏任何事情，我們會想到很多人壓根兒沒想到的事。」這個世界可能要求她無論如何都要付出情緒勞動，但柴爾茲說，把那些技巧運用在她的宣傳工作上，是她能夠重新掌握個人時間的一種方式。

情緒勞動不光只是個人關係動態中的問題而已，例如誰把襪子扔在地板上、誰把襪子撿起來之類的。婦女運動忽視情緒勞動，不單只是阻礙家庭領域的進步而已。我們不解決情緒勞動的問題，導致各方面的平等都受到了阻礙，造成權力失衡，於是大家預期一方包辦所有的工作，連另一方該做的本分也一併包辦。柴爾茲告訴我，雖然她常肩負起教育別人的情緒勞動，但還是有一些事情是她無法代勞的。她說：「我無法幫你挽回錯過的多年歲月，我不能一直回顧過往，你需要迎頭趕上，你需要自學及教育自己。」這是伊究瑪．奧露羅（Ijeoma Oluo）在著作《你想談論種族是吧》（*So You Want to Talk About Race*）常提到的一點。她一再提到，如果你依然「搞不懂」，又沒有黑人朋友願意為你付出更多的情緒勞動來向你解釋，你可以自己上網搜尋。你的疑問可能已經有人回答好幾次了。這讓我想起許多女性說，她們的伴侶不想讀我在《哈潑時尚》上發表的那篇文章，要求她們直接解釋給他聽：「給我淺顯易懂的《讀者文摘》版。」改變不是這樣發生的，我們應該要求我們的盟友做得更多。我們需要偶爾享有不必手把手引導他人的自由，這樣才能盡情運用雙手追求進步。只承擔自己的責任（放下別人的責任）並不容易，但是為了進步，為了各層面的平等，這是值得的，也是必要的。

那麼，我們該從哪裡開始呢？當大家期待一方或一個人永遠承擔一切責任時，我們如何處理情緒勞動及其帶來的不平等呢？我無法明確地回答那個問題，但傅瑞丹的主張再次吸引了我。她決定在後來的著作《第二階段》中回頭探討之前未探究的議題。「在問題變

9　二〇一八年三月十三日接受筆者訪問。

得政治化之前，應該先從個人的角度問起。」傅瑞丹寫道：「男性和女性都必須面對人性需求（對愛、家庭、工作意義、人生使命的需求）和當今職場要求（我想在此補充「外界」要求）之間的衝突[10]。」她回顧女權運動向前挺進時，家庭和女性迷思中依舊沒變的部分，並看到在政治改變之前，個人必須先改變的方式。文化、政治、職場的改革都是必要的，也是可行的，但前提是個人要先有意願做出必要的改變。我們需要學會在生活中重視這項勞動，我們必須從孩子、伴侶、自身開始創造變革。

---

10 Betty Friedan, *The Second Stage* (New York: Summit Books, 1981), 157.

PART 3

往更平衡的男女之路邁進

Fed Up

Emotional Labor, Women, and the Way Forward

11

女人並非天生擅長這些事

假以時日及多加練習，男性將會發現情緒勞動的價值，因為那為他們開啟了世界的另一面，一種全新的人類整體性，讓他們感覺與生活更緊密相連。

我和先生可說是一起長大的，我們在高中時期就相識，從青少年乃至於成年都在一起。這種青梅竹馬的戀情通常不容易開花結果，但我們不僅在那段蛻變時期一起成長，也安穩地進入一種我覺得很難得的先進關係。雖然把一段感情從少年呵護到成年勢必有些辛苦，但這種感情也有一些顯而易見的好處。最明顯的好處之一，是我們擁有難得的機會，可以從頭塑造我們的關係角色。我們少了獨自摸索的時間，也不會受到過往戀情的影響（這裡不算我中學時期認真交往過的一位男友，我曾和他在校外旅行中親親我我，在走廊上手牽手，但從未在校外約會過）。我和羅伯交往時，完全沒有任何包袱或先入為主的想法，這是一種令人興奮又充滿未知數的組合。我們很早就知道，一起打造共同的生活需要彈性，也要樂於妥協。如今回顧相識十四年來的歲月，我覺得我們很順利地度過了一道又一道的難關。我們一起打造了一個家和一種生活，從大學時期承租的一室一廳公寓，到現在擁有一間大房子，共同養育三個孩子、一條狗和一隻貓。我們攜手合作這一切，過程中開誠布公地交流，至少我是這麼想的。但為什麼我們在管理家務、承擔責任、彼此交談上依然會陷入失衡狀態？情緒勞動的落差究竟是來自何處？為什麼我經過那麼多年才真正意識到這點？

我和女性朋友、母親、姑媽姨媽、祖母交談時，她們都確切知道我在說什麼，但我先生卻很難理解。即使是以前從未聽過「情緒勞動」這個詞彙的女性，只要聽我舉個例子就馬上懂了，例如告訴伴侶一件基本的居家用品擺在哪裡，彷彿他是家裡的另一個小孩似的。有些人會說：「感情關係就是這麼一回事」、「男人就是這副德性」、「這就是父權制」、「這就是人生」。這些評語不盡然是錯的，這本來就是異性戀關係、與男性互動、父權制、一般生活的一部分。然而，小心翼翼地拿捏自己的感受、管理情緒、仔細打理他人生活的細節時所衍生的失落感，讓女性特別有共鳴。我告訴她們，**那就是情緒勞動**。

我認識的每個女性都知道這項勞動，但是當我說這種動態可能改變時，有些人表示懷疑，甚至完全不相信。「這種事情要是我不做，就沒有人會去做。」我聽無數女性這樣說，而且一字不差（我確定我以前跟閨蜜訴苦發洩時也說過這種話）。女性對男性抱著一種很深的不信任感，她們覺得即使是最好的伴侶，也不可能「開竅」。她們認為男性不僅**不願**做、也**不會**做她們做的事情。大家普遍認為，即使男性願意承擔更多的情緒勞動，他們也不知道該怎麼做。男女先天如此不同，所以追求平衡是不可能的。長久以來，男性和女性都習慣相信這種迷思，認為**女性先天就是比較擅長這些事情**。

我檢視過我自己的感情和婚姻關係，有時也會懷疑那個迷思是不是真的。我和羅伯一起長大，從頭開始培養感情關係，但我們依然在不知不覺中陷入那種模式。我是因為先天就擅長這些事情，所以自然而然地承擔起這些任務嗎？這樣問似乎很合理，畢竟我先天就比較有條理，比較容易注意到哪些事情該處理，比較熟悉孩子的情感需求，不是嗎？也許不是。我問蜜雪兒・拉姆齊博士（Michele Ramsey），有多少情緒勞動是先天的，有多少是後天的。她很快就回應，她認為情緒勞動幾乎百分之百都是後天培養的。

「孩子三歲的時候，就明白性別角色，包括他們『該』做什麼、不該做什麼。我們知道，孩子從出生以來的理解力比多數人所想的還要強大，而且大多數的孩子從小就接觸大量的媒體內容（或接觸那些吸收大量媒體內容的孩子），所以他們很早就學會性別角色。」她說，有些女性可能不同意這種說法，她們說兩三歲的兒子「先天」就喜歡卡車，女兒「先天」就喜歡洋娃娃，但那種看法完全忽視了那些性別資訊很早以前就潛入孩子的意識中。孩子隨時隨地都可以接收到那些性別訊息，從家庭、朋友、媒體、宗教、教育等等，根本無可避免。人類會模仿自己熟悉的行為。從小到大，我們所處的文化持續灌輸我們的概念是：情緒勞動是屬於女性的領域。

寶琳．坎波斯（Pauline Campos）是第一代和第二代的「非裔／拉丁裔」美國人。她的父親是移民，母親在美國出生，但在墨西哥成長。在成長過程中，坎波斯不知道「情緒勞動」這個概念，如果她對情緒勞動有些許的理解，那應該是源自於一句俗諺：Si el esposo es la cabeza, la esposa es el cuello（如果先生是頭，妻子就是脖子）。那句話是在挖苦男人掌權的概念，因為實際操控整個局勢的還是女性。不過在她的家庭中，有一件事情是女性無法掌控的，亦即大家預期女性該扮演的性別角色。坎波斯是五姊妹中的老大，她回憶以前她和妹妹都必須好好伺候來她家造訪的任何男性。約會對象來家裡接坎波斯出去時，一個妹妹會先端出洋芋片來招待他，另一個妹妹會幫他倒杯飲料。「如果他想續杯的話，我爸會示意我妹為他加滿開水或汽水或他喝的任何飲料，讓他等我準備就緒，彷彿他是餐廳裡的顧客似的[1]。」

---

1 二〇一八年三月七日接受筆者訪問。

坎波斯說她的父親從未幫孩子換過尿布，坎波斯從八歲開始就要照顧小嬰兒，她常負責叫醒妹妹，幫妹妹準備上學，好讓母親可以暫時抽離忙不完的累人家務。她告訴我：「一直以來事情都是這樣運作的。」即便是現在，她還是很難分辨她在婚姻關係中為先生做的一切情緒勞動。她說，由於從小成長的模式使然，她需要從「第三方的視角」才能看清那些她已經習以為常的無形勞動。坎波斯說：「我先生主動打掃或幫我帶孩子，讓我有機會休息時，我還是很訝異，因為感覺他好像幫了我一個忙，而不只是我的育兒夥伴而已。」

大多數的女性或多或少都已經習慣把情緒勞動視為生活的一部分。我看著母親掌管家務，打理三餐和生日派對，帶我們去看醫生和牙醫，寄生日卡和聖誕卡給每個大家庭的成員。我記得以前夜裡是她躺在床上聽我說話，也記得我在青春期築起情緒高牆時，她不斷地想要穿越那堵牆，跟我溝通。我記得她為每個人燙熨衣服，也記得我年紀夠大時，幫她摺衣服並把洗好的全家衣物收入衣櫃中。我沒注意到她承受的精神負擔，但我知道我需要任何東西時都可以找她，無論是找不到毛衣或櫥櫃裡的零食。她默默地承接這些零碎的瑣事，日復一日，年復一年。我從母親的身上瞭解到外界預期我該展現的行為模式，也從我父親身上瞭解到我可以預期在伴侶身上看到的行為模式。我在父親的身上看到一個分擔家務的男人，他會在毫無特別原因下帶著鮮花回家，隨時準備好帶給孩子歡樂，但他從來不是那個**負責**情緒勞動的人。我母親才是掌控全局、下指令、促進全家歡樂的人，但她從未因此獲得肯定。我以前完全沒意識到這些事情，但我無法假裝那些事情對我現在打理家務、家庭、婚姻關係的方式毫無影響。

然而，現在我也改變了成長過程中很多習以為常的事情。雖然我的童年沒什麼問題，但我從小被灌輸的觀念是女權主義是一個糟糕的詞彙，並看著周遭的人把傳統的性別角色吹捧成福音。不過基本上，我和先生已經能夠擺脫這些停滯落伍的角色，培養出與我們父母輩截然不同的關係，就像我們上一代的關係也和他們成長時目睹的關係截然不同。然而，即使世代不斷地更替，情緒勞動仍是每個世代中固定不變的要素。即使我們跟伴侶談論情緒勞動，一切似乎也不會改變。我們在許多與美國迥異的文化和社會中，都看到情緒勞動是許多感情關係中固定不變的要素。這可能使大家誤以為，男女之間的情緒勞動分工在某種程度上是預先注定的，甚至是先天的。文化可以完全地說服我們相信這些都是我們先天的角色，即使事實並非如此。愈是深入探究，愈可以清楚看出，在情緒勞動方面，後天的養成永遠勝過先天的性格。

最初，我開始研究及思考可能幫我們走出情緒勞動困境的不同伴侶模式時，我是先鎖定母系社會為研究對象。但我很快就發現，那種思維方式有缺陷。顛覆我們的文化腳本，鎖定那些女性主導的文化，並無法解決情緒勞動失衡的根本問題，只不過是把角色顛倒而已。只有平等的結構才能指引我們如何擺脫這種混亂。於是，我找到了人類學家貝瑞．惠立特的研究〈世上最棒的父親〉：阿卡部落的男人[2]。阿卡俾格米（Aka Pygmy）部落約有兩萬人，過著採集狩獵的生活。他們不是不分性別，但確實顛覆了我們所想的傳統性別角色。惠立特發現，阿卡人是他研究過最平等的父母。男人和女人的角色在家中及狩獵中都是可以互換的，男人可以輕易承接照顧孩子的角色，不需要任何微觀管理，而女人外出狩獵時，往往表現得比男人更出色。阿卡部落的每個人似乎都不需要有人要求，就知道自己該做什麼以及怎麼做那些事情，尤其養兒育女方面更是如此。

我們可能一直認為母親或其他的女性異親（亦即非親生父母）是最自然的孩子養育者，但阿卡部落的男性在養育孩子方面，完全顛覆了生物學上的爭論。惠立特住在阿卡部落期間，注意到母親不在時，男性哺乳（或至少以乳頭作為安撫工具）是男性安撫嬰兒的正常方式。男人湊在一起過「男人之夜」時，他們一邊把嬰兒抱在胸前、一邊喝棕櫚酒的情況並不罕見。惠立特發現，阿卡父親在孩子身邊的時間高達四七％，比世上的其他父親更親近孩子。男性擔任主要照護者沒什麼好丟臉的，因為他們不覺得女性本來就應該「自然地」承擔那個角色。父親和嬰兒之間的親密關係是常態，就像母親和嬰兒一樣親密。這讓人不禁想問，我們那些自以為「自然」的西方觀念，究竟是從哪裡來的？

事實上，我問多數女性她們為親子關係投入的情緒勞動時，她們確實認為自己在這方面比伴侶略勝一籌。她們有較強的直覺，更能迅速察覺情緒和干擾，也比較瞭解孩子的需要。她們「先天」對周遭的人比較溫和體貼，至少她們是這麼想的。但科學無法佐證女性先天就比較體貼或擅長養育的說法。史丹佛大學慈悲與利他研究教育中心（Center for Compassion and Altruism Research and Education）的科學長艾瑪．賽普拉提到，廣泛的研究發現，其實女性和男性有同等的慈悲心，但由於他們社會化的方式不同，表達的方式可能也不同。賽普拉在加州大學柏克萊分校的《至善雜誌》上撰文指出：「慈悲心是先天的特質，諸多研究並未發現它有性別差異。女性表達慈悲心的方式，經過文化的演進，是透過養育及緊密連結的行為來表達。男性表達慈悲心的方式，經過傳統的演化，是以保護的行為來表達，以確保生存[3]。」男性在社會化之下，把男子的陽剛氣概和攻擊性、情感壓

---

2 Barry Hewlett, *Intimate Fathers: The Nature and Context of Aka Pygmy Paternal Infant Care* (Ann Arbor: Univ. of Michigan Press, 1991).

3 Emma Seppala, “Are Women More Compassionate Than Men?,” *Greater Good Magazine*, June 26, 2013, https://greatergood.berkeley.edu/article/item/are_women_more_compassionate_than_men.

抑、保護、養家糊口聯想在一起；女性則是把女性的柔順氣質和情緒勞動、關懷、養育、撫養孩子、順從聯想在一起。這是女性很容易把情緒勞動融入生活和身分之中的原因，即便男性也有相同能力，所以這是後天養成的，不是先天如此。

某些文化可以證明，平等的社會如何和諧又自然地處理情緒勞動，但它們無法教我們如何在自己的生活中落實這種模式。阿卡部落的生活不受西方文化的影響，不像我們不管想不想要，都會受到幾百年來根深柢固的思維所制約。意識到這種傳統制約是一回事，扭轉那些制約效應又是另一回事了。不過，我們可以從一個現代的例子中尋求指引：冰島。

許多北歐國家在近幾十年來變得更加平等，但冰島走向平等的速度之快，可說獨步天下。如今冰島被譽為全球女權最強的國家[4]，但它登上這個寶座的時間並不長。事實上，冰島直到過去十年，才真正從男子氣概的維京文化，轉變為如今眾所吹捧的平等烏托邦。雖然大家對於冰島是否落實完美的女權主義仍莫衷一是，但無可否認，這個號稱工資的性別差異很低、職場環境最適合女性、國會的女性席次占四八%、國家元首是女性的國家，確實有一些值得學習的地方。冰島也有全球最慷慨大方的產假及陪產假政策。

冰島與美國一樣，在二〇〇八年全球經濟衰退的危機中受到重創。當時，冰島的領導人明顯看出，如果冰島想要重新站起來，政府就必須改變。然而，誠如利普曼在《聆聽女性：職場中的性別溝通》中所說的，每個國家因應的方式有明顯差異。「在美國，那些造成經濟崩潰的人依然在崗位上呼風喚雨。在冰島，那些男人被判入獄，由女人接掌他們的位置。冰島的三家銀行中，有兩家任命女性為新行長。冰島政府全體總辭下台，包括總理在內[5]。」經濟危機所引發的不滿聲浪，促成冰島國會大幅改革，並於二〇〇九年選出首位女總理約翰娜・西古達朵提（Johanna Sigurðardottir）（如果你想談論擅長情緒勞動的人，西古達朵提不僅是公開的女同性戀者，以前也當過空服員）。她上任後，迅速推動公司董事會中女性董事的比例至少要達四〇%的規定。她也在財政部設立一個名為「性別預算」的新部門，以確保所有的預算決策都考慮到男女平權，使國家在男性和女性身上的開支不會陷入失衡。她也協助禁止脫衣舞俱樂部，推動減少人口販賣的立法，並在她擔任總理期間，使同性戀婚姻合法化。她的目的顯然是為了推動女權主義，但她指出，不瞭解男性就無法解決性別不平等的問題。「男人需要瞭解，平權不僅僅是一個『女性議題』，而是攸關

---

4 ulie Blindel, "Iceland: The World's Most Feminist Country," *The Guardian*, March 25, 2010, https://www.theguardian.com/lifeandstyle/2010/mar/25/iceland-most-feminist-country.

5 Joanne Lipman, *That's What She Said: What Men Need To Know* (and Women Need to Tell Them) About Working Together (New York: HarperCollins, 2018), 224.

每個家庭乃至於整個社會。」西古達朵提接受國會女性高峰會（Women in Parliaments）的訪問時如此表示：「女性在勞力市場上遭到某種虐待時，例如工資很低，她的整個家庭都會遭殃。如果福利問題不是我們努力的優先目標，那會變成一大社會問題，危及兒童、老年人、殘障人士，進而危害到社會的多數人[6]。」

世界經濟論壇每年評比「最適合女性居住的國家」，冰島的排名穩步攀升，已連續十年蟬聯榜首。目前冰島是由新總理卡特琳・雅各斯多提爾（Katrín Jakobsdóttir）執政，進步的腳步並未停歇，最近冰島還實施一項法律，規定公司若是男女同工不同酬就是不合法。如果一家公司不能證明其工資制度是公平的，它將面臨每日最高五百美元的罰款[7]。利普曼深入探索哪些因素讓冰島成為世上最適合女性居住的地方，結果發現，雖然許多統計資料有助於冰島攀升到榜首位置，但真正讓冰島與眾不同的是：冰島男性截然不同的態度。事實上，她發現多數冰島人認為自己不算女權主義者或平等烏托邦的一分子。男性雖然樂見女性達到平等地位，但他們並不覺得女性已經達到平權。男性也不覺得自己受到過去十年強勢發展的女權目標所迫害。事實上，正因為如此，他們認為許多美國男人是軟弱的。相較之下，冰島男性的男子氣概與平權承諾則是緊密地交織在一起。她訪問的多數男性都自信地宣稱自己支持女權主義，這種團結一致的精神似乎正是推動冰島向前發展的原因。男性和女性都希望看到一個更平等的社會，他們都準備好、也願意為實現這個目標而奮鬥。

冀望一次政治改革就迅速促成性別平等的改變，達到類似冰島那樣的成果也許很難，但如果我們可以改變個人觀點（長久以來使我們一直陷在情緒勞動的失衡狀態、停滯不前的負面敘述），我們也有可能在不久的將來看到那樣的變革。只要男性和女性都揚棄「情緒勞動是先天的、而非後天的」這個束縛性別角色的概念，我們就可以一起善用情緒勞動的力量，讓這種寶貴的技能對大家都有利。這表示女性不能再一心想著自己就是先天比較擅長，而要相信伴侶可以把這些技能學得跟我們一樣好，甚至在某些領域表現得更出色。女性需要相信男性會把事情做好，而不是想當然爾地認為，只要女性一放手，那些事情就完蛋了。也許那些事情真的會完蛋，幾乎一定會完蛋，但是只要給予足夠時間、空間和希望，事情還是會有起色，而且愈來愈好。為此，男性需要停止假裝自己無法勝任，並學習

---

6 "Jóhanna Sigurðardóttir: 'Gender Equality Did Not Fall into Our Laps Without a Struggle,'" Women Political Leaders Global Forum, February 27, 2014, https://www.womenpoliticalleaders.org/j%C3%B3hanna-sigur%C3%B0ard%C3%B3ttir-gender-equality-did-not-fall-into-our-laps-without-a-struggle-1989/.

7 Ivana Kottasová, "Iceland Makes It Illegal to Pay Women Less Than Men," CNN Money, January 3, 2018, http://money.cnn.com/2018/01/03/news/iceland-gender-pay-gap-illegal/index.html.

這些技能，即使這些技能並非「與生俱來」。他們需要瞭解伴侶正在做的事情，適時地承接那些任務。身為成年人，不分性別，我們都需要把情緒勞動視為自己的責任。這是我們化解失衡的方式。

我知道這是一種解方，是因為我現在正過著「彼岸」的生活。我和先生目前是處於情緒勞動平衡的狀態，這種模式在大多時候是有效的。在我寫這段文字的當下，他和三個孩子正在他的父母家。今天早上我去圖書館做完研究返家後，他已經自己把孩子打理妥當，摺好衣服並收進衣櫃，碗盤洗好了，家裡也打掃得很乾淨。這些都是他自動自發做的，我沒有做微觀管理，沒有幫他列待辦清單，也沒有提醒他孩子一整天下來需要什麼。我完全沒有插手任何事情，也不需要開口要求。

或許，我應該先回頭補充說明一下，我先生到底經歷了什麼改變。上次我提到先生時，我說家裡好像火山爆發，食物、玩具、衣服丟得到處都是，但他好像毫不知情，逕自出門去騎單車。或者，我應該回顧更早之前，回到我本來以為他已經在改變的時期——因為他確實在改變，但沒改變的人是我。在我日益忙碌的工作日裡，他承接了愈來愈多的家務，想辦法送孩子上學，確保孩子都吃飽了，衣服都洗了，家裡也打掃了。他可能沒有一套像我那樣的組織系統，但他已經設法打理一切，把事情做完了。對此我很感激，但坦白講，我也常因為事情沒照著我的方式完成而感到失望。有些事情只要我不動手，就是擱著沒人做，他的情緒勞動似乎是斷斷續續的，我也搞不清楚為什麼。所以，我試著跟他溝通這件事（其實是對他嘮叨），我在表達謝意後，接著又建議他怎麼做比較好。每隔一週，我就試著實施新的系統，例如輪換家務表、採用杜芙建議的「管理Excel清單」（Management Excel List）。對此，他似乎不太感興趣，於是我的挫折感與日俱增。我想他也是如此，雖然他絲毫沒有透露半點不滿。

其實我一直在想辦法改變他的行為和觀點，因為我以為他的行為是問題的核心，以為女性是唯一擁有這些技能的人，也以為我可以有效地教他那些技能，以減輕我的精神和情感負擔。如果我倆在情緒勞動的能力上看似差異明顯，那是因為我們從小接受的教養方式不同，那表示我需要「教育」先生，讓他變得更像我，像我一樣思考，像我一樣解決問題，像我一樣做情緒勞動，畢竟我太擅長這些事情了。當我是唯一負責這些事情的人時，我有一套很有效率的系統。我心想，他應該無法靠一己之力來彌補三十年來不同的社會化過程對他產生的影響吧？

基本上，我一直在兩種模式之間搖擺不定：想辦法讓羅伯符合我的預期，然後等著看他失敗。在這本書出版之前，我需要「改正」我們，否則我根本是在睜眼說瞎話。我問羅伯，他覺得我們該怎麼做，他說他不知道，他不明白自己還有哪些地方沒搞懂。於是，我開始進行類似社會實驗的新方案，然後等著看無可避免的災難發生。羅伯可以感覺到，我覺得他無法像我那樣承擔情緒勞動。他說，他做得再多，好像永遠都不夠。他知道他那樣說確實有幾分道理，因為除非他用我的方式做每件事，否則我總是能夠吹毛求疵，找到可以挑剔的地方或應該重做的事情。我總是可以給他某種暗示，讓他知道他欠缺把事情做好的必要條件。

我看得出來，他正在改變他覺得自己可以掌控的一切。我開誠布公地跟他溝通，想出上述方案，所以我以為我也在改變，但其實我根本沒變。我試圖在不改變自己下，改變我們的關係動態，改變情緒勞動的平衡。我並未檢視我自己的觀點及想法是如何阻礙我們前進，我並未檢視自己的偏見：我以為我總是比較擅長情緒勞動，以為我的關愛和養育方式（很自然）總是最好的，以為**羅伯無法自己熟練這些技能**。

看到我當初潛意識裡執意抱持最後那個偏見，如今看來很不真實。畢竟我做過調查，我知道，即時沒有人教導男人怎麼做，男人也有能力承擔情緒勞動。單親爸爸沒有伴侶為他做那些事情，所以他自然而然就擔負起那個任務。英國的全職父親兼部落客亞當斯從未聽過妻子教他如何管理家務最好，也沒有人教挪威的軟體工程師安博在他的同性婚姻中如何承擔情緒勞動。是什麼因素讓這些男人與眾不同，使他們比我先生更能幹？也許答案很簡單，因為他們不是跟我結婚。沒有人在背後看著他們，等著他們失敗。他們有時間和空間去培養情緒勞動的能力，而我卻在不加思索下，完全沒給羅伯任何時間和空間。

我也很想說，最後是因為我有了這番頓悟並改變了我的作法，但事實並非如此。真正的狀況是，我把自己搞得焦頭爛額，不知所措，跟不上微觀管理的步調。我把自己鎖在辦公室裡，寫作一整天，晚上讀了一整晚，根本沒有精力去關心衣服是怎麼摺的。我專心工作時，無暇給羅伯任何建議，無法教他以更有效率的方式管理家務。我忽視了眼前的混亂，放任家裡亂到極點，那感覺很痛苦，很糟糕，我經常暴跳如雷。有好幾天，我覺得自己像個睜眼說瞎話的騙子，不知道自己能不能寫完這本書，並假裝我寫的東西是有價值的。我覺得我正在假裝情況已經變了，但實際上我和剛開始時一樣沮喪。

後來有一天，我走出辦公室，發現房子很乾淨。不是有點乾淨，不是羅伯認可、但不符合我標準的那種乾淨，而是一切都在掌控中的那種乾淨，雖然不完美，但已經很棒了。接著，我意識到，我已經一整個禮拜沒有規劃三餐了，今天是買菜日，我們得趕緊為晚餐做點什麼。我打開冰箱以評估剩下的食材，這才發現我雖然沒有列買菜清單或三餐計畫，但菜都買好了。於是，我開始回想過去那一週發生了什麼事：我上次洗衣服是什麼時候？

上次檢查孩子功課是什麼時候？上次提醒羅伯為托兒所打包小被子是什麼時候？上次要求羅伯做事是什麼時候？我完全不記得了。我無暇投入家務時，羅伯已經完全承接了一切。事實上，他之所以承接這些事情，**正是因為**我無暇投入，而且他這樣做不單只是出於必要。

事實上，之前我的不斷干預以及無意間的攪局，正是阻止羅伯信心十足地承擔情緒勞動的原因。他知道我對他沒有全然的信心，那種不信任導致了自我懷疑。他需要自己搞懂狀況，需要時間和空間來培養能力，之後才會有信心承接這些長久以來由我負責的情緒勞動。他必須親眼看到他能夠接受挑戰，不需要我等在一旁，默默（或不太安靜）地以我幾十年的經驗來評斷他的表現。現在他知道自己的能力了，我們可以從一個平等的基礎開始努力，一起決定什麼樣的平衡最適合我們。那種平衡既不像我想像的那樣，也不像我感覺的那樣，但那是因為我仍在努力改變自己的行為和觀點。雖然我很難克服內心的偏見，但我不認為女性先天就擁有一套優於男性的技能。

女性持續傳遞著一種錯誤的訊息：男人就是搞不清楚狀況；他們永遠不會做女人做的事情；他們缺乏承接情緒勞動所需要的先天技能。這種錯誤的訊息也束縛了男性。當你經常聽到別人說你無能時，聽久了就變成真的了。多數男人從來不會質疑伴侶的方法不是最好的，因為他們知道這是在自找麻煩。他們知道他們正踏入女性的地盤，女性很少騰出任何空間讓他們自己探索情感勞動，所以很多男人因此產生「他們先天就不擅長做這些事情」的心態，他們生來就不善於摺衣服，也不善於注意何時衛生紙快用完了。他們生來就對烹飪、清潔、安排時間表一竅不通。他們先天就容易遺忘重要的日子，忘了買生日卡。這些是性格特質，真正的無能，完全無法改變，全是一派胡言。

男性和女性生來就有類似的情緒勞動天賦，但只有一半的人在成長過程中受過這方面的訓練。或許表面上看來女性先天比男性更擅長情感勞動，但這些技能是可以學習及磨練的。只要我們願意一起努力，為彼此的進步騰出空間，男人沒有理由不能挺身而出，把情感勞動也視為他們的領域。假以時日及多加練習，男性將會發現情緒勞動的價值，因為那為他們開啟了世界的另一面，一種全新的人類整體性，讓他們感覺與生活更緊密相連。

儘管我經歷了無盡的失落，但我也看到積極面對情緒勞動的議題，而不是置之不理，是非常有價值的過程。雖然我和羅伯距離完美的平衡境界還很遠，但我們離那個變動的目標愈來愈近。那不僅是因為我對情緒勞動有了更深的瞭解，也因為他融入了他的觀點和理解。我想，只要我們願意結合男性和女性的力量，就能找到最佳的解決方案。如果我們想找到及化解盲點與失望的根源，就必須邀請男性一起參與對話。但首先我們必須擺脫權力失衡、預設觀點和偏見，以便從平等的角度傾聽彼此。我們需要知道如何談論情緒勞動。

12

開啟與伴侶的對話

通力合作的夥伴是指不需要指派工作，那也表示我們對於「誰該做什麼」的觀點有重大轉變。那拋棄了「幫忙」的概念，並以一種平等的方式承擔責任。

喬妮・艾德蔓（Joni Edelman）對情緒勞動的概念並不陌生。她是女權流行文化網站Ravishly的主編，針對這個議題寫過多篇文章，反覆講述她在家裡從事情緒勞動的種種無奈：平時每天投入的情緒勞動是什麼樣子？假期時又是什麼樣子？她因流感而虛脫數日後，家裡變成什麼鬼樣子？她告訴我一些我再熟悉不過的感覺：躺在床上，發高燒，幾乎沒力氣移動身子，腦中卻想著誰會清理冰箱、誰會幫狗預約看獸醫（答案是她，等她有體力站起來以後）。疾病不僅為她的身體帶來壓力，也為她的大腦帶來壓力，在已經夠討厭的情況下又增添了恐懼。她說，這跟她先生生病時的經歷形成鮮明對比。他躺在床上，可以真正地休息和復原。他知道自己會得到很好的照顧，其他的一切都有人打理，甚至連想都不會想到那些事情。他不必擔心身體康復後有堆積如山的任務等著他，因為任務根本不存在，除非有人要求他做那些事情。她的先生害怕生病，只是因為生病很不舒服；她害怕生病，是因為病了會有更多事等著她完成。他們的經驗如此南轅北轍，所以連談論情緒勞動都很困難，甚至看似不可能。我問她，她和伴侶的情緒勞動對話是什麼樣子，她很快回應：「我很失望。我一講，他就開始辯解，幾乎每次都這樣，完全說不得[1]。」

她說，有兩件事情最常導致他們夫妻倆陷入僵局。首先，他覺得自己做很多了（注意，這是跟其他男人相比，不是跟她比）。再者他覺得，如果她真的那麼需要「幫忙」的話，應該直接要求他做更多的事情。每次他這樣說，總是令她怒不可抑，因為他根本不明白「要求」也是一種勞動，那其實是情緒勞動的一大部分，暗示著雙方爭戰一觸即發。

耐住性子處理這類情況，而不是把問題丟在一旁等下次再說，這種情緒勞動通常很辛苦。儘管我們的文化普遍認為男性比較冷靜，不是那麼情緒化，但女性在傳達訊息的同時，通常不得不小心翼翼地顧及男性的感受。當妳提起妳為某項任務付出的情緒勞動時，對方馬上就會把妳的話解讀成妳在攻擊他不盡職，還會說妳吹毛求疵、龜毛、講話惡毒。

1　二〇一八年三月十三日接受筆者訪問。

妳的話一說出口，往往會讓男人在未經思考下就馬上為自己辯解，羅列出他做了哪些有價值的事，暗示妳提起任何情緒勞動和精神勞動的失衡是不知感恩。太多的男人以為這世上只有兩種伴侶：你要嘛是「好」的伴侶，不然就是「有待加強」的伴侶，完全沒有模糊地帶，儘管這兩種現實是可以（也確實）共存的。

又或者，妳可能會遇到對方拋出一句「我不知道妳在說什麼」。對許多男性來說，情緒勞動是很陌生的概念，難以理解，因為那從未直接影響過他們。他們不想探索「情緒勞動」這個新概念，只想解決眼前的爭吵。例如，為了那個擱在儲藏室地板上的塑膠儲物箱而吵，為了妳總是得負責安排育兒和課後活動而吵，為了怎麼把碗盤放入洗碗機而吵。這些爭吵似乎都是為了一些微不足道的蠢事，那是因為其中一人是著眼於大局，另一個人則是把焦點放在使她情緒爆發的最後一根稻草。想要迴避男人的託辭（「但是我做了那麼多事情」或「我不知道妳在說什麼」）很花時間和心力，當下直接認命地心想「何必自找麻煩？」往往更簡單。跟對方溝通令人沮喪，不跟對方溝通也令人沮喪，妳因此進退兩難，橫豎都不開心。妳要嘛繼續忍受那些讓妳難以招架的情緒勞動，要嘛承擔起跟伴侶溝通的情緒勞動，但是溝通可能還是會讓妳回到原點，也可能不會。

女性談論情緒勞動時，往往會陷入一種惡性循環：我們覺得負擔太沉重而開口求助，因此提起這件事；之後，我們厭倦了開口求助，因為交派任務是一項需要大量動腦的管理工作；此外，我們還必須小心翼翼地開口求助，始終保持樂觀，並考慮對方的情緒狀態；到最後我們往往覺得自己來做還比較簡單，於是我們又開始把一切事情攬在自己身上，直到我們又達到下一個臨界點，又為了情緒勞動而跟伴侶發生一場無奈的爭吵，但不知怎的那些爭吵從未觸及問題的根源。如此繼續地鬼打牆，無限迴圈，令人厭煩。

我們必須想辦法打破這種迴圈，清晰地完成對話，才能一起持續前進，而不是在原地打轉。談論情緒勞動需要付出情緒勞動，但妳不這樣做的話，一切只會繼續維持現狀。除非我們用心去改變雙方的平衡，否則承擔所有情緒勞動所帶來的壓力是不會消失的。那確實是一種挑戰，但我們已經做好應對的準備。畢竟，我們這輩子都是在為這件事做練習。

此外，同樣值得注意的是，對許多男性來說，那只是認知問題。很多男人努力追求平等的關係，只是以前我們沒有談論這個問題的語言。身為女人，這個主題本來就存在我的個人經歷中，但是對我先生來說，這個主題仍然很陌生，因為他從來不必做這些事情或承認這些事情的存在。關於情緒勞動，在他成長的過程中，他接觸的是全然不同的預期，而且在我們交往的十三年歲月裡，我在很多方面也強化了那些預期。我從未打破那個系統，我自己也從未深入研究過情緒勞動的問題。成年後從零開始學習這些事情並不容易，對從未經歷過情緒勞動的人解釋情緒勞動也不容易。我覺得這是我們在談論情緒勞動時常遇到障礙的原因。我們從兩個根本不同的角度進行對話：一方對情緒勞動有深入的瞭解；但另一方對情緒勞動一無所知，而且他不是故意不懂。

母親節那天，我在儲藏室裡為了那個該收起來、卻沒收的儲物箱崩潰落淚時，我並未好好地表達我的情緒勞動問題。我只責怪羅伯沒把事情做好，就好像他故意把我們之間的情緒勞動都推給我負責似的，但實際上他根本不知道我在說什麼。當然，後來的情況有所改善，我終於把「不想開口求助」的心聲說出口。把那種特別無奈的感覺用言語表達出來以後，感覺舒坦很多。

對我來說，雖然釐清問題的那一刻猶如轉捩點，但是對羅伯來說並不是同一回事。那次對話中，我並未對他做的一切表達感激，所以他接收到的訊息是「你做得不夠」，他聽到那種訊息時，很自然會想要指出他完成的所有任務，例如他半夜起來陪我們的兩歲兒子，他現在正在擦洗浴室，他每天晚上洗碗，他做了我要求他做的任何家務。我和閨蜜出遊時，他從來不多說些什麼，而是善盡職責在家裡照顧孩子。有時候我需要並要求他出去跑腿辦點差事時，他甚至會帶著孩子一起外出。為什麼他做了那麼多事情卻還不夠？

如今我回顧他的論點，我可以清楚看出我們根本是雞同鴨講，是在討論兩件完全不同的事情：一方在講體力活，另一方在講情緒勞動。

當我們都冷靜下來後，我們又繼續溝通。我試著解釋精神負擔，以及為什麼交派任務如此重要。我也試著解釋，為什麼打理家庭和生活等身心勞務，以如此累人的方式變得那麼複雜。我想要有一個同樣積極主動的伴侶，我不能繼續交派任務，然後假裝我們是在維持一種平等、進步的關係。分攤家務後，我還是得提醒他只做分內之事是不夠的，因為所有的情緒勞動還是由我一個人獨自承擔。我告訴他，**那種情況**非改變不可。

他還是聽得懵懵懂懂，沒有完全明白，但是我前面說過，他是個好伴侶，他有意願**想要**瞭解，所以我只要開口，他就給我想要的幫助。但我沒想到我的要求仍是錯的，且錯得離譜。

為什麼我們該停止開口求助？

莫尼莎有兩個孩子，她的故事對我來說再熟悉不過了。日常的情緒勞動給她的壓力已經夠大了，假日期間她承擔的無形勞務，更是讓壓力加劇到無以復加。她對我描述訂購家庭聖誕卡的過程以及每個步驟的注意事項。首先，必須挑出一張完美的照片，從眾多家庭照中篩選出最合適的一張（照片中的每個人都面帶微笑，看著相機，角度上相，或至少盡量接近理想狀態）。接著是挑選聖誕賀卡，那張賀卡不能太宗教化或太搞笑，不能太這個或太那個。通訊錄必須更新，妳還必須仔細考慮需要把誰加入新名單中。妳也必須追蹤姓名變化、地址變化、離婚與死亡等等。之後是實際寄送賀卡，黏上信封，購買郵票和地址的貼紙。每張卡片都需要一些個人化的書寫。這是很累人的流程，而且這項任務在聖誕節期間只算是一樁小事。

她也描述假期購物的流程，以及思考**每個人**想要什麼，不僅是她的兩個女兒或娘家親人，還有婆家的人和他們的孩子。我們該送投遞員、老師、鄰居什麼？聖誕老人該送我們什麼？父母該送什麼？如果我們不在家過聖誕節，怎麼運送聖誕老人的禮物？娘家和婆家的兩老都問她，兩個女兒想要什麼聖誕禮物，以及她和她先生想要什麼；或許她也可以順便建議一下該送姪女、姪子、妯娌或兒媳婦什麼東西。莫尼莎說，這些詢問常讓她陷入困境，不知道該不該透露她心中最好的送禮點子，因為她一講出來，自己又得重新思考送禮的選項。

她說：「這種事情最後變成長達數小時的深思熟慮。妳不斷地思考其他人想要什麼或需要什麼，並把那些點子都奉送給別人[2]。」

她把一些包裝禮物的任務交給先生，並在幾位妯娌的協助下，規劃假期的聚會活動。

但她看起來真的很需要幫忙，她告訴我這一切時我忍不住笑了，因為聽起來跟我現在的生活一模一樣。我問她是否（跟我一樣）也是「裝飾負責人」，知道每一季該陳列哪些懷舊物品，而且還有一套自己的系統，在假期結束時把所有東西都收藏妥當。

「那當然。」她說。

這種一碰到假期就忙得焦頭爛額的母親角色，我再熟悉不過。（我自己還多了十二月中旬幫兒子規劃生日，十二月下旬幫姪子和父親規劃聖誕節生日的樂趣。）大致上來說，我很喜歡塑造假期的歡樂感，那是令人愉悅的事，但長久以來，我也渴望伴侶能夠幫我完成這項任務，只要幫點小忙就好，但為什麼就是做不到呢？

直到最近，我才意識到，這種想法正是導致我們的對話一直在原地打轉，導致情況好轉一陣子，但幾週後又恢復原狀的原因。我會開口向羅伯表示我需要**幫忙**，我甚至會告訴他，我希望我不必開口要求，他就主動幫忙。接著，他會想辦法幫助我，他會注意我常處理哪些事情，以幫我減輕負擔。例如，我們全家去南瓜園一日遊時，他會幫忙打包；他洗了很多衣服；我們需要婆婆幫忙帶孩子時，他會打電話給他的母親；他會跟我要購物清

2　二〇一七年十一月九日接受筆者訪問。

單，然後自己去超市購物。有一段期間他會做得很好，但是當我看起來壓力減少時，他也開始跟著懶散。他只在我看起來需要幫助時才主動幫忙，但很多時候我看起來不需要任何幫助。我已經很習慣自己做很多事情，以致於我營造出一種假象，好像我承擔所有的情緒勞動也沒關係，即使我根本是苦撐來著。

問題的根源在於：我要求的東西不對。事實上，我不需要「幫忙」，我需要的是通力合作的夥伴，這兩者之間是有區別的。幫忙意味著「這不是我的工作」，「我是幫你一個忙」，「這是你的責任」。幫忙意味著助人者特意騰出空檔去幫助進度落後的責任方。既然我們過著共同的生活，為什麼只有其中一方是責任方？相反的，通力合作的夥伴是指不需要指派工作及微觀管理，那也表示我們對於「誰該做什麼」、「誰該負責」的觀點有重大的轉變。那拋棄了「幫忙」的概念，並以一種平等的方式承擔責任。那意味著打破家裡的階級制度，即便我渴望那種掌控感，但相較於我的完美系統，我們更需要的是雙方處於平等地位。當我們啟動有關情緒勞動的討論時，我們需要清楚知道自己要求什麼，因為要求「幫忙」不是我們想要的。要求「幫忙」就像在骨折處綁繃帶，我們需要的是完全重置，那不僅意味著改變伴侶的觀點，也意味著改變我們自己的觀點。

我在《哈潑時尚》發表的那篇文章提到，我想要有一個同樣積極主動的伴侶。就某種意義上說，這是真的，我只是沒寫出那個事實的延伸版本：我想要一個同樣積極主動的伴侶，以跟我一樣的方式做每件事，接受我的嚴苛高標，以我從小習慣的方式逐步執行。我最需要的是一個百依百順的助手，那才是最「理想」的方案，因為那樣一來，我就不必處理我自己的問題了——完美主義、控制狂、微妙的偏見、社會化制約。

要求通力合作的夥伴、而非「幫忙」，意味著雙方都必須做事。但那不表示在做那些讓一切運作順利的實體任務時，雙方互相妥協，各讓一步，而是指正視種種偏見以及那些半真半假的說法，例如男性之所以不擅長情緒勞務是因為缺乏女性的逐步指引，或是女性先天就比較有條有理、需要乾淨的工作平台（對於要不要完全放棄這項執著，我依然猶豫不決，但我正在努力說服自己。）我們必須尋找自己的盲點，並於發現盲點時接納它。我們必須努力改變自己，這樣一來，我們要求伴侶改變時才公平。

從大局開始

三月某個寒冷的早晨，遠在母親節之前，我拉開臥室的窗簾，望向後院。我穿上外套和靴子，踏上結了霜的草地，手裡拿著iPhone，為庭院中的狗屎拍照，一股熟悉的怨恨感湧上心頭。後院到處都是狗屎，確切的數字是十五坨，都是拉布拉多犬拉的，已經結了霜。我憤怒地為每坨屎拍照存證，手指都凍麻了，但滿腔怒火驅使我繼續拍下去。我也為布滿狗屎的後院拍了一張全景，並為每坨屎拍了特寫。沒錯，我浪費了很多時間，而且我必須在保姆來之前把這些狗屎清理乾淨，即便如此，那也未阻止我拍照。幸好，那些照片花了很長的時間才全部上傳，我本來打算一大早就發簡訊痛罵我先生，因為照片上傳的時間拖了太久而作罷。那不是值得我拿來說嘴的時刻，也不是討論情緒勞動的好方法。

我之所以想用如此激進的方法來傳達這件事情，是想讓羅伯瞭解我希望他主動注意到這種事。前一天，他整個下午都在後院修理越野單車，我以為他已經把這件事情搞定了。我想傳達的重點是，我應該要能指望他完成那項任務，他應該注意到那些顯然需要動手的事情，不需要我開口，他就主動完成。

當天他下班回家後，我用沒那麼激進的方式告訴他，如果他不打算在早上保姆來之前洗碗或清理狗屎，應該先知會我一聲。他知道我的言下之意是：可惡！你應該做那些事情。他一聽我講完，就馬上開始辯解，說他就這麼一次忘了做而已。如果完成這件事情那麼重要，為什麼我不乾脆開口要求他做？為什麼他做那麼多事情還不夠？我不禁想要反問：「為什麼我一定要開口要求你做一切事情？為什麼我指出這個問題，好像否定了你做的其他事情？這件事情和你做的其他事情有什麼關係？我是哪根筋不對，怎麼會想要再次跟你溝通這個問題？」

談論情緒勞動時，免不了會陷入這種困境，因為每次爭論幾乎都是一些小事引發的，例如擱在水槽裡一整夜的盤子；即使你一再嘮叨提醒，邀請函始終沒有回覆；你出差回家後，發現家裡一團亂。有成千上萬件小事需要處理，成千上萬個小問題有待解決，例如把衣服放進洗衣籃，牙膏蓋別亂放，在你妹生日那天打電話給她等等。別讓我提醒你做每件事，你要自己去預約，並把預約的時間記在行事曆上。每次孩子需要換尿布時，不要等著我幫孩子換，你也可以餵飽孩子。你應該主動行動，做這件事，不要做那件事。男性結束情緒勞動的討論後，常覺得自己遭到攻擊，也許那種感想並未偏離事實太遠。

無論女性是不是有意的，男性常覺得情緒勞動的討論好像是對他們進行人身攻擊。即使女性在用字遣詞及語氣上已經跟平常一樣小心，但女性談論情緒勞動時，往往還是**男性**需要改變什麼、**男性**做哪些事情導致這種情況、**男性**在哪方面可以做得更好。然而，當女性試圖把談話從情緒勞動的細節轉移到更廣泛的脈絡時，伴侶往往失去焦點，他們無法明白女性看到的關連，不懂女性究竟在講什麼。

女性在這個脈絡下談論大局時，常把焦點放在情緒勞動對其關係和生活所產生的相互影響。那對很多男人來說很難理解，因為他們從未經歷過。他們看不見情緒勞動如何消耗女性的個人資源，從時間、心神到情緒復原力，那些消耗不僅阻礙女性過充實的生活，也讓伴侶藉由犧牲她們來成全自己的舒適生活。男性只看到女性的怨恨，以為那只是因為他們忘了某個小細節，例如碗盤沒洗、沒預約獸醫、在超市忘了買一兩項食材。男性不像女性那樣把情緒勞動視為一個整體。對男性來說，郵件分類、登記行事曆、洗衣服、列買菜清單等等任務之間沒有明顯的關連。但我們看到派對邀請函時，就知道應該馬上打開，回覆要不要出席，並把它記在行事曆上，然後確保每個人參加派對的衣服都準備妥當，禮物和賀卡都及時採買了。一項任務往往會帶出許多待辦任務，因為女性把每項任務放在更廣泛的脈絡中來看。男性則是把每項任務分門別類，彷彿彼此毫無關係。他們不明白為什麼女性會被精神負擔壓得喘不過氣來，不明白他們的行為為什麼需要改變，也不明白這有什麼大不了的。

這不是因為情緒勞動這個概念太大，以至於他們無法理解，而是因為女性沒有把情緒勞動放在夠大的脈絡中。如果我們想要看到改變，我們需要先看更大的全局，之後才把討論拉回個人層面。這是一個文化問題，需要文化變革。男性可以、也應該幫我們領導那樣的變革。

＊＊＊

當我們的關係終於開始轉變時，並不是因為我反覆強調保持廚房桌面整潔很重要已經發揮效果，而是因為我們夫妻倆終於針對情緒勞動做了幾次真實又有成效的對話，那些對話不再只是圍繞著日常無奈的那些細枝末節。我們終於開始討論這種失衡的出現不是因為我們兩人做錯了什麼（或很多事情），而是源自於我們不同的成長方式、文化對我們的不同預期、以及一些微妙的負面訊息在不知不覺中對我們產生的負面影響。把我們的失衡視為更大的文化問題的一部分，我們就不會再怪罪個人，也可以各自檢視自己背負的包袱。現在我們可以慢慢地解開每個包袱，以避免把那些包袱也傳給孩子。

環顧全局時，可以看出我先生可以立即理解的最重要部分，是養兒育女那一塊。展望孩子的未來，也是一種談論情緒勞動的好方法。當我說「讓我們為孩子改變」時，那蘊含了一種更宏大的使命感，不光只是為了讓我的生活更輕鬆或是讓羅伯變成「更好的」伴侶而已（雖然這些也是不錯的使命）。如果沒有孩子，我們改變情緒勞動失衡的首要原因是為了我們的健康和幸福以及我們的關係。這些事情非常重要，但無可否認，為人父母的責任感讓我們更容易約束自己，因為我們知道我們的行為正在塑造孩子對世界的理解，我們是孩子的榜樣，我們想為孩子樹立一種行為模範，讓他們將來成為成功、快樂、適應良好的成年人。我希望兒子和女兒都有情緒勞動的技能，將來都有真正平等的伴侶，理解他們並與他們一起打造讓雙方都感到充實滿足的人生。我不希望兒子的伴侶還要提醒他在我生日那天打電話給我，我也不希望女兒覺得把所有家務交派給伴侶是她的責任，反之亦然。我希望他們生活在通力合作的夥伴關係中，我想讓他們知道那是什麼樣子。如果他們決定不找伴侶一起生活，我也希望他們擁有獨立的情緒勞動技能，盡可能把生活過得很充實，我希望他們可以從我們的身上學習。

環顧全局有助於開啟溝通的新大門，我們不再執著於同一個爭論點，而是開始瞭解我們的行為模式並從中學習。這不表示過程都很順利、毫不費力。我們依然有爭執，依然感到沮喪，但更重要的是，我們持續前進。從大局出發可以幫我們更瞭解小事，不會鑽牛角尖。我們可以談論共同的標準，因為我們知道彼此的標準因成長背景而異。我們因此成長，因為我們探索了問題的根源。

＊　＊　＊

改變我們談論情緒勞動的方式可以促成進步，但切記，最終我們只能改變自己。這是我們如此迫切需要男性積極參與對話，貢獻其觀點及解決方案，以藉此充分投入的原因。如果你是男性，想要成為女性的盟友，想要獲得真正平等的夥伴關係，想要理解及解決情緒勞動的問題，我很高興你讀到了這裡。改變文化的潮流，需要你們的投入。

不過，我們可以先稍微聊一下嗎？

我認識很多好男人想要幫忙解決這個問題，因為他們立意良善，不想被視為問題的一部分。文化才是真正的問題所在，而不是個人，對吧？然而某種程度上，每個人也應該自省，我們是如何促成這種貶抑情緒勞動的文化，並把大部分責任都推給女性承擔。無論你是不是有意的，你本身就是問題的一部分，那不表示你就是壞人或混蛋。我們都是文化和成長方式的產物，每個人都有盲點，然而我們都有能力挑戰內在的偏見和根深柢固的習慣，也都有能力改變。我們最需要男性做出的改變，是當我們告訴你情緒勞動如何影響我們的生活時，希望你有意願真正地看到及聽到我們。我們需要你給我們討論情緒勞動的空間，而不是向我們要求更多的情緒勞動。影響遠比意圖更加重要，而且重要性更勝以往。

女性談論情緒勞動，不是因為她們喜歡嘮叨，而是因為她們相信你可以幫忙改變文化。如果她們不相信這點，她們只會持續跟閨蜜抱怨，繼續在原地踏步。女性需要男性理解情緒勞動，理解她們的觀點，幫她們朝著對每個人更好的平衡點努力。這不是談一次就能一勞永逸的對話，這種對話應該用來討論彼此的盲點，而且不能聽到對方指出自己的盲點時，就立刻跳起來辯解。這種對話讓我們更深入瞭解彼此的體驗，並朝著更令人滿意的關係而努力。

現在我不再只是因為忍無可忍、出於無奈，而跟我先生談論情緒勞動。如今我把這種對話視為一種對他的信任，持續與他溝通。我放心地對他表達我的想法，相信他會重視我、珍惜我，更瞭解我的生活現實。我相信他會變得夠強大、夠脆弱，願意與我分享他的現實狀況，讓我更深入瞭解他的生活經驗，因為我知道我們的行動不僅源自於我們對彼此的愛，也是源自於我們對彼此的理解。

13

打造一種意識文化

女性需要揚棄的，是自己對完美主義的追求，那導致女性給人控制狂的印象，也衍生出「別人無法做我們做的事情」這種錯誤的敘述。

「我不能再這樣下去了。」我說。

我剛剛因為孩子犯了小錯而厲聲斥責，我可以感覺到內心火冒三丈，**我受夠了！**這是我早就熟悉的感覺，以後還會再次發生。

「不能再怎樣下去？」羅伯問我。

「我不知道。」我環顧四周，注意到他顯然沒看見的東西。餐桌上堆滿了雜物，孩子陷入爭吵，我得迅速解決，腦中的待辦清單已經無限延伸到天邊。我回應：「所有的事情。」

他的反應一半是無奈，一半是恐慌。難道我們的婚姻出了問題？我是不是得了晚期的產後憂鬱症？我為這次搬家感到心煩意亂嗎？還是我陷入某種提早到來的中年危機，後悔自己的人生？

不、不、不……都不是。我一直在找貼切的詞彙，但就是難以用言語表達。我想傳達的事情那麼多，詞彙卻如此貧乏。我的沉默不語顯然導致羅伯更加胡思亂想，且愈想愈糟糕，於是我隨便搪塞了一個理由，對於自己無端提起這件事感到沮喪。

「我只是累壞了，招架不住，今天太辛苦了。」

這話根本不是真的，今天根本沒有那麼辛苦，至少沒有比平常辛苦。唯一的差別在於，這天我已經到了忍無可忍的境界，再一次崩潰地意識到，「所有一切」都是由我負責。我該如何用言語表達，我先生才會理解呢？我也不知道答案。當時我根本不知道「情緒勞動」這個詞，不知道什麼叫「精神負荷」，也不曉得我的處境一點也不獨特，事實上，那是全世界女性最普遍感到的失落感。

現在我知道了，而且我並不孤單。我們正集體進入一個以情緒勞動為主題的文化意識空間，瞭解我們可以從哪裡開始改變。現在我們有一些用語可以描述情緒勞動，那個概念不再是一種抽象的挫折感，不再是一種「難以名狀的問題」。從細枝末節到整體全局，我們都能清楚地看到這個議題，清楚界定那個貫穿我們人生許多面向、逐漸增強到令人難以招架的重擔。我們可以透過情緒勞動，看到我們為這個世界帶來的價值，看到那些抹煞成就感的失落點：精神上的疲憊，勞務的無形性，這種勞動的永不停歇。如今很多人因為能夠看出情緒勞動的價值所在，所以也看到了進步。

舒爾特在著作《過勞人生》中，大量描寫文化局勢如何塑造個人動態。她告訴我，那本書的真正目的是向大家展示我們當前的處境，好讓我們可以在個人及文化方面做出更好的決定。她撰寫那本書時，情緒勞動尚未演變成今天這種全面性的術語，但她的研究促使她和先生檢視他們在情緒勞動方面的角色，並意識到她先生其實有能力為小孩安排夏令營，她也可以讓先生帶孩子去看牙醫，不需要為此感到內疚，而覺得自己是不稱職的媽媽。舒爾特告訴我：「現在好多了，因為現在我們有一種語言可以談論它，以前每次討論情緒勞動都會卡住，我生他的氣，他則是聽我一講就開始辯解，於是我們就僵在那裡。現在我們是一起承擔生活的這個部分[1]。」他們對情緒勞動都有了意識。

目前為止，我們的文化意識大多集中在情緒勞動涉及什麼，但是為了更充分瞭解什麼對我們有用，什麼沒用，我們必須深入表面底下，探究失衡的根源。關於情緒勞動，我們仍堅持抱著許多半真半假的說法和迷思，導致我們和伴侶陷入僵局。如果我們只從表面看情緒勞動的問題，那只能治標，無法治本。所以關鍵不是男人挺身出來學習及調適就好了，女性也應該深入探究，瞭解自己對情緒勞動也有根深柢固的執念需要放下。女性也需

1　二〇一七年十二月十一日接受筆者訪問。

要改變自己的行為和思維模式。改變一如既往，總是從內在開始。

我必須意識到，社會制約使我習慣以一種非常具體的方式來從事情緒勞動，也就是「最佳」的方式。這種方式不僅是為了周遭人的舒適而努力，也是為了一種無法達到的完美境界而努力。它設想了一種最有效率的精簡狀態，我幻想自己總有一天會因為那些情緒勞動而衝破障礙，感到自由。如果我的行事曆系統是完美的，我們家繁忙的家庭時間表就不會變成壓力來源。如果我找到規劃與準備三餐的最佳方法，就不會為了晚餐要吃什麼而心煩。如果我堅持完美的清潔計畫，以後幾乎不需要花任何時間或精力來維持居家一塵不染。如果我的家打理得有條有理，在家裡就不再感到心煩意亂。問題是，完美主義從未履行那些承諾，它只為我們增添更多的情緒勞動。

成年後的大部分時間，我都在孜孜不倦地尋找抒解精神負荷和情緒勞動的最佳解方。我深入瞭解育兒書和部落格提供的研究，以幫我因應孩子的情緒。我為我們夫妻倆晚上出門約會及休息的時間騰出空檔，以維持婚姻的健康發展。我讀了許多有關極簡主義及家庭打理的文章，甚至可能已經有資格在大學開課教大家如何整理衣櫥。我以每三十分鐘為一個單位來追蹤時間的運用，以盡可能地提高我的生產力（我是說真的，我可以讓你看我用來管理時間的試算表）。我開車時對著手機大喊，叫它提醒我還有哪些待辦事項。我總是在尋找那個最佳平衡點，我相信在那個最佳平衡點上，這一切努力都會獲得回報，並以完美的和平方式呈現。誠如作家葛瑞琴．魯賓（Gretchen Rubin）所說的，我在尋找外在的秩序以促成內心的平靜[2]。那是一種毫不費力的情緒勞動，但我開始意識到，也許最終的目的地並不存在。

這不是說我投入情緒勞動的方式沒有邏輯或美感。我那套錯綜複雜的組織系統，我處理衝突的方法，我那些嚴苛的標準，都經過千錘百煉，以確保我周遭的人感到快樂舒適，但那不是事實的全貌。我之所以用特定的方法來精進那些作法，是因為我一直想要達到一個不可能的高標，而當初說服我相信那套高標的系統也告訴我，所有的情緒勞動本來就該由我承擔。我渴望的生活，以及它在我的情緒勞動中所展現出來的方式，並不是一股內在的驅動力。真正驅動我的力量，是一種文化觀念：女人理當完美，任一方面不夠完美就會讓我覺得不夠稱職。於是，我不斷地追求完美，在情緒勞動方面做得愈來愈好。但是我的方法行得通且效果不錯，並不表示那就是最好且唯一的方法。

當我給予羅伯空間，讓他在沒有我的指導下，使周遭每個人保持開心舒適時，他確實

---

2 魯賓常在文章中用到「外在井然有序，內在心如止水」這樣的說法。

可以想辦法做到。他沒有追求完美，也沒有自我批評，更不會去想他的方法是不是最好的方法。他的標準不是我的標準，因為從來沒有人教他要要求自己把家務做到盡善盡美。他面對情緒勞動時毫無包袱：做得夠好就夠了。雖然在清潔度與及時性方面，我們仍難以拿捏一個皆大歡喜的折中標準，但是看到他主動投入情緒勞動後，我已經準備好重新評估我的標準，以判斷哪些標準客觀來看確實對我們最好，哪些純粹是我追求完美主義的產物。

我不得不放棄「我的方法永遠是最好的方法」這種根深柢固的信念，否則我永遠無法針對情緒勞動做必要的對話。我們的對話必須超越個人關係，進入文化層面，討論我們為何會陷入這種模式。那個對話是為了尋求理解，而不是為了「贏得」爭論。我們承擔的角色都是文化加諸在我們身上的。我們覺得那些角色很合理，是因為我們從小在那種文化中成長。我們需要先瞭解我們想揚棄的舊文化，才能夠開創出一種新文化。

女性需要揚棄的文化，不是貶抑情緒勞動的文化。如果有人讚揚及重視女性付出的情緒勞動，我相信女性肯定會欣然接受。關於「情緒勞動不受重視」這件事，這比較需要男性改變他們的觀點。而女性需要揚棄的，是自己對完美主義的追求，那導致女性給人控制狂的印象，也衍生出「別人無法做我們做的事情」這種錯誤的敘述。這種敘述削弱了男性的力量，使他們變得幼稚，導致他們頂多只能提供「幫忙」。女性需要意識到，我們的問題遠比控制欲還要深，因為我們顯然對於「要不要減少控制」左右為難。最後又在違背理智的判斷下，把一切事情都攬在自己身上。我們希望伴侶承擔更多的情緒勞動，卻一再猶豫並阻撓自己，只因為他們的方式不是我們的方式。他們做的並不完美，永遠都不會完美。

只要給予足夠的時間和練習，伴侶也可以做我們做的事情。沒錯，我們做的事情相當累人，但那些事情又不是不可能學會的。只要有逐步的指導，或是快速瀏覽一下我那個「三十分鐘為一單位」的時程表，羅伯肯定也能做我做的事情。然而，他不想那樣做是有原因的，而且那與懶惰或無能無關。對他來說，我竭力投入情緒勞動的程度是沒有意義的。那之所以對我有意義，是因為我仍然堅信我的價值和一些情緒勞動是緊密相連的，例如準備營養均衡的三餐，或不對孩子亂發脾氣，或把衣櫥整理得井井有條等等。羅伯只記下必要的事物，但我是記下一切事物。我卯起來檢查哪些事情該處理時，通常一件任務會帶出另一件任務，然後又帶出第三件任務，依此類推，沒完沒了，就像著了魔的女人似的。我很生氣羅伯坐在沙發上，卻絲毫沒注意到滿是灰塵的地板，或浴室鏡子上有一小塊牙膏漬之類的東西。我的表現彷彿他在那邊放鬆是故意想要激怒我似的，我彷彿在吶喊：看看我正在做的一切！看看我還有很多事情要做！我生氣不僅是因為他沒有注意到細節，也是因為即使我想要擺脫那些家務，但我似乎就是放不下。有一堆衣服需要摺時，我無法逕自坐在沙發上看書。當家裡亂糟糟時，我很難為工作上完成的任務產生成就感。如果我想要更善用情緒勞動，就必須改變這些感覺。

我們需要意識到自己有一股想要把一切事情攬在身上的衝動，那股衝動仍是那個鼓勵女性「兼顧一切」的文化所驅動。我們需要質疑「我的方式最好」、「女性先天就比較擅長情緒勞動」等概念，才能為改變騰出空間。我們知道得愈多，就能做得愈好；知道我們緊抓著情緒勞動不放的根本原因，才是瞭解如何改進的關鍵。既然我們助長了這種失衡的狀態，當然也可以化解這種狀態，但我們無法靠自己獨力完成。

＊＊＊

正如女性不該再拿自己和「兼顧一切」那個不可能達到的高標相比一樣，男性也不該用「自己已經算是不錯了」作為不改變的藉口。觀念先進的男性很容易環顧四周，就覺得自己是優秀的女權夥伴，但他們真的算夥伴嗎？他們是否特意付出更多的心血去「幫忙」伴侶，並在迄今為止由伴侶一手打造出來的生活中承擔完全且平等的責任？我已經聽到有人反駁了：「但我做了很多事情！」對此，我不得不反問：「真的嗎？」你真的有特意付出更多的勞力嗎？你在沒人要求下就主動做那些事情嗎？你注意到伴侶為你、為孩子、為你的大家庭、為朋友做的一切嗎？你給她的讚美跟你獲得的讚美一樣多嗎？你說你做了很多事，那是跟其他的男人相比呢，還是跟你的伴侶相比？

進步還稱不上完美；只比一堆平庸的傢伙好，還稱不上是女權主義的英雄。沒錯，你認識的一些爸爸拒絕「照顧」自己的孩子，那實在很糟糕，但那不表示相較之下你就無可指責或無需改進。

我必須承認，近年來，男性身處於進步的兩性關係中，面對的父親標準和伴侶標準已大幅提升。我很幸運嫁給一個不斷接受挑戰的男人。然而，儘管他不斷地跨越重重的男性門檻，他面對情緒勞動的低標門檻時，還是不免笨手笨腳，這究竟是怎麼回事？是哪些誤解和偏見阻止男性擔負起跟伴侶對等的情緒勞動嗎？

我聽過最明顯、最普遍的誤解（甚至在我自己的戀愛關係中也遇過），是男人認為情緒勞動不是他們的工作。事實上，他們覺得任何家務事都不算他們的工作，而是伴侶的工作，他們只是幫忙而已。即便是最優秀、最有自我意識的男人也抱持這種思維，因為這種觀念在我們的文化中是如此普遍。男性在家中承擔的工作量已逐代顯著增加，但是男性對這種工作的看法並未以同樣的速度往前推展。男人做的家事比伴侶少，就已經覺得自己是很特別的伴侶了，因為他們潛意識認定，那不是他們的分內工作。

這種微妙的厭女心態不見得是有意的，但總是有害的，而且不只對女性有害。羅伯遭到解雇後，我可以明顯看出，承擔更多的情緒勞動令他感到沮喪，那不僅僅是因為以成人的身分學習那些技能很難而已（雖然那也是部分原因），而是他很難從日常投入的勞動中感受到意義，因為他做的那些工作是——我的。**那是女性的工作，不是真正的工作，不是有價值的工作**。當他告訴我，他覺得自己做的事情不重要時，我不禁勃然大怒。

「你做的事情，跟我多年來做的事情一模一樣。你是在養兒育女，維持家裡的正常運轉。你說那些事情感覺不重要，那就好像在說，這些年來我在家裡做你現在做的那些事情一文不值。」

「妳知道我不是那個意思。」

「我知道，但是有差別嗎？為什麼對我來說做那些事情就夠了，對你來說卻不夠？」

「我覺得不夠，是因為我應該出去工作。」

「但我們又不需要錢。」

「但我需要工作。」

他不是真的知道如何用言語表達，但我明白他的意思。身為家庭主婦，在家裡從事所有的情緒勞動對我來說就夠了，因為那符合我們都熟悉的文化腳本。我也有工作的自由，無論是在家工作或是去上班，那也屬於文化可接受的範圍（當然，前提是我仍承擔所有的情緒勞動）。對他來說，他只有一條路可走：理想的勞工。他理當負起養家糊口的任務，保護家人，因為那是他從小接受的角色設定。一直以來，他的價值是由有薪工作界定的。少了有薪的工作，他頓時覺得自己在世界上漂泊不定，難以確定自我價值。這是他的家，這些是他的孩子，但這種生活是我營造出來的，感覺永遠不可能完全屬於他的。

他需要擺脫「情緒勞動不是他的工作、也不是他的本分」這種觀念，才能有信心地承擔新的角色。接著，他必須肯定情緒勞動的價值，這種勞務是沒有報酬的，而且通常是無形的。他還不習慣做一份得不到讚美及肯定的工作。他還不習慣在我們的關係中承擔責任，而不是當個幫忙者並期待別人的感激。對他來說，為這個角色承擔起責任並不容易，因為那與我們從小被灌輸的男女價值相互抵觸。想要跳脫那種既定的角色設定，去做社會認為不屬於你的工作，需要一種堅定的自我意識感。

目前大家普遍認定的男子氣概模式並不重視情緒勞動，但改變的時候到了。傅瑞丹在《第二階段》中寫道：「主張美國有一個前衛的新領域、新冒險等著男性似乎很奇怪。在那個新領域中，男性爭取完整的生活，開放地表達感覺，跟女性平等地生活及分享生活，承擔養兒育女的平等責任——那是從婦女運動開始啟動的人類解放。與過去的美國英雄不同的是，這個新領域把男人從孤獨牛仔的孤立沉默中解放出來[3]。」現在是男人參與情緒勞動對話，並在情緒勞動的領域中找到他們的定位和技能的時候，這樣做不僅是為了他們的伴侶，也是為了他們自己。男人更充分地投入生活中，而不是直接接受周圍的生活，可以為他們帶來更多的價值。

十二年前，播客《禪系親子教養》（*Zen Parenting*）的共同主持人陶德・亞當斯（Todd Adams）和一些大學好友週末一起去旅行。回來後，他突然意識到這點。當時他的妻子凱西問他玩得如何時，他突然發現，他幾乎沒有什麼心得可以跟她分享。他們一行人打高爾夫球，喝啤酒，但整個週末都沒有做任何深入的交談。他可以說那些朋友過得「很棒」，但無法詳細描述他們的生活。他不是以一種有意義的方式來維繫他們的友誼。

他說：「凱西和閨蜜出遊，兩個小時後，她就知道她們的生活中發生了哪些事情[4]。」當下他意識到他錯過了那種友誼，他也希望能擁有類似妻子那樣的友情，所以他創立一個男性社團，讓男性每個月聚在一起好好聊一次。後來那個社團蓬勃發展，最後為他開創了新職涯，成為男人的人生教練。

如今，身為一名認證的人生教練，他的工作重點是支持男人發掘適度的男子氣概，培養更有心經營的關係。這通常意味著，努力讓自己變得夠脆弱，以便深入參與兩性關係，過得更充實滿意。他說，這是為什麼他的社團成員是例外，而不是常態。我們的文化灌輸男性的概念是：脆弱是一種弱點，而不是優點。要坦承脆弱需要很大的信心和勇氣，但獲得的回報非常值得。

亞當斯說：「我告訴那些社團成員：這是你的人生，這是你的孩子，這是你的妻子。你應該挺身而出，忘掉容易受傷的男性自尊。」既然生活中有那麼多的東西可以好好享受，為什麼你要繼續活在生活表層呢？

不投入情緒勞動的男性，在很多方面就像幾十年前的女性，過著不太實在的生活。當你在家中感覺可有可無，沒有情感聯繫，不必對自己的生活負責時，你的價值完全取決於你的職業地位。在我們所知的世界裡，你還有什麼價值呢？由於社會告訴男性，他們不該展現脆弱及情感聯繫，許多男性不會去追求女性努力打造的那種全面生活。他們只在乎最重要的事情，因為我們的文化告訴男人，他們的價值與他們是誰無關，而是與他們做什麼有關。

3　Friedan, *The Second Stage*, 159.

4　二〇一八年四月十六日接受筆者訪問。

我們從小到大習慣相信那種文化訊息，如果男性和女性都能抵制那種訊息，我們可以過得更充實，有更深入的聯繫，更全面地瞭解彼此。這裡涉及的議題，不單只是女性需要把重擔分出來讓他人承擔而已。事實上，我不認識任何女性真的想卸下所有的情感負擔，女性並不想與生活的那部分脫節。情緒勞動太重要了，我們不能就此完全放手。我們需要的是讓更多人瞭解及掌握情緒勞動的力量。我們需要的是一個能夠充分理解我們生活的伴侶，一個能從理解的角度來跟我們通力合作的伴侶，一個能夠平等參與並與我們共同打造生活的伴侶。

擁有自己的價值

看清我們做的情緒勞動有價值雖然很重要，但清楚知道我們為什麼要從事情緒勞動才是關鍵所在。要為情緒勞動設定一個界線，而不是照單全收。

我去內華達州雷諾市造訪史蒂芬妮・芭特勒（Stephanie Butler）的住家前，她發了一則簡訊給我，提醒我她可能外表看起來不太體面，我安慰她說沒關係。芭特勒剛產下一子，我仍清楚記得自己生完孩子後那段蓬頭垢面的日子（坦白講，即便是現在，育嬰期已經過了，我也常搞得像瘋婆子一樣。）我抵達她家時，她正坐在沙發上哺餵三週大的兒子。我問她從一個孩子到兩個孩子的轉變，她告訴我，老二特別難搞，不停地吐奶，吐到她已經沒有乾淨的胸罩了。她和先生買了兩個嬰兒搖籃，一個放樓上，一個放樓下，但小嬰兒都不肯睡，沒有人抱他就哭鬧，而且他隨時都想吃東西。這段育嬰期是二十四小時的勞動，完全剝奪了她的睡眠，尤其他們還有一個四歲的女兒需要應付。芭特勒癱在沙發上，看到嬰兒吃完東西終於趴在她的胸口睡著時，她也鬆了一口氣。她本來擔心我們談話時嬰兒會大哭大鬧，她必須不斷地安撫他。即使她的先生很快就會回來，這項育兒工作依然落在她身上[1]。

她告訴我：「我先生不是很愛嬰兒的人。」

他期待孩子趕快成長，變成有自主能力的人，這樣一來，他就可以跟他們互動玩耍，但現在他把精力先集中在其他家務上。他下班回家後，不會跟孩子玩耍，也不會從她的懷裡抱起孩子，好讓她有機會休息一下。芭特勒說，他是以不同的方式給予她平衡。我造訪她家時，她的先生正好從超市載了滿滿一車的日用品和食材回家，把東西擺入冰箱，並開始做家務。他負責煮飯，做了很多的清潔工作，芭特勒從來沒幫先生洗過衣服（他曾在軍中服役，對襯衫的折疊方式特別講究）。雖然芭特勒確實需要指派一些工作給先生，例如吸塵和洗廁所，但她的先生不需要她開口要求就會自動去做一些看得見的表面工作。多數情況下，他會注意到哪些東西需要收拾歸位，也會整理床鋪，打掃廚房，必要時就把家裡整理乾淨。她的先生顯然不是那種回到家就換上寬鬆運動褲、開一瓶冰啤酒的丈夫，但他也不會分擔照顧新生兒的沉重情緒勞動。我不太理解芭特勒為何會滿意這種安排。

即使她揭露夫妻倆之間的平衡是如何運作的，我還是忍不住想把話題拉回一開始的談話內容。她告訴我，她的先生幾乎不插手照顧兩個孩子時，我的眼睛肯定睜得像車前燈下的小鹿一樣大。我費了好一番心力才避免自己脫口說出：「但妳怎麼受得了？」即使有一個全心全意分擔育兒重擔的伴侶，照顧新生兒的日子都已經夠苦了，更何況另一半還完全不插手。當初我要不是偶爾把哭鬧的嬰兒直接塞入羅伯的懷裡，以便躲進浴室哭泣，我應該是撐不下去。然而，現在我面前這個女人幾乎都是自己完成餵奶、安撫、抱嬰兒的任務。儘管芭特勒看起來很累，但她談到先生或承擔母職的重擔時，語氣中毫無一絲怨恨。「這讓我覺得自己很重要。」她說：「我做的情緒勞動讓我覺得，我為我們的關係貢獻了重要的東西。」

她告訴我，她有時會想，萬一她死了，先生會變成什麼樣子。她知道，悲傷絕對不是他唯一面對的困難，承擔她做的情緒勞動也會是沉重負擔。我不禁納悶，那種心態是不是不健康，雙方不是都應該知道如何承擔這項任務嗎？難道我們真的要等到悲劇發生才開始學習那些技能嗎？

對她來說，花大量時間照顧孩子，只是他們各自發揮所長的一種方式。她**想**幫他抒

1　二〇一七年十一月十七日接受筆者訪問。

解這種緊湊的育兒負擔，因為她更擅長帶孩子，也對孩子比較有耐心，更善於細心照顧孩子——這無疑是從小接受基督教信仰的美德。她也希望先生可以繼續負責預算、處理保險、洗衣服。她並不打算在夫妻關係中追求情緒勞動的平等。她接受、甚至似乎很喜歡目前的模式。她覺得那是**該有**的樣子，至少對他們來說是如此。

她告訴我，第一晚在醫院和男嬰相處的情況：她整晚為了孩子一直起身下床；教孩子吸覆乳房有多麼困難；每次護士來量嬰兒的重要數據時，她都必須陪在身邊。孩子剛生下來的那幾個小時，她已經忙得不可開交。在恢復室中如此精疲力竭地照顧新生兒時，她的先生一度對她說：「妳真是好媽媽。」她說，就是那樣的時刻，讓她感受到情緒勞動難以撼動的深刻價值，使她覺得一切辛苦都值得了。儘管這種情緒勞動獲得肯定的時刻有如鳳毛麟角，她從未忘記她做的事情很重要。她說，這也是她不覺得情緒勞動很煩的原因。

那次芭特勒的訪談在我腦中盤旋了好幾個月。我還是搞不懂為什麼她會那樣想，為什麼她會覺得那樣付出無所謂？她清楚看到自己的付出，感受到疲累，卻毫無一絲怨言，也**不想**改變。為什麼伴侶不分擔情緒勞動（甚至大多數的日子都不抱嬰兒）對她來說完全不是問題？

後來，我發現芭特勒不是唯一抱持這種態度（「我不覺得情緒勞動很煩」）的人。我讀到珍妮佛・洛伊絲（Jennifer Lois）的研究時，發現有些女性顯然承受超額的情緒勞動，卻一點也不覺得那是負擔。她在著作《家裡就是學校》（*Home Is Where the School Is*）中訪問了數十位讓孩子在家自學的母親。很多母親不覺得有必要重新平衡夫妻關係中的情緒勞動，即使所有的情緒勞動和家務都是由她們承擔。洛伊絲解釋，原因來自於基督教信仰，再加上調整後的預期。「這種母親觀念愈保守時，愈樂於接納『這就是我當媽的角色』、『這是我的職責』、『這是上帝希望我做的』。」洛伊絲告訴我：「基督教信仰幫她們管控壓力感[2]。」她們的情緒勞動背後有一種使命感，再加上她們本來就預期伴侶不會提供幫助，這讓她們能夠「調整自己的情緒」，使她們覺得情緒勞動不是那麼沉重的負擔。我不禁想知道，她們可能從來沒想過要在夫妻關係中尋找平衡，又或者，她們知道提出質疑也沒有用，因為她們太瞭解自己的伴侶了。洛伊絲說，對許多女性來說，「如果妳定義母職時，預期妳有一個平等的伴侶，妳注定會感到失望。」

我知道她說的沒錯，我親耳聽過這些女人這麼說。儘管很多女性主動告訴我，我那篇關於情緒勞動的文章幫她們的伴侶瞭解她們的世界，但也有很多女性覺得，我的文章把她

2　二〇一八年三月十五日接受筆者訪問。

們在夫妻關係中體會到的孤立感具體化了，因為她們的先生拒讀那篇文章，一如他們拒讀這本書一樣。當伴侶不願改變時，我們該怎麼辦？除了我們自己以外，沒有人承認我們擔負的勞務時，我們該如何前進？

我反覆思索這些問題。聽到那麼多女人說，她們的丈夫拒絕承認她們的情緒勞動是真正的工作時，她們的故事一直困擾著我。我想到二〇一五年MetaFilter網站上關於情緒勞動的討論，裡面有一區充斥著女性的哀嘆，她們知道伴侶永遠不會仔細閱讀那些經歷，甚至不會想要瞭解。我們都必須從當前自己的處境出發，也必須承認，不是每個人都能獲得伴侶的支持，也不是每個人的伴侶都願意並準備好討論情緒勞動。所以我們該怎麼辦？在面對失衡下，我們如何找到滿足？難道我們必須「調整自己的情緒」才能找到平靜嗎？難道我們非得放下一切不管嗎？有沒有一個讓雙方滿意的折衷點，讓妳和伴侶對情緒勞動各自抱持不同的看法？

坦白講，當伴侶拒絕分擔應盡的勞務時，我也不確定能不能找到真正的平衡。但我確實相信，無論我們從哪個處境出發，都有進步的空間，即使伴侶不願改變，我們永遠可以改變自己。

我寫《哈潑時尚》那篇文章時，不是在尋找情緒勞動的「解決方案」，也不是想要提供一種解決方案。我只是希望我的情緒勞動獲得重視和肯定而已。我想要感覺自己的付出有人看見。那篇文章的每一次分享、收到的每一個「讚」、每一個主動跟我聯繫的女性，都讓我獲得渴望已久的共鳴和理解。最後，我終於在家裡獲得一樣的回應，那也是最重要的地方。

後來我寫了一篇後續文章，談到我家在情緒勞動方面的改變：我先生突然承擔起原本一直由我負責的任務，而且完全**不需要我開口要求**。某天早上我換衣服時，發現我最喜歡的褲子已經摺好放進衣櫥，那條褲子不是我洗的、烘的，更不是我摺的。我看到冰箱裡快喝完的牛奶在我沒有要求下已經補貨完成，頓時感受到一陣愛意湧上心頭。這些任務並不麻煩，體力上的分擔可說是微乎其微。這些事情一直以來都是由我負責的，大多時候我並不覺得這些任務對我造成很大的負擔。

令我驚訝的不是那些行為本身，而是那些任務對我先生來說不再是隱形的。我知道，當他開始接手那些原本由我負責的任務時，他終於第一次完整地看到我的付出。他對我的生活和優先要務有了新的理解。也許打從一開始，我想得到的東西就是這些：我想要有「被看見」的感覺，想要感覺自己是重要的，想要知道每天我做的情緒勞動是**有價值的**。

但萬一我先生不是那樣的人呢，萬一他不僅拒絕承認我的情緒勞動，也拒絕承認這種勞動的存在，那會變成怎樣？如果我不是靠寫作為生的人，無法藉由文字對外表達我的想法，藉此療癒那種希望被看到的傷痛，那會變成什麼樣子？當我們是唯一看到情緒勞動的人時，我們該如何面對？

我發現我一再回想起那次採訪芭特勒的經驗。她的觀點是源自一個非常具體的基督教世界觀，但她的言談中有一個東西是我無法忽視的：**價值**。她接受我的訪問時，一再提到這點。儘管她的先生從不承擔情緒勞動，儘管她是生活在一個不承認情緒勞動很重要的世界裡，她從未忘記自己從事的工作深具價值。我花了整本書的篇幅來主張情緒勞動是有價值的，以及我們的伴侶、社會、更廣泛的文化都應該重視情緒勞動，但這個等式裡還有一個更重要的部分。

我們必須開始重視自己內心的情緒勞動。

沒有人承認這項工作有價值，精神負擔持續隱於無形，而且這項工作雖然必要卻吃力不討好時，我們必須想辦法暫停下來，肯定自己從事的情緒勞動。我們必須堅信這項工作是有價值的，因為它若是毫無價值，我們就不會做了。如果這項工作不是為了讓世界繼續運轉（讓家人更緊密地交織在一起，讓友誼變得更深厚，讓家裡變得更有效率，讓孩子感覺更舒適），我們就不會做了。我們的社會中持續流傳著一種根深柢固的有害觀點，認為女性老是浪費時間擔心那些無關緊要的事情。然而這種觀點與事實相去甚遠。我們偶爾會太拘泥於細節，但大致上來說，我們之所以關心那些細節，是因為我們知道那些細節會使周遭世界變得更好。

我們之所以投入情緒勞動，是因為我們關心，而且我們關心的事情很重要。這種說法並不會因為下列因素而變：妳的伴侶是否記得妳叫他為寵物預約獸醫；妳的伴侶是否幫小孩更換尿布，還是坐在沙發上無視孩子身上飄出的屎味。妳承擔情緒勞動時，妳帶來的價值與他人無關。妳自己看到了那份工作，把它承接起來，而且妳很重視它。

我們的情緒勞動是一種資產，它讓我們深入參與生活、家庭、孩子、親友。從事情緒勞動不只是為了維持事情的順利運作而已，它也讓一切保持聯繫，從我們的社交關係到我們的組織系統都緊密相連。情緒勞動技能讓我們在任何情況下都能看到全局，幫我們及所愛的人過得踏實安心。情緒勞動不是一種需要逃避的負擔，而是一種強大的技能，可以讓我們和周遭的人生活得更好。

作家兼快樂專家葛瑞琴・魯賓在幾本著作及播客《更快樂》（*Happier*）中，談了很多有關快樂和情緒勞動的交集。她在《過得還不錯的一年》（*The Happiness Project*）和《待在家裡也不錯》（*Happier at Home*）中提到的許多習慣改變，都和承擔更多的情緒勞動有關（例如慶祝節日的早餐、為孩子建立紀念檔案等等）。她討論的每個習慣，幾乎都涉及重新界定情緒勞動，以便清楚看到情緒勞動的真正價值。她向讀者展示，從事情緒勞動其實可以讓生活變得更好，而不是讓我們感覺負擔更沉重，因為它讓我們與生活產生更深入的連結。她透過個人的「快樂」實驗，不僅為情緒勞動的價值提出令人信服的理由，也讓人覺得那是一種可以讓人樂在其中的活動。雖然不是每個人都願意把更多事情攬在自己身上（例如每週發群體電郵給家人，或規劃一年一度帶公婆出遊的假期），對有些人來說，那些攸關親情的任務確實可以培養更深厚的關係，也讓自己產生更深刻的幸福感。不過，在我們開始對自己**該做**（而且還樂在其中）的情緒勞動感到為難之前，應該注意一個重點：重新界定情緒勞動並不是魯賓扭轉乾坤的關鍵要素。看清我們做的情緒勞動有價值雖然很重要，但清楚知道我們為什麼而做才是關鍵所在。

魯賓在《烏托邦的日常》中指出，「清晰明確」是習慣養成的主要策略之一。她說，「**價值觀的清晰明確**」以及「**行動的清晰明確**」是促進改變的兩種清晰類型。魯賓寫道：「我的價值觀（不是別人的價值觀）以及我對自己的預期（不是別人對我的預期）愈清楚，就愈有可能堅持那個習慣[3]。」這番建議不僅適用於習慣的養成，也可以幫我們清楚確界定情緒勞動的輕重緩急。我們做的許多情緒勞動是受制於社會和文化的預期，社會預期我們幫伴侶收拾殘局；預期我們像一九五〇年代的家庭主婦那樣把家裡打掃得乾乾淨淨，即使我們還有全職的工作；預期我們寄送聖誕卡，即使我們根本不在乎那種東西；預期我們追蹤每個人的行事曆，而不是預期每個人各自獨立及分擔責任；預期我們符合不可能達到的標準，更糟的是，我們還把這些根本不合理的預期加以內化。我們沒有考慮到真正的優先要務，就期望自己達成這些不可能的任務。重視情緒勞動的同時，也需要為情緒勞動設定一個界線，而不是照單全收。

無論如何，情緒勞動都是必要的。妳要嘛就是被它壓到崩潰，不然就是騰出時間來確定優先要務，我會建議大家選擇後者。妳承擔太多的情緒勞動，伴侶又不願意跟妳討論情緒勞動時，妳可以跟自己談談。自問哪一部分的情緒勞動真的對妳有益，哪一部分對妳無益。妳打造的組織系統中，哪部分是為了追求完美，哪部分是真的對妳和周遭的人有利？妳想放棄哪些情緒勞動？放著那些事情不做會怎樣？妳想把哪些事情列為優先要務？找出「價值觀的清晰明確」及「行動的清晰明確」的交集所在，好讓妳從事的情緒勞動發揮最大

---

3 Gretchen Rubin, *Better Than Before: What I Learned About Making and Breaking Habits—to Sleep More, Quit Sugar, Procrastinate Less, and Generally Build a Happier Life* (New York: Random House, 2015), 223.

的效用。沒有人可以兼顧一切，但我們可以選擇最在乎的事情，把那些事情做好。妳**沒有必要**幫妳先生預約看牙，妳也**沒有必要**時時提醒每個人做什麼事。即使妳從小到大接受情緒勞動的訓練，妳也沒必要把每個人的責任都當成自己的責任。

布芮尼・布朗在《歐普拉》雜誌（*O, The Oprah Magazine*）中撰文指出：「勇於設定界限，就是勇於愛自己，即便冒著讓人失望的風險[4]。」那種風險，尤其涉及情緒勞動時，是非常真實的。當周遭的人無法再依靠妳來維持生活的舒適時，他們可能會感到失望。然而，如果妳真的重視妳的情緒勞動，妳會接受那一點風險，優先考慮自己，那樣做不是出於惡意，因為設定界線並不是為了懲罰那些沒盡本分的人，而是為了妳自己著想。那是為了確保妳以符合個人價值觀和優先順序的方式來運用妳的時間、心神、情緒。情緒勞動的施展一定是為了某個目的，但不見得對妳有益。

我們不僅要看到情緒勞動的價值，也要以行動來展示我們對情緒勞動的重視，作法包括設定嚴格的界限，確保情緒勞動不會把我們壓到喘不過氣來、不會使我們遭到輕視或利用。這樣做主要是為了我們自己的健康和幸福，但我也覺得，重視自己的情緒勞動可以為我們本來認為不可能的改變奠定基礎。即使周遭的人認為情緒勞動不是工作，放開那些責任也有可能改變局勢。當別人意識到他不能依靠妳來滿足情緒勞動的需求時，他就不得不找出自己的優先要務。他必須自己承接起那份工作，或是忍受沒人提供情緒勞動的生活。我不是建議大家把這招當成報復手段，好像在說「我要讓你看看情緒勞動有多累人」似的。那樣做是為了營造空間，以便以我們的方式來改變平衡。

我們需要創造空間，讓男人和女人都能體驗情緒勞動的力量和價值。我們可能以為自己的微觀管理是一種愛的表現（通常是），但也剝奪了我們所愛的人為自己的生活充分承擔責任的機會。他們需要創造自己的系統，建立自己的情感連結，確立自己的優先要務，而不是在別人為他們打造的生活中遊走。我們不該再把自己塑造成犧牲者，應該開始設定界限，不再讓情緒勞動壓垮我們，而是善用那些技能，把生活過得更充實。雖然我們常把情緒勞動視為純粹服務他人的活動，我們也可以利用那種技能，把自己照顧得更好。我們可以自問：「什麼事情可以讓我感到舒適快樂？」就好像我們有意和無意間為周遭人所做的那樣。妳可以規劃放鬆活動，為妳喜歡的活動騰出時間，投入平等的關係（妳知道妳付出的情緒勞動和得到的一樣多），規劃為妳帶來快樂、培養感情的節慶派對（但是，如果規劃派對讓妳覺得壓力很大，也許妳應該放棄一些完美主義）。我們可以把想要展現的情緒勞動

---

4 Brené Brown, "3 Ways to Set Boundaries," *O, The Oprah Magazine*, September 2013.

列為優先要務，捨棄那些對我們無益的勞動。我們不僅可以在個人生活中這麼做，面對外在世界也可以這樣做。我們可以在職場上運用情緒勞動的技能，而不是讓主流文化告訴我們，我們的方式不是最好的。關注細節讓我們更有優勢，指派任務是我們的強項。我們觀看全局時，把每個人的舒適和幸福牢記在心中，可以激發創新。如果其他人無法看到其中的價值，那是他們的損失，而不是我們的損失。但是對我們而言，我們應該在瞭解那些情緒勞動的價值下邁向未來，也就是妳必須確切知道情緒勞動在何時何地對我們及所愛的人最有益。

15

持續尋找平衡

我發現，完美不再是一個值得追求的目標。相反的，我們擁有的是進步，一種真正的平等感。這給了我希望，我不僅對我們的關係充滿希望，也對未來充滿希望。

這本書的寫作進度日益順利，但我先生的求職過程卻遇到瓶頸。他花了無數小時應徵工作，但一年接近尾聲時，卻沒有一家公司錄取他。看來角色對調的時候到了，我明確地告訴他這點。我已經準備好面對「交換崗位」的情境：這次我即將扮演理想勞工的角色，換他來承擔情緒勞動。我解釋，我工作的時候，若是看到家裡一團亂，我無法假裝視而不見或不在乎。我知道餐桌上有一堆未知的恐怖東西等著我時，就無法冷靜地寫作。一想到忙完工作，還有家務等著我處理，就讓我倍感壓力。我工作到一半，他走進來跟我討論三餐吃什麼或問我接下來該做什麼，我也沒辦法擱下工作跟他討論。我需要他做一些真正的情緒勞動，亦即不必我指導及指派工作，就自己搞清楚要做什麼。這條學習曲線十分陡峭，但我們都知道他已經準備好了。

我前面提過，他在承接情緒勞動方面表現得很優異。不必我持續做微觀管理，他就找到了自信，開始覺得自己能勝任那個新角色。我依然會問他是否檢查過這個或那個了，但連續幾週他都回答「檢查過了」，於是我不再擔心他需要我的指導，專心去做自己的事了。羅伯變成家裡唯一負責檢查家庭作業、幫孩子打包午餐、規劃三餐、確保孩子都收好東西（他也收好東西）的人。我累昏頭時，他負責寫完四十張聖誕卡。整個月的大部分時間，他是唯一負責打電話及傳簡訊給他爸媽的人。他也會提醒我行事曆上的重要活動，即使行事曆就掛在我桌前幾呎的牆上。我本來沒有打算把那麼多事情都交給他，但這個結果自然而然就發生了。我結束工作時，常倒在沙發上讀更多的研究書籍，羅伯則是負責做飯及飯後的清潔整理。

接著某天下午我休息時，我注意到他的心思似乎飄到很遠的地方。他的身體坐在那裡，但魂不知道飄到哪裡去了。我想我知道哪裡出問題了，可能是求職不順利，或是他正面臨身分危機。但我開口問他怎麼了，他的回應完全不是那麼一回事。

「我覺得有些事情是我需要做的，但我忘了，我怎麼也想不起來。」

他把女兒連同剛洗好的小被單一起送到托兒所，幫兒子打包了午餐和零食，洗了衣服，打掃了房間，忙了半天剛好可以坐下來喘口氣。其實他沒有忘記什麼事情，至少沒忘記什麼重要的事，但他確實有精神負擔，導致他無法清醒地思考，我太瞭解那種感覺了：那是一種揮之不去的感覺，覺得自己不能稍微坐下來或休息片刻，因為感覺總是**有事情**需要完成。當你是家中唯一負責精神負擔的人時，你會一直感到焦慮不安，害怕遺漏了什麼，因為你為了確保萬無一失已經筋疲力竭了。這種焦慮對我來說並不陌生，但是發生在羅伯身上、而不是我身上，卻讓我大開眼界。我不希望我們任何一人陷入這種狀態。當我檢視我們當下的處境時，我是完全投入工作，其他事情都不做，我也覺得自己好像跟生活脫節了。當我只專注於工作，放開對其他事情的掌控時，大多時候我感到煩躁，不開心。當我不做任何情緒勞動時，有一種明顯的空虛感，我的生活感覺不再圓滿及完整。我們兩人的生活方式都無法讓我們感到滿足。

傅瑞丹在《第二階段》中寫道：「現在男性和女性一起分擔工作和家庭責任，而不是以我們對一方職責的幻想來取代另一方職責的沉悶現實。這需要透過不斷的試誤法，才能找到切實可行及真正的折衷之處[1]。」換句話說，我們需要下很大的功夫，才能擺脫「對

1 Friedan, *The Second Stage*, 147.

方比較輕鬆」的幻想，好好地把自己的本分做好。我們必須透過試誤法來平衡雙方的情緒勞動；我們需要瞭解，無論我們的意圖多麼明確，都不太可能第一次就拿捏到最適的平衡點。理論上我知道這個道理，但實務上親身體驗時，我仍在摸索。

嘗試，犯錯，重新開始。

完全放手有時確實挺誘人的，有時甚至是必要的，但長遠來看並不是很好的解決方法。那只是以一種扭曲的失衡取代另一種失衡罷了。我再次訪問《放膽休息》的作者布羅迪時（她完全放棄了情緒勞動），她告訴我，後來她確實重新拾回部分的情緒勞動，但並不是因為她必須，而是因為她發現自己很懷念部分的情緒勞動。她懷念與家人和朋友的聯繫，懷念和家人一起打造生活的滿足感。過著你沒有參與打造的生活雖然很容易，但沒有成就感。布羅迪為了寫書而完全放棄對生活的掌控兩年，她那種完全放手的方式也不適合膽小的人。那是多數人不想嘗試的方法，她對我說：「妳必須接受事情放著沒人做也沒關係。」那種態度無法引起多數女性的共鳴[2]，我之所以能夠放手，唯一的原因是我現在對羅伯的能力有信心，我知道事情一定會有人做，我也知道我會接起他遺忘的事情。我花了那麼久的時間才打造出這樣的生活，我不想放任一切自生自滅。

不過，布羅迪有一點確實令我很羨慕：徹底擺脫全家「領航員」的職務兩年後，她清楚知道自己想重拾哪些情緒勞動。她笑著對我說：「我不再堅持高標了。」她已經不再做微觀管理，也不擔心細節了。她把一切都放下以後，現在只在乎優先要務。她知道哪些情緒勞動值得她投入時間和精力，知道哪些情緒勞動對她來說是值得的。她談及罷工後的生活時說道：「我不會為了做事而做，我只願意為了對我重要的事情特別花心思去做。」她決定恢復每年一度的光明節（Hanukkah）派對，並在兒子踢完足球賽後開放家門舉辦聚會。她重視那些可以培養社群意識及對話的事情，並把精力放在那些活動上。她覺得當初要不是放棄了所有的情緒勞動一陣子，她不會有那麼清晰明確的認知。

但誰說妳一定先放棄一切，才知道妳的優先要務是什麼呢？多數人沒有興趣徹底擺脫所有的情緒勞動，但那不表示我們無法重新評估輕重緩急並找到更好的平衡。危機或突然的改變可以帶給妳清晰明確的認知，但妳不必經過那樣的震撼教育也可以釐清思緒，妳只需要知道妳在尋找什麼就行了。妳必須搞清楚什麼事情對妳來說真的重要，並把那些情緒勞動的解題技能應用在自己的身上。

我問《放手》的作者杜芙，為什麼她會那麼清楚地知道自己的使命、優先要務和自我

2　二〇一七年十二月一日接受筆者訪問。

意識，那是怎麼辦到的。她回應：「妳一定有時間可以找出優先要務。妳可以把時間花在承受壓力、感到憤怒、灌輸自己非常負面的想法上，也可以決定妳想要不同的生活，妳想為自己創造一個新的現實。最終而言，放手最難的部分在於妳自己的決定。」妳必須決定留住什麼，放棄什麼；妳必須決定什麼是值得的。我從來沒遇過像杜芙那樣瞭解自己及個人使命的人。如果你問她，她的優先要務是什麼，她會毫不猶豫地告訴你：提升婦女和女孩的地位，培養理智的全球公民，與先生培養良好的伴侶關係。她說，一旦妳清楚知道什麼對妳最重要以後，就很容易判斷什麼該做、什麼不該做，她就是活生生的例子。她處理情緒勞動時，只用一個問題來幫她判斷是否值得：「這是情緒勞動的最佳運用嗎？」這個問題比自問「這值得我花時間？」更好。遇到模擬兩可的狀態時，女性很容易說服自己那件事值得花時間去做，因為女性常低估了自己的時間和技能。二〇一四年巴布森學院的一項研究發現，即使女性企業家負責發放薪酬，她們付給自己的薪酬與同樣從高盛小企業課程結業的男性企業家相比，只有男性的八〇%[3]。類似的研究一再發現同樣的現象，女性難以評價自己的時間和技能，因為社會總是低估女性的時間和技能。這也是為什麼如果我們真的希望情緒勞動對我們有利，我們必須清楚瞭解我們的優先要務，以及怎樣運用時間最好。

當然，每個人的情況都不一樣，因此對於「公平與平等的關係是什麼樣子」也會有各自不同的想法。即使是處境相似的人，在拿捏情緒勞動的平衡時，每個人的理想平衡狀態也不一樣。沒有一個放諸四海皆準的完美公式可以同時適用於雙薪無子的家庭、一個全職工作的家長配一個全職在家的家長、單親家長、全職的自由工作者搭配兼職的伴侶，或其他的伴侶組合。由於沒有單一公式，所以也沒有單一形式的對話可以改變當前的動態。我們需要投入時間，不斷地調整及試誤，才能找到最適合自己的方法。所以，首要之務是清楚瞭解自我意識及優先要務。

我知道陪伴家人是我的優先要務，這也是為什麼我會花那麼多的心血使生活變得更簡潔順利。工作也是如此，生活過得愈有效率，日子愈充實，至少我的完美主義是這麼告訴我的。至於羅伯的標準呢？他的標準是以「必要」和「方便」為基礎（這比一些男人好，有些男人似乎毫無標準可言）。普通的混亂程度似乎從來不會令他心煩，卻可以徹底破壞我

---

3 Lisa Evans, "Why Are Women Entrepreneurs Paying Themselves Less Than They Deserve?," *Fast Company*, March 17, 2014, https://www.fastcompany.com/3027709/why-are-women-entrepreneurs-paying-themselves-less-than-they-deserve.

的心情。不用說，我倆的理想有很大的差距。儘管目前我的標準是源自於一種無法持久的完美主義模式，但再多的自我認知，也無法幫我克服凌亂房子帶給的巨大壓力。我們需要找到一個共同的標準，以能夠讓雙方產生共鳴的方式來相互妥協，以便找到一個可實現的平衡點。

有一大群人（坦白講是男人）認為共同的標準根本不存在。「我有我的標準，妳有妳的標準。如果妳受不了我的標準，那妳就多花一點氣力把一切打理到你的標準，不然就學習忍著點。妳受不了雜亂又不是我的錯。雜亂又沒有傷害到誰，乾淨只是妳個人的偏好，憑什麼要我採用妳的標準？為什麼我非改變不可？」這種辯解我聽過無數次了，基本上就是在說：問題不是**我**不主動積極，而是**妳**的標準有問題。

我在前面提過，這種辯解相當殘酷。基本上它是主張一個人要嚥承受痛苦，不然就投入過多的心力，把事情做到自己想要的標準，只因為另一個人懶得妥協。那表示我們為了創造一個讓每個人都舒適快樂的生活所付出的努力毫無價值，我們創造出來的標準是毫無目的或意義的。那種說法意味著，我們的標準不重要；我們的感覺不重要；我們的勞務不重要。當我們的身分幾乎都是由情緒勞動定義時，那樣的辯解意味著**妳**根本不重要。

這也是為什麼情緒勞動是一個充滿傷害與怨恨的地雷區。一個人的武斷標準，很可能是另一個人的存亡標準。當伴侶不理解我們**為什麼**要做情緒勞動時，雙方會產生明顯的脫節。情緒勞動不只是我們維持生活順利進行的方式，也是我們努力追尋幸福的方式。女性追求高標不光只是因為有完美主義，而是為了追求自由。當我們陷入跟人比較的遊戲，感受到「兼顧一切」的壓力，嘗試書中建議的每個整理妙方時，那是因為有人引導我們相信，在不遠的轉彎處我們會找到平靜，找到幸福，找到終於可以幫我們抒解疲憊的生活竅門，因為我們不相信我們可以從伴侶關係中找到那種解脫。

然而訪問數百名女性，又看到我自己的婚姻關係出現動態變化後，我終於看清完美主義兜售的謊言。完美主義打造了一個高台，彷彿在告訴我：只要抵達那個高台，我就可以照顧周遭每個人，使他們感到舒適快樂，又不會把自己搞到筋疲力竭，但是那種高台根本不存在，沒有人能抵達那樣的高台。我們可以評估情緒勞動的哪些部分本質上對我們來說是重要的，自問哪些才是真正的優先要務，不是外界為我們預先設定的，而是我們內心真正在乎的。接著，我們就可以做自己最擅長的事，並根據那些優先要務來重新安排生活，注意細節，不是為了別人，而是為了自己。我們可以藉由設定界限，對自己負責，與志同道合的朋友（尤其是伴侶）共處，以找到夢寐以求的解脫。

＊＊＊

我為《哈潑時尚》寫了那篇文章並與羅伯分享時，基本上是想劃清界線。我想說的是，如果他不為我們共同的生活承擔起應負的責任，我們無法繼續走下去。那番話講得非常坦白，令人不安，也難以啟齒，要講出口甚至比每幾個月就為了情緒勞動而大吵一架還困難。落實對我們兩人都有效的共用標準，意味著我們雙方都必須參與，一起努力克服各自的障礙。我必須面對我的完美主義、控制欲、以及把我的價值與情緒勞動的能力綁在一起的社會制約。他不得不第一次學習這些技能，面對他長期忽視情緒勞動而無意間傷害我的方式，面對那個告訴他「情緒勞動不關他的事」的社會制約。那是很大的工程，我們必須一起思考很多事情，例如怎樣處理洗衣問題最好、怎樣化解幼兒的情緒崩潰。

說實話，我到現在還不確定我們是否能達到百分之百的共識。我無法為了找出完美的妥協方案而提出一套萬無一失的四步驟計畫。儘管我們已經找到一套適合我們的共用標準，但是對我來說，我們夫妻倆想找到共同的目標比多數人來得容易。羅伯積極想要承接我在家做的勞動，並問我哪些事情令我心煩（我怎麼會從來沒說過流理台上的雜物多讓我抓狂？）。他為了我們的關係而全力投入，這其中當然也包括努力把我的標準視為他的標準。雖然他做得不完美，但他已經做得夠好了，所以我不得不壓抑我那完美主義的衝動，不再告訴他：「你做錯了。」或「你可以做得更好。」我必須不斷地壓抑內心那個想要鼓勵他追求完美的衝動，壓抑那個希望他跟我一樣努力追求目標的衝動，因為那種高標只有我自己知道怎麼做。

我愈是放棄完美主義，我們兩人從中受益愈多。我終於有時間和心力去享受家庭和工作，因為我不再執著於掌控一切。羅伯也有足夠的空間，真正地投入情緒勞動，不必擔心我老是在一旁監督和評斷。分擔情緒勞動有時比我願意承認的還要困難，我們會互相妨礙，不見得總是意見一致。但是當我們弄清楚我倆之間的平衡是什麼樣子時，我們也產生了更多的共鳴。我們從不同的理解點出發，但終於朝著同樣的方向邁進。

羅伯承擔更多的情緒勞動時，我變得更快樂，更滿意我們的關係，這也讓**他**更容易堅持下去。當我們都很快樂、共同承擔生活的責任時，情緒勞動不再是累贅。事實上，我們都樂在其中，因為一起做情緒勞動讓我們感覺跟彼此更合拍，也獲得更多的理解。我們不再迴避談論什麼事情行得通，什麼事情行不通，因為在情緒勞動方面，我們不再像以前那樣計較誰做得比較多。當我們的目的是找出共同的責任和標準時，我們可以信任彼此都肩負起本分並互相學習。

真正讓我們達到雙方都覺得舒適的平衡點，是因為我們為了瞭解彼此而做了必要工作。我們觀察彼此的生活經驗時，主動積極地鍛鍊同理心。我開誠布公地對羅伯描述我的生活經驗時，他專心地聆聽並融會貫通，不再辯解，而是展現出理解，並自然而然地促成行動。他給了我真正想要的東西：不是疊得整整齊齊的毛巾或乾淨的流理台（原本我以為這是我想要的），而是變成真正「看見我」的伴侶。

播客《禪系親子教養》的共同主持人凱西．亞當斯（Cathy Adams）說，無論是討論哪個議題，這才是我們真正渴望的：「說到底，我們真正想要的是有人對我們說：『我看見妳、聽到妳了，知道妳在做什麼。』[4]」我們渴望伴侶意識到我們的情緒勞動，那是源自於另一種渴望：想要有更深刻的連結。我們希望伴侶肯定及瞭解這些勞動，讓我們感受到愛。

然而，當你們培養出通力合作的夥伴關係時，真正的好處不是來自男人的理解和行動。女性也必須看到伴侶，不僅是因為看到他們目前做的事情，也是因為看到他們在情緒勞動領域的潛力。男性在家庭方面尚未達到完全的平等，而且他們從小接觸的文化阻礙他們在家庭方面追求平等。即使是那些想要挺身追求平等的男人，可能也因為害怕做錯事或說錯話而遲遲不敢行動。每次男人做得不完美時，女人習慣奪回主導權，以便以自己的方式完成任務，所以女性也成了阻礙男性在家中追求平等的幫兇。我們需要創造出一個空間，不僅包容錯誤，也允許男人找到他們從事情緒勞動的方法，那些方法可能很聰明，也可能是我們永遠意想不到的。男性也有權享有身為完整人類的機會，有權自己發現情緒勞動的價值。

就很多方面來說，情緒勞動是女性在這個限制我們權力的世界中，唯一掌握控制權的堡壘。但是為了掌握控制權而緊抓著情緒勞動不放，並不是生活的方式。我們以為自己從完美主義中獲益良多，但實際上我們獲得的效益並沒有想像中多，男人也沒有因此而受惠。男人若要充分參與生活，打破許多迷思（例如男人無法付出關懷，無法展現脆弱，無法直覺應變，缺乏條理，不善於情緒勞動等等），他們對於自己的居家角色需要先有自信，不受女性把關的限制。我們需要打破那些阻止男人充分享受工作生活、個人生活、家庭生活的老套說法。就像職場仍需要更多的女性技能一樣，家中也需要更多的男性技能和創新。女性不能緊抓著掌控權，並期待周遭每個人調整自我以適應我們。我們需要一起努力，找出讓男性和女性都能善用情緒勞動的新方法。

我與先生一起追求家中情緒勞動的平等時，感覺像是一種令人大開眼界的歷程。他為

4 二〇一八年四月十六日接受筆者訪問。

我堅信不移的很多事情帶來了新觀點，例如我原本深信我先天比較擅長情緒勞動，我永遠無法放開掌控，我總是知道讓我們家舒適幸福的最好方法及唯一方法。另一方面，他也因此體會到深入參與生活的快樂。他在我們的家庭和生活中跟我一樣有價值，那是他以前不知道的強烈感覺。他知道為自己的生活負責是什麼意思，那幫他重新界定了他如何看待男子氣概及決定自我價值的方式。他可以從生活的各方面擷取價值，因為他生活的所有部分終於都屬於他的，他在家中、婚姻中、家庭生活中、友誼中不再只是配角，而是更充分投入的主角。他更充分地投入生活後，我的生活變得更自在。這樣的平衡並不完美（我猜永遠不可能達到完美），但我發現，完美不再是一個值得追求的目標。相反的，我們擁有的是進步，一種真正的平等感。這兩點給了我希望，我不僅對我們的關係充滿希望，也對未來充滿希望。

我們為自己、為彼此所獲得的一切，完全值得我們去努力，就那麼簡單。但我知道，這段歷程不會隨著我們達到這個境界而結束。我看到兒子和女兒時，我知道他們第一次看到我們從真正平等的基礎努力，他們不會感覺到或看到怨恨日復一日、年復一年地累積，他們以後也不會承接那些對他們無益的老舊性別角色。他們不會學到「斤斤計較誰付出較多」的思維，而是看到我們公開地付出情緒勞動，也自在地接受情緒勞動。他們會看到我們以對等的方式，感謝彼此付出的勞動。那將會變成他們生活中的常態，塑造他們看待自己的方式及看待世界的方式。

我開始研究情緒勞動時，最令我震驚的一點是，這件事情竟然沒有世代分隔。我的母親經歷過這個問題，就像我外婆也經歷過一樣，她們的經歷也跟我和我輩的友人一樣。情緒勞動的失衡潛伏在我們的生活中，橫跨了各種界線，跟我知道的任何社會現象都不一樣。它不像家務分工是可以輕易發現並改正的。情緒勞動的無形性使它變得格外棘手，直到現在我們才意識到問題的存在。

一個東西隱於無形時，你很難為它奮鬥。但如今我們終於睜開了蒙蔽的雙眼，看到了情緒勞動及其廣泛蔓延開來的分支，以及它與生活緊密交織的各種方式。我們看到它如何阻礙我們前進，看到它如何使我們受益。現在我有信心，我們可以把自己最擅長的事情做好。我們將評估情緒勞動中巨大又複雜的問題，小心地把每個部分連接起來。我們將量身打造一個適合自己的解決方案，滿懷信心地繼續前進。

以後我們的子女不會知道我們為了情緒勞動而產生的糾結，他們會比我們更瞭解情緒勞動，也做得更好。這項勞動不需要隱於無形，也不再是無形。將來它會像我們這一代成長過程中習以為常的「平等」那樣（拜以前的女權主義者奮鬥所賜），變得稀鬆平常。我們可以努力改變生活中情緒勞動的平衡，我們的孩子可以改變外界的情緒勞動平衡。

我們將在歷史上劃清一條界線：情緒勞動的世代分隔從這一代開始。

謝辭

出版這本書的過程，讓我充滿前所未有的感激。非常感謝每位幫這本書出版上市的人，需要感謝的人很多。

謝謝優秀的經紀人John Maas。在撰寫本書的過程中，他一直是我的精神支柱，也是最強而有力的支持者，平靜地接聽我的焦慮電話。此外，也感謝整個Sterling Lord Literistic經紀公司，包括Celeste Fine、Jaidree Braddix、Anna Petkovich、Danielle Bukowski等人，他們在整個過程中一直包容我提出無盡的問題。

感謝編輯Libby Edelson相信這本書，並使它變得更好。感謝整個HarperOne團隊，包括Judith Curr、Melinda Mullin、Jennifer Jensen、Laina Adler、Gideon Weil、Eva Avery、Suzanne Quist，他們從一開始就一直提供我熱情的支持。

當然，如果沒有《哈潑時尚》那篇文章〈女人不嘮叨——我們只是受夠了〉，這本書永遠不會有機會問世。感謝Binders給我靈感、鼓勵，以及必要的門路，讓我的寫作生涯可以發展到這一步。感謝Olivia Fleming終於給我的提案一次機會。特別感謝所有閱讀及分享那篇文章的人，因為有你們在網路上的熱烈迴響，這本書才有出版的機會。

感謝Heidi Oran在我的寫作生涯和現實生活起起落落時，總是在一旁支持我。感謝Michelle Horton，要是沒有她，我老早就放棄寫作生涯了。感謝所有的EM寫作夥伴：Mary Sauer、Kelly Burch、Maggie Ethridge、Chaunie Brusie、DeAndrea Salvador、Gretchen Bossio、Lauren Hartmann、Briana Meade、Kristel Acevedo、Emily Lingenfelser、Jessica Lemmons、Katie Fazio、Krishann Briscoe、Erin Heger、Maria Toca、Katie Anne、Andie Murphy，以及在過程中隨時提供支持、同情、讚美的人。

感謝Melanie Perish為我做的一切，從試讀初稿到幫我把嬰兒尿布及煮好的餐點送到我家。若是沒有妳這個好友，我的作家生涯根本無法持續。感謝詩詞和作家群組的其他成員，尤其是Mary Nork總是費心讓大家聚在一起。感謝Joe Crowley，我真希望當初早點告訴你這本書的消息，我們都非常想念你。

感謝Chris Coake從我以前自己剪瀏海、戴飛行員皮帽的時期，就一直指導我。謝謝你使我成為更好的作家，並因應我不斷演變的尷尬表現。至於你硬要跟我討論我從未考慮過的作家末日前景（亦即走紅後隨之而來的憂鬱症，以及男性可能會因為我的女權主義寫作而想殺我等等），我只能說我心領了。感謝Seth Boyd培養我對創意非虛構寫作的熱愛，讓我堅定地走上這條路。

感謝我的母親和外婆，不僅因為她們在不知不覺中培養出一位女權主義作家，也因為她們幫我看顧那幾個調皮搗蛋的孩子，讓我得以完成這本書。感謝父親灌輸我強烈的職業道德觀，以及對我的能力抱持無限的信心。感謝所有的家人，謝謝他們支持我走過這個寫書過程及人生。這本書的完成證明了你們的愛。

感謝Mandy的耐心；感謝Nicole的指引。

感謝每一位跟我一邊吃飯、喝葡萄酒、開長程汽車，一邊跟我談情緒勞動的朋友：Jade、Jamie、Kate、Karie、Alexis、Maria、Shana、Mandy。感謝Reema，我們的故事和生活總是以多種方式緊密相連，對此我永遠感念在心。

最後也感謝我的伴侶羅伯，他打從一開始就給予這本書充分又熱情的支持。感謝你讓我毫無保留地分享我們的故事，專業地承擔起情緒勞動，而且始終對成長及改變抱持開放的心態。我愛你。

 有方之度 008

拒絕失衡的「情緒勞動」
——————女人停止操心一切，男人開始承擔

作者 潔瑪·哈特莉｜**譯者** 洪慧芳｜**社長** 余宜芳｜**副總編輯** 李宜芬｜**特約企劃** 張威莉｜**封面設計** 謝佳穎｜**內頁排版** 薛美惠｜**出版者** 有方文化有限公司／23445 新北市永和區永和路 1 段 156 號 11 樓之 2 電話—(02)2366-0845 **傳真**—(02)2366-1623｜**總經銷** 時報文化出版企業股份有限公司／33343 桃園市龜山區萬壽路 2 段 351 號 **電話**—(02)2306-6842｜**印製** 中原造像股份有限公司——初版一刷 2020 年 6 月｜**定價** 新台幣 350 元｜

ISBN：978-986-97921-5-8

拒絕失衡的「情緒勞動」: 女人停止操心一切, 男人開始承擔 / 潔瑪 . 哈特莉 (Gemma Hartley) 著 ; 洪慧芳譯
-- 初版 . -- 新北市 : 有方文化 , 2020.06
面 ;　公分 . --（有方之度 ; 8）
譯自 : Fed up : emotional labor, women, and the way forward
ISBN 978-986-97921-5-8 (平裝)

1. 差異心理學　2. 兩性關係　3. 情緒　4. 性別差異

173.71　　109006276